Auf den Spuren der Wittelsbacher
Ausflugsziele an Rhein und Neckar

Eva-Maria Günther

AUF DEN SPUREN DER WITTELSBACHER

Ausflugsziele an Rhein und Neckar

SCHNELL + STEINER

Reiss-Engelhorn-Museen

in Kooperation mit

Umschlagabbildungen
Großbild: Der Pfalzgraf bei Rhein, Mainzer Kurfürstenzyklus, um 1340, Landesmuseum Mainz
Von unten nach oben: Villa Ludwigshöhe, GDKE; Schlosspark Schwetzingen, SSG BW; Stadt
Lindenfels
Rückseite: Wappen mit Wittelsbacher Rauten in der Heiliggeistkirche Heidelberg, C. Breckle, rem

Einführungsabbildungen
Baden-Württemberg: S. 23, Schwetzinger Schlosspark, Eva-Maria Günther, rem Mannheim
Hessen: S. 91, Schloss Erbach, Staatl. Schlösser und Gärten Hessen
Rheinland-Pfalz: S. 115, Villa Ludwigshöhe, Generaldirektion Kulturelles Erbe Rheinland-Pfalz

Lektorat rem: Claudia Braun
Graphiken: Tobias Mittag
Karte: Kartengrundlage: Fa-Ro Marketing GmbH, München; Überarbeitung: Erhardi Druck GmbH

Besonderer Dank geht an:
Claudia Braun, Simone Buckreus, Melanie Herget, Florian Knörl, Karl Körner,
Clemens Malcher, Elisabet Petersen, Alexander Schubert, Viola Skiba, Tanja Vogel, Sabine Witt
und natürlich an Albrecht Weiland und Alfried Wieczorek.

Publikation der Reiss-Engelhorn-Museen Nr. 59

Umschlaggestaltung: Tobias Mittag, Mannheim und Anna Braungart, Tübingen
Satz und Druck: Erhardi Druck GmbH, Regensburg

Bibliografische Information der Deutschen Nationalbibliothek:
Die Deutsche Nationalbibliothek verzeichnet
diese Publikation in der Deutschen Nationalbibliografie;
detaillierte bibliografische Daten sind im Internet über <http://dnb.dnb.de> abrufbar.

1. Auflage © 2013
Originalausgabe © Curt-Engelhorn-Stiftung
für die Reiss-Engelhorn-Museen Mannheim und
Verlag Schnell & Steiner GmbH, Leibnizstr. 13, 93055 Regensburg
ISBN 978-3-7954-2668-2

Weitere Informationen zum Verlagsprogramm erhalten Sie unter:
www.schnell-und-steiner.de

Baden-Württemberg

Hessen

Rheinland-Pfalz

Liebe Leserinnen und Leser,

der vorliegende Reiseführer lädt dazu ein, auf den Spuren der Wittelsbacher bedeutende, aber auch weniger beachtete Ziele an Rhein und Neckar zu entdecken. Im Zusammenhang mit der berühmten Herrscherdynastie blickt man zunächst auf deren Wirkungsstätten in Bayern, wo sie als Herzöge, Kurfürsten und später auch als Könige von 1180 bis 1918 herrschten. Weniger bekannt, aber nicht minder bedeutsam ist, dass die Wittelsbacher seit 1214 als Pfalzgrafen bei Rhein ein weiteres Fürstentum im Heiligen Römischen Reich über viele Jahrhunderte regierten. Ausgehend von den Residenzen in Heidelberg und ab 1720 von Mannheim errichteten sie am Rhein eine Herrschaft, die ihnen die Kurfürstenwürde dauerhaft sicherstellte. Nahezu 600 Jahre wurde die Pfalz am Rhein ununterbrochen von den Wittelsbachern regiert. Mit einer großen Sonderausstellung erinnern die Reiss-Engelhorn-Museen in Mannheim sowie die Staatlichen Schlösser und Gärten Baden-Württemberg 2013/2014 an das Wirken des Herrschergeschlechts in der einstigen Kurpfalz, die nicht nur den rechtsrheinischen Raum um Heidelberg und Mannheim umfasste, sondern sich auf beiden Seiten des Rheins vom Hunsrück bis zum Odenwald erstreckte. Das parallel dazu erscheinende Reisebuch „Auf

den Spuren der Wittelsbacher – Ausflugsziele an Rhein und Neckar" möchte auch über den Ausstellungszeitraum hinaus Orte, an denen die Wittelsbacher in der Kurpfalz tatsächlich wirkten, nachhaltig in Erinnerung halten. Die ausgewählten Stationen geben einen Einblick in 600 Jahre europäischer Kultur. Der Glanz einer der bedeutendsten Herrscherdynastien des Mittelalters und der Neuzeit und deren Nachleben in der besonders geschichtsträchtigen Region beiderseits des mittleren und oberen Rheins zeigt sich in vielen beeindruckenden Beispielen in Kunst und Kultur. Weder die baden-württembergische Universitätsstadt Heidelberg noch die florierende Rhein-Neckar-Metropole Mannheim wären ohne sie denkbar. Die Stadt Schwetzingen verdankt ihnen Schloss und Schlosspark. Auf Schloss Erbach in Hessen residierten die kurfürstlichen Schenken. Bei Edenkoben im heutigen Rheinland-Pfalz entstand in der wittelsbachischen Königsära der idyllisch gelegene Bau der Villa Ludwigshöhe. Speyer wurde 1816 zur Hauptstadt des Rheinkreises, den die bayerischen Könige nach der offiziellen Auflösung der Kurpfalz regierten. An diesen und vielen weiteren Orten zeigt sich bis heute das kurpfälzische Erbe und lädt dazu ein, von Ihnen entdeckt zu werden!

Alfried Wieczorek
Generaldirektor der
Reiss-Engelhorn-Museen Mannheim

Juni 2013

Jn mensa sedet.

Septe eleões eligut henr coite lützill ĩ rege rõ dc suk. xxvi

Die Wittelsbacher am Rhein – eine kurze Einführung in die Geschichte der Kurpfalz

Die Kurpfalz blickt auf eine ebenso lange wie bewegte Geschichte zurück, die untrennbar mit der Herrschaft der Wittelsbacher verbunden ist. Fast 600 Jahre lang wurde die Pfalz (bzw. die Rheinische Pfalzgrafschaft oder Pfalzgrafschaft bei Rhein, schließlich Kurpfalz genannt) ununterbrochen von ihnen regiert. Mit der Verleihung der Pfalz hatte König Friedrich II. (1212–1250) die Wittelsbacher für ihre erwiesene Treue belohnt. Stets blieben sie den staufischen Herrschern nahe, waren als Reichsfürsten wichtige Glieder des Reiches und stiegen schließlich als Kurfürsten zu dessen tragenden Säulen auf.

Über den gesamten Zeitraum hinweg führten sie die Titel Pfalzgrafen bei Rhein und Herzöge von Bayern. Das Pfalzgrafenamt stand dabei häufig im Vordergrund, denn aus diesem konnten die Wittelsbacher das Vorrecht ableiten, im Kreis der Kurfürsten den König zu wählen und mit ihm gemeinsam die Politik im Heiligen Römischen Reich zu gestalten. In Abwesenheit des Herrschers war der Pfalzgraf dessen Stellvertreter. Mit der Wahl des Pfalzgrafen Ruprecht III. (1398–1410) zum König Ruprecht I. im Jahre 1400 stiegen die Wittelsbacher schließlich selbst in das höchste Amt des Heiligen Römi-

Die sieben Kurfürsten wählen Graf Heinrich von Luxemburg zum König, v.l.n.r. die Erzbischöfe von Köln, Mainz und Trier, der Pfalzgraf bei Rhein, der Herzog von Sachsen, der Markgraf von Brandenburg und der König von Böhmen. Codex Balduini Trevirensis, um 1340, Pergament.

schen Reichs auf. Unter Friedrich I. dem Siegreichen, der von 1451 bis 1476 die Pfalz regierte, erreichte das Herrschaftsgebiet der rheinischen Wittelsbacher seine größte territoriale Ausdehnung.

Geographisch betrachtet war die Pfalz kein eindeutig abgegrenztes Gebiet, sondern glich eher einem „Flickenteppich". Ihr Hauptgebiet verlief zu beiden Seiten des Rheins vom Hunsrück zum Odenwald.

Das Mittelalter
12. Jahrhundert – die Anfänge
Die Geschicke des Heiligen Römischen Reichs wurden um 1200 vor allem von den Dynastien der Welfen und Staufer gelenkt. Konflikte zwischen den beiden Herrscherfamilien begünstigten jedoch den Aufstieg eines weiteren Adelsgeschlechts, das in den folgenden Jahrhunderten die deutsche Geschichte prägend beeinflussen sollte – der Wittelsbacher.

Ein erster Erfolg gelang dieser Familie 1180 mit dem Gewinn des Herzogtums Bayern. 1214 folgte die Erhebung zu Pfalzgrafen bei Rhein – ein zweiter Triumph auf Kosten der Welfen. Im Kampf zwischen dem welfischen Kaiser Otto IV. (1198–1218) und seinem staufischen Rivalen Friedrich II. um die Königskrone im römisch-deutschen Reich ging es auch um die Pfalzgrafschaft bei Rhein. Nach seinem Sieg über den welfischen Kaiser belehnte der staufische König Friedrich II. seinen wittelsbachischen Gefolgsmann, Herzog Ludwig I. den Kelheimer (1214–1231), mit der Pfalzgrafschaft.

13./14. Jahrhundert – auf dem Weg zum Vorrang im Reich

Im 13. Jahrhundert etablierten sich die Wittelsbacher am Rhein. Unter Otto II. (1231–1253) und Ludwig II. dem Strengen (1253–1294) erfuhr das wittelsbachische Territorium eine enorme Ausdehnung. Die Wittelsbacher traten dabei in staufisch-welfische Traditionen ein, setzten jedoch auch neue Akzente, indem sie den Ausbau bzw. die Neugründung von Städten (etwa Neustadt/W., Heidelberg, Mannheim) forcierten und ihre Stellung im europäischen Hochadel durch eine strategische Heiratspolitik sicherten. Unter wirtschaftlichen Gesichtspunkten fiel dem Rhein als zentraler Lebensader des Reiches eine besondere Bedeutung zu. Als entscheidendes Mittel der Herrschaftskonsolidierung der Wittelsbacher sollte sich jedoch das Instrument der Landesteilung erweisen. Im Hausvertrag von Pavia 1329 nahm Ludwig der Bayer IV. (1294–1329) eine Teilung des wittelsbachischen Hauses in eine bayerische und eine pfälzische Linie vor und teilte das Territorium unter ihnen auf. Mindestens seit 1198 durften die Pfalzgrafen bei Rhein den Kaiser mitwählen. In der Goldenen Bulle von 1356 wurde diese Stellung der Pfalzgrafen bei Rhein als einer der sieben Königswähler schriftlich festgehalten. Damit wurde zugleich ihre herausragende Stellung im Reich bestätigt. Bayern durfte sich dagegen nicht an der Königswahl beteiligen, was zu Spannungen zwischen beiden wittelsbachischen Linien führte, die sich erst 1777 mit der Vereinigung der wittelsbachischen Lande auflösten. Mit der Zuteilung der Kurwürde wurden im Kurpräzipuum die Landesteile, die nicht weiter aufgeteilt oder veräußert werden durften, festgelegt. Dazu zählten Bacharach, Kaub, Alzey, Neustadt/W., Lindenfels, Heidelberg und Dilsberg.

Kurfürst Ruprecht I. (1329–1390) erwarb 1386 Zweibrücken, Mosbach und Simmern, im selben Jahr gründete er die Universität Heidelberg, nach Prag und Wien die dritte Hochschule im Heiligen Römischen Reich. Allmählich setzte sich die Bezeichnung Kurpfalz für die Territorien des Kurfürsten von der Pfalz oder seiner Nebenlinien durch. Die Kurpfalz zählte nun zu den bedeutendsten weltlichen Territorien.

Als das Heilige Römische Reich im ausgehenden 14. Jahrhundert unter der Herrschaft König Wenzels (1376/78–1400) aus dem Hause Luxemburg in eine schwere Krise geriet, setzte Kurfürst Ruprecht III. (1398–1410) gemeinsam mit den drei geistlichen Kurfürsten, den Erzbischöfen von Mainz, Trier und Köln den amtierenden König ab. In der Folge wurde Ruprecht selbst als erster Pfalzgraf bei Rhein zum König gewählt. Der einst reiche Pfalzgraf geriet als Herrscher rasch in eine finanzielle Misere, die durch eine unglückliche Bündnispolitik und militärische Niederlagen verstärkt wurde. Doch seine Herrschaft steht auch für innovative Neuanfänge. So führte er zum Beispiel die systematische Schriftlichkeit im Kanzleiwesen ein. Besonders augenfällig ist das neue Selbstverständnis Ruprechts als römisch-deutscher König auf der Ebene der Repräsentation. Die Ausgestaltung der Heidelberger Residenz und die Anlage einer königlichen Grablege in der Heiliggeistkirche Heidelberg fallen in seine Regierungszeit.

Das 15. Jahrhundert – die Kurpfalz erblühte

Nach König Ruprechts Tod 1410 wurde sein Sohn Ludwig III. (1410–1436) zum Kurfürsten ernannt und die Pfalz in vier Linien geteilt: die Kurpfalz mit Heidelberg als Zentrum, Pfalz-Neumarkt in der Oberpfalz (bis 1448), Pfalz-(Simmern)-

Zweibrücken (bis 1685) und Pfalz-Mosbach (bis 1499). Dies war die Geburtsstunde der pfälzischen Nebenlinien. Anders als seinen Vater drängte es Ludwig III. nicht nach der Königswürde, sondern er unterstützte den Luxemburger Sigismund (1410–1437). Als Kurfürst legte er den Grundstein für eine erfolgreiche Expansionspolitik, die erst 1504 enden sollte. Nach Ludwig III. und seinem ältesten Sohn Ludwig IV. (1436–1449) übernahm sein zweitältester Sohn Friedrich I. (1451–1476) als Vormund für den einjährigen Neffen Philipp die Kurwürde. Friedrichs I. militärisches Geschick trug ihm den Beinamen „der Siegreiche" ein. In Feldschlachten und Belagerungen sicherte er der Kurpfalz eine fast hegemoniale Stellung. Er vergrößerte das Gebiet der Kurpfalz und strukturierte die Verwaltung neu. 1462 besiegte er in der Schlacht von Seckenheim eine Koalition seiner Gegner und nahm Markgraf Karl I. von Baden und Graf Ulrich von Württemberg gefangen, die er erst nach Zahlung eines hohen Lösegeldes wieder freiließ. Der Hof in Heidelberg entwickelte sich zu einem geistig-kulturellen Mittelpunkt des Reiches und lockte Künstler, Dichter und Wissenschaftler in die Stadt am Neckar. Dieses Verständnis für Kultur gab Friedrich auch an seinen Neffen und späteren Adoptivsohn Philipp den Aufrichtigen (1476–1508) weiter, der 1476 die Kurwürde übernahm. Die territoriale Ausweitung der Kurpfalz fand 1504 ein jähes Ende, als Philipp durch seinen Sohn Ruprecht († 1504) in den Landshuter Erbfolgekrieg (1504/05) verwickelt wurde. In verheerenden Schlachten stritten die pfälzischen Wittelsbacher mit Herzog Albrecht IV. von Bayern-München (1447–1508) um das lukrative Erbe von Bayern-Landshut, als der dortige Herzog ohne männlichen Nachkommen starb – und verloren.

Fortan blieben die pfälzischen Wittelsbacher auf das Kerngebiet des Kurfürstentums in der niederen wie oberen Pfalz beschränkt. Philipps Nachfolger konzentrierten sich auf den Aufbau des verwüsteten Landes und installierten eine Verwaltung mit dem Rat, später mit dem Oberrat in Heidelberg als zentralem Regierungsorgan.

Die Neuzeit
Das 16. Jahrhundert – ein Zeitalter der Konfessionen

Durch den Pfälzischen Ritteraufstand unter Franz von Sickingen 1522/23 sowie den großen Bauernkrieg 1524/25 erlebte die Kurpfalz erneut eine Erschütterung. Doch Kurfürst Ludwig V. (1508–1544) gelang es, nach kurzer Zeit wieder geordnete Verhältnisse herzustellen. Er war es auch, der noch zögerte, die Reformation in der Kurpfalz einzuführen, die schließlich im Laufe des 16. Jahrhunderts die wittelsbachischen Linien in der Kurpfalz und in Bayern entzweite, mit katastrophalen Folgen für die pfälzische Linie im 30-jährigen Krieg (1618–1648). Im 16. und frühen 17. Jahrhundert war die Glaubenszugehörigkeit eines der zentralen Themen im Heiligen Römischen Reich. Sie bestimmte auch in der Kurpfalz alle innen- und außenpolitischen Entscheidungen. Auch Ludwigs V. Nachfolger, Kurfürst Friedrich II. (1544–1556), schloss sich nur für seine Person der Reformation an, ohne diese offiziell in der Kurpfalz einzuführen. Ab 1555 bestimmte der Augsburger Religionsfrieden die Konfessionszugehörigkeit durch den Landesherrn (cuius regio, eius religio). Unter Kurfürst Ottheinrich (1556–1559) erfolgte schließlich der Übergang der Kurpfalz zur lutherischen Lehre. Wenige Jahre darauf nahmen die Pfalzgrafen bei Rhein als erste unter den bedeutenden weltlichen Fürsten im Heiligen Römischen Reich die auf die Theologie Johannes Calvins, Heinrich Bullingers und Martin Bucers zurückgehende reformierte Lehre an. Die sogenannte Zweite Reformation wurde 1563 unter Ottheinrichs Nachfolger Kurfürst Friedrich III. dem Frommen (1559–1576) vollzogen. Sie fand Ausdruck in der Formulierung einer neuen Kirchenordnung und nicht zuletzt im Heidelberger Katechismus, der weltweit Gültigkeit erlangte. Die Kurpfalz übernahm so eine Vorreiterrolle für die Verbreitung der reformierten Glaubenslehre im Reich. Sie stand damit aber zugleich außerhalb des Reichsverbandes, da die reformierte Konfession im Augsburger Religionsfrieden nicht reichsrechtlich anerkannt worden war. Unter Ludwig VI. (1576–1583) kam es zu einer kurz andauernden Restauration des Luthertums, das aber unter dem Vormund Johann Casimir (1583–1592) und seinem Mündel Friedrich IV. (1583–1610) wieder von der reformierten Konfession abgelöst wurde. 1578 gründete Johann Casimir in Neustadt eine zweite Universität, das Casimirianum. Dort fanden die vom Luthertum des Kurfürsten Ludwig VI. bedrängten Heidelberger Theologen eine neue Wirkungsstätte. In dieser Zeit kamen zudem viele reformierte Religionsflüchtlinge ins Land und brachten neue Fertigkeiten wie Tuchweberei, Malerei, Gold- und Silberschmiedekunst mit. Frankenthal, Otterberg, Schönau und das seit 1607 systematisch als Festungsstadt ausgebaute Mannheim waren Zentren ihrer Ansiedlungen.

Das 17. Jahrhundert – ein Zeitalter der Kriege

Das 17. Jahrhundert begann hoffnungsvoll. 1613 wurde in London die Hochzeit des Pfälzer Kurprinzen Friedrich V. mit Elisabeth Stuart, Tochter des englischen Königs Jacob I. gefeiert. Ihre Ehe war dynastisch-strategisch wichtig für den Aufstieg der Kurpfalz zu einer bedeutenden protestantischen Macht. Doch konfessionell-dynastische Allianzen zogen die Kurpfalz wiederholt in kriegerische Auseinandersetzungen. Ihr Anspruch als protestantische Führungsmacht geriet unter dem „Winterkönig" Friedrich V. (1610–1623 Kurfürst, 1619/20 König von Böhmen) und seinen politischen Beratern zur Hybris und war Mitauslöser für den 30-jährigen Krieg, in dem die Kurpfalz territoriale Verluste, verheerende Zerstörungen und nicht zuletzt die Aberkennung der Kurwürde erfuhr. Erst 1648 wurde ihr eine neubegründete (achte) Kurstimme zugesprochen. Damit gehörte die Kurpfalz erneut zum Kreis der Königwähler, verlor aber das mit der ersten Kur verbundene Amt des Reichsvikars. Doch weiterhin bestimmten Kriegserfahrung, Zerstörung und Wiederaufbau die Geschichte der Kurpfalz im 17. Jahrhundert. Unter Carl I. Ludwig (1649–1680) gelang die vollständige Wiederherstellung der Kurwürde und es setzte ein wirtschaftlicher Aufschwung ein. Aus ganz Europa kamen Siedler unterschiedlichster Religionen in die Kurpfalz, wenn auch die Reformierten weiter dominierten. Seine Tochter Liselotte von der Pfalz verheiratete er 1671 mit dem Herzog von Orléans, dem verwitweten Bruder König Ludwigs XIV. von Frankreich, in der Hoffnung, dadurch gute Beziehungen mit Frankreich sichern zu können. Trotz der Neutralitätspolitik des Kurfürsten erreichte 1674 der Krieg erneut die Pfalz. Französische Truppen unter Marschall Turenne zerstörten im Holländischen Krieg (auch Niederländisch-Französischer Krieg) das rechts- und linksrheinische Gebiet. Auch die zwischen Liselotte von der Pfalz und dem Herzog von Orléans geschlossene Ehe führte in eine Katastrophe: Im Pfälzischen Erbfolgekrieg (1688–1697, auch Orléanscher Krieg oder Pfälzisch-Orléanscher Erbfolgekrieg) verwüsteten und brandschatzten französische Truppen unter General Mélac die kurpfälzischen Lande. Unter seinem Befehl *Brûlez le Palatinat – brennt die Pfalz nieder!* wurden u. a. die Städte Heidelberg, Mannheim und Speyer verwüstet. Nach langen Kämpfen endete der Krieg 1697 im Frieden von Rijswijk mit dem Ergebnis, dass Frankreich auf die Pfalz verzichtete. Vier Jahre nach Kriegsende brach aber erneut ein großer Krieg aus und die Pfalz wurde Schauplatz im Spanischen Erbfolgekrieg (1701–1714), war aber diesmal nicht so schwer betroffen. Wegen der nicht enden wollenden Kriegsgräuel setzte die erste große Auswanderungswelle nach Nordamerika ein. Der Begriff „Palatinates/Pfälzer" entstand als Synonym für deutsche Auswanderer. Unter Kurfürst Johann Wilhelm (1690–1716) setzte eine Rekatholisierung ein. 1698 erging eine Verordnung, dass die reformierten Kirchen an allen Orten, an denen Katholiken wohnten, durch diese ebenfalls genutzt werden durften. 1705 sicherte er in einer Religionsdeklaration den drei großen Konfessionen (Reformierte, Lutheraner und Katholiken) Gewissens- und Bekenntnisfreiheit zu. In der Pfälzischen Kirchenteilung von 1705 wurden die kurpfälzischen Kirchen zwischen Reformierten und Katholiken aufgeteilt. Viele Simultankirchen haben bis heute Bestand, etwa in Mosbach. Dennoch blieb im 18. Jahrhundert die Begünstigung der katholischen Konfession eine Konstante in der kurfürstlichen Politik. In Heidelberg entstand beispielsweise 1712 die Jesuitenkirche und 1715–1717 ein Jesuitengymnasium. Nach der Übersiedlung der Jesuiten von Heidelberg nach Mannheim wurde zwischen 1738 und 1760 dort ebenfalls eine Kirche für sie errichtet.

Das 18. Jahrhundert – eine glanzvolle Epoche

Hatte Kurfürst Johann Wilhelm von der niederrheinischen Residenz Düsseldorf aus regiert und dort gemeinsam mit seiner Gattin Anna Maria Luisa de' Medici eine herausragende Kunstsammlung begründet, so installierte sein Bruder Carl III. Philipp (1716–1742) den kurfürstlichen Hof wiederum in Heidelberg. Nach Streitigkeiten mit der örtlichen Geistlichkeit bestimmte er jedoch 1720 Mannheim zur Residenz und begann mit dem Bau der Planstadt und eines imposanten Barockschlosses. Für die Stadt brach eine glanzvolle Epoche an. Unter seinem Nachfolger, Kurfürst Carl IV. Theodor (1742–1799), erlebte Mannheim als Zentrum der Literatur, Wissenschaften und Handel, Kunst und Musik eine glanzvolle Epoche. Die aus der kurfürstlichen Hofkapelle unter den Musikdirektoren Johann Stamitz und Christian Cannabich hervorgegangene Mannheimer Schule gilt bis heute als Wegbereiterin der Wiener Klassik. Der Ausbau der kurfürstlichen Kunstsammlungen sowie das Wirken des Dichters Friedrich Schiller in Mannheim und die Gründung der Deutschen Gesellschaft sind weitere Meilensteine dieser kulturellen Blütezeit. Diese Phase währte jedoch nur kurz, denn als Carl IV. Theodor nach dem Aussterben der bayerischen Wittelsbacher 1777 die Linien der Pfalz und Bayerns vereinigte, musste er seine Residenz nach München verlegen.

Das Ende der Kurpfalz

Mit dem Tod Carl IV. Theodors 1799 fiel das Erbe der letzten verbliebenen wittelsbachischen Linie Pfalz-Zweibrücken-Birkenfeld zu. Kurfürst von Pfalz-Bayern wurde Maximilian IV. Joseph (1799, ab 1806 König–1825). Bereits sieben Jahre zuvor war die Kurpfalz in den Strudel der Französischen Revolution geraten.

In die nachfolgenden Koalitionskriege gegen Napoleon war Kurpfalz-Bayern ebenfalls verwickelt, die Truppen der Wittelsbacher wurden in den Auseinandersetzungen zwischen Frankreich und dem Reich bzw. Habsburg nahezu aufgerieben. Frankreich besetzte die linksrheinischen Gebiete. 1801 wurde dieser Status im Frieden von Lunéville bestätigt. Eine Kompensation der Territorialverluste durch Säkularisation und Mediatisierung setzte einen Verhandlungsprozess in Gang, der im Reichsdeputationshauptschluss von 1803 mündete. Er bedeutete das Ende der Kurpfalz: Die rechtsrheinischen Gebiete der Pfalz wurden Baden zugeschlagen, das 1806 mit Gründung des Rheinbunds durch Napoleon die Rangerhebung zum Großherzogtum Baden erfuhr. Verstreute kurpfälzische Territorien im Odenwald kamen gleichzeitig überwiegend an das Großherzogtum Hessen. Mit dem Wiener Kongress 1815 wurden auch Städte wie Alzey und Worms Teil des Großherzogtums Hessen (Provinz Rheinhessen), die nördlich der Nahe gelegenen Teile der früheren Kurpfalz fielen u. a. an Preußen. Die linksrheinischen Gebiete der Kurpfalz um Neustadt, Landau und Frankenthal kamen mit zahlreichen anderen Territorien der heutigen Pfalz an das Königreich Bayern. In den bayerischen Territorien hingegen gelang der Neubeginn der Wittelsbacher Dynastie unter Maximilian IV. Joseph, der aus den verschiedenen Regionen den Rheinkreis mit der Hauptstadt Speyer (ab 1838 unter König Ludwig I. (1825–1848) als „Rheinpfalz" bezeichnet) schuf. Seit 1946 ist die Pfalz Teil des Landes Rheinland-Pfalz. Die 1795 vollzogene Teilung der alten Kurpfalz in einen rechts- und einen linksrheinischen Teil besteht fort. Seit der Gründung einer länderübergreifenden europäischen Metropolregion im Jahre 2005 zwischen Baden-Württemberg, Hessen und Rheinland-Pfalz wird von Politik und Wirtschaft versucht, den gesellschaftlich und wirtschaftlich zusammengehörenden Raum von Pfalz und Kurpfalz wieder zu vereinigen.

Die im Buch vorgestellten Reiseziele laden zur Entdeckung des einstigen Territoriums der Kurpfalz ein: Der Rhein, die Lebensader der Region, markiert heute die östliche Grenze der Kurpfalz zur Pfalz. Die historischen Residenzstädte Heidelberg und Mannheim liegen rechtsrheinisch in Baden, Speyer und Ludwigshafen dagegen linksrheinisch und gehören zu Rheinland-Pfalz. Entlang von Rhein und Neckar werden Natur und Kultur großgeschrieben. Der Naturpark Pfälzerwald bildet eines der größten zusammenhängenden Waldgebiete Deutschlands. Auf der anderen Rheinseite lockt der Naturpark Neckartal-Odenwald, einer der größten Naturparks in Baden-Württemberg, an den im Norden der Geo-Naturpark Bergstraße Odenwald anschließt. Allgegenwärtig ist auch die Geschichte: Zahlreiche wittelsbachische Residenzen, ihre beeindruckenden Kirchen, Klöster, Parkanlagen und Festungen zeugen von der bewegten Vergangenheit der Region. Sie werden durch die „Deutsche Weinstraße" (Pfalz), die Bergstraße (Odenwald), die sagenumwobene Nibelungen-Siegfriedstraße, aber auch durch die in Mannheim beginnende romantische Burgenstraße sowie die Deutsche Fachwerkstraße, beide führen ins malerische Neckartal, miteinander verbunden. Nicht nur bekannte Städte, sondern auch weniger bekannte Ziele spiegeln den Charme und Charakter ihrer Region wider und halten großartige Zeugnisse der Vergangenheit bereit.

Hinweis: Die Daten in Klammern entsprechen den Regierungsdaten.

Wer ist wer?

Das Fürstengeschlecht der Wittelsbacher umfasst Nachkommen des Markgrafen Luitpold, Grafen von Scheyern. Sie nannten sich seit 1117 nach der Burg Wittelsbach bei Aichach in Oberbayern. 1180 wurden sie von Friedrich I. mit dem Herzogtum Bayern belehnt (Otto von Wittelsbach), von Friedrich II. 1214 mit der Pfalz (Ludwig I. der Kelheimer). Seit dem Hausvertrag von Pavia 1329 waren die Wittelsbacher in eine bayerische und eine kurpfälzische Linie getrennt. Die kurpfälzische Linie besaß seit 1356 die Kurwürde, die bayerische erst seit 1623. Aufgrund von Teilungen gliederte sich die pfälzische Linie in verschiedene Nebenlinien (Pfalz-[Simmern]-Zweibrücken, Pfalz-Neumarkt, Pfalz-Mosbach), die wiederum untereinander geteilt waren. Nach dem Aussterben der bayerischen Linie wurden die beiden Territorien seit 1777 unter den pfälzischen Wittelsbachern (Carl IV. Theodor) vereinigt.

Ludwig I. der Kelheimer (1173–1231)

Ludwig I. steht am Anfang der 600 Jahre langen Herrschaft der Wittelsbacher an Rhein und Neckar: Ludwigs Vater Otto I., ein enger Gefolgsmann Barbarossas, wurde 1180 von diesem zum Herzog von Bayern ernannt. Sein erst zehnjähriger Sohn erbte das bayerische Herzogtum, das bis 1192 zunächst seine Mutter Agnes und sein Onkel für ihn als Vormund regierten. Von Kaiser Friedrich II. erhielt Ludwig I. 1214 schließlich die Pfalzgrafschaft bei Rhein und durfte

Ludwig I. und seine Frau Ludmilla, die in erster Ehe mit dem Grafen von Bogen verheiratet war und dessen weiß-blaues Rautenwappen für Bayern sicherte

fortan den pfälzischen Löwen im Wappen führen. Unter seiner klugen Herrschaft stieg seine Familie zu einem der bedeutendsten Fürstengeschlechter im Heiligen Römischen Reich auf. Als Stellvertreter Friedrichs II. führte er 1221 den 5. Kreuzzug an und als der Kaiser in Süditalien weilte, übernahm Ludwig I. 1226 die vormundschaftliche Regierung für den jungen König Heinrich VII. Sein Leben endete dramatisch: 1231 wurde er in Kelheim ermordet. Sein Sohn Otto II. folgte ihm als Herrscher.

Ludwig II. der Strenge (1229–1294)

Ludwig II., Sohn Ottos II., folgte seinem Vater 1253 als Pfalzgraf und Herzog von Bayern. Nachdem er seine erste Ehefrau Maria von Brabant 1256 hinrichten ließ, weil er sie fälschlicherweise des Ehebruchs verdächtigte, erhielt er den Beinamen „der Strenge". Der gemeinsame Stammvater beider Linien herrschte als letzter Wittelsbacher sowohl über die

Ludwig der Strenge mit seinen ersten beiden Frauen Maria von Brabant (Mitte) und Anna von Schlesien-Glogau (rechts), kolorierter Holzschnitt, 1609, Reiss-Engelhorn-Museen Mannheim

Pfalz als auch über Bayern. 1255 veranlasste er die erste bayerische Landesteilung. Danach regierte er über die Pfalz und über Oberbayern mit München als Residenz, sein jüngerer Bruder Heinrich XIII. erhielt Niederbayern mit der Residenzstadt Landshut. Ludwig II. war Vormund des letzten Thronanwärters der Staufer, Konradin. Als dieser in Italien hingerichtet wurde, erbte er dessen Besitzungen in der Oberpfalz, in Südwestbayern und Bayerisch-Schwaben. Unter dem in dritter Ehe mit der Tochter des römisch-deutschen Königs Rudolf von Habsburg verheirateten Ludwig II. mehrten sich Macht und Einfluss der Dynastie der Wittelsbacher. Sein Sohn Ludwig IV. der Bayer stieg zum römisch-deutschen Kaiser auf. Hoch angesehen, galt Ludwig II. bei seinem Tod in Heidelberg als einer der mächtigsten Männer des Heiligen Römischen Reichs.

Ludwig IV. der Bayer (1281/82–1347)

Laut Testament des Vaters sollte sich Ludwig IV. die Herrschaft in der Pfalzgrafschaft und im Herzogtum Oberbayern mit dem älteren Bruder Rudolf I. teilen, doch beide zerstritten sich. 1314 wurde Ludwig IV. zum König des Heiligen Römischen Reichs gewählt. Der Konflikt mit dem Bruder wurde nach dessen Tod von den Söhnen Ruprecht I. und Rudolf II. fortgesetzt. Erst 1329 kam es mit dem sogenannten Hausvertrag von Pavia zu einer Einigung: Der inzwischen zum Kaiser aufgestiegene Ludwig trat die Rheinpfalz und die Oberpfalz an seine Neffen ab. Außerdem wurde festgelegt, dass das Recht, den König zu wählen, abwechselnd von den bayerischen und den pfälzischen Wittelsbachern wahrgenommen werden sollte. Mit dem Vertrag wurde die Trennung zwischen beiden Linien über viele Jahrhunderte festgeschrieben. Erst 1777 kam es zu einer Wiedervereinigung der beiden Herrschaftsterritorien unter Carl IV. Theodor, der als pfälzischer Wittelsbacher das bayerische Erbe antreten musste. In der Zeit Ludwigs kamen Veränderungen auf, die unser heutiges Weltbild prägen. Seine Herrschaft war bestimmt durch seinen lebenslangen Machtkonflikt mit dem Papst, der verärgert über den Widerspenstigen den Kirchenbann verhing. Ludwig, unterstützt von anderen Geistlichen, ließ sich von zwei exkommunizierten Bischöfen als erster Wittelsbacher zum römisch-deutschen Kaiser krönen. Die papstlose Kaiserkrönung bedeutete: Ein Kaiser braucht zu seiner Legitimation keinen Papst. Dieser Gedanke war neu. Damit bot er zudem Papst Johannes XXII. die Stirn. Das katholische Oberhaupt und seine Kanzlei nannten Ludwig verächtlich „Ludovicus Bavarus". Die Bezeichnung „der Bayer" hat sich verselbständigt und ist dem Wittelsbacher auch als Kaiser Ludwig IV. geblieben. Ludwig IV. der Bayer setzte nicht nur auf Befehl und Gehorsam, sondern auf Konsens der herrschenden Ebenen vom Kaiser über die Fürsten bis hin zu den Städten. Darin lassen sich Vorläufer einer föderalen Struktur erkennen.

König Ruprecht I.
(Kurfürst Ruprecht III.) (1352–1410)

Kurfürst Ruprecht III. erbte 1398 die Kurwürde von seinem Vater Ruprecht II., einem Neffen Ruprechts I. 1400 griff er nach der römisch-deutschen Königskrone: Die Kurfürsten setzten Wenzel, den amtierenden König des Heiligen Römischen Reiches, kurzerhand ab und wählten Kurfürst Ruprecht III. zum König Ruprecht I. Er war der einzige pfälzische Kurfürst auf dem deutschen Königsthron und Ende des 14. Jahrhunderts zugleich der reichste der deutschen Fürsten. Doch seine Regierung war erfüllt von Widrigkeiten und Missgeschick. Einerseits bestand sein Vorgänger weiterhin auf seinem römisch-deutschen Titel. Andererseits musste sich der König viele Loyalitäten kaufen und seine Hausmacht zusammenhalten. Angesichts der geringen Erfolge bei der Stabilisierung seiner Herrschaft entschloss er sich, nach Italien zu ziehen und sich zum Kaiser krönen zu lassen. Auch dieses Vorhaben scheiterte und Ruprecht kehrte im Mai 1402 ohne Heer, ohne Kaiserkrone und mit erheblichen Schulden aus Italien zurück. Danach konzentrierte er sich auf die Innenpolitik: Erfolgreich stützte er sich bei der Reichsherrschaft auf die pfälzische Verwaltung. Über die Kurpfalz hinaus widmete er sich der Stärkung der Zentralgewalt und der Festigung seiner Macht, doch die Stände des Reiches sahen ihre Freiheit in Gefahr und schlos-

Ruprecht III. und seine Frau Elisabeth von Hohenzollern-Nürnberg, kolorierter Holzschnitt, 1609, Reiss-Engelhorn-Museen Mannheim

sen sich im Marbacher Bund gegen den König zusammen. Trotz der Zerschlagung des Bundes blieben Spannungen bestehen. Mitten in der Vorbereitung eines Feldzuges verstarb er 1410. Doch vorher zeigte er wahre Größe. Kurz bevor er die Augen für immer schloss, verpfändete er seine Königskrone, um Handwerkerrechnungen zu bezahlen. Mit diesem Akt der Demut verhalf er den einfachen Leuten zu ihrem Geld. Sein Grab ist in der Heiliggeistkirche in Heidelberg zu bewundern.

Friedrich I. der Siegreiche (1425–1476)

Nach dem Tod König Ruprechts I. wurde die Pfalzgrafschaft auf dessen vier Söhne aufgeteilt: Kurfürst und Haupterbe war Ludwig III. der Bärtige. Johann erhielt Pfalz-Neumarkt, Otto Pfalz-Mosbach und Stefan Pfalz-[Simmern]-Zweibrücken. 1436 starb Ludwig III. der Bärtige und sein Sohn Ludwig IV. hatte

Ottheinrich und seine Frau Susanna von Bayern, kolorierter Holzschnitt, 1609, Reiss-Engelhorn-Museen Mannheim

für kurze Zeit die Herrschaft inne. Nach dessen frühem Tod erbte der einjährige Sohn Philipp die Kurpfalz. Der jüngere Bruder des verstorbenen Kurfürsten, Friedrich I., übernahm dessen Vormundschaft, adoptierte den Neffen und erklärte sich zum Herrscher über die Kurpfalz. Der von 1451 bis 1476 Regierende vergrößerte das Territorium der Kurpfalz – das Kurfürstentum erstreckte sich vom unteren Neckar und der Bergstraße bis hin zum rheinhessischen Hügelland sowie bis in die Vorderpfalz und bildete somit eine der führenden Mächte in Südwestdeutschland. Die Tatsache, dass er siegreich aus einer Schlacht gegen Kaiser Friedrich III. (1462 bei Seckenheim) hervorging und sein Bruder Ruprecht zudem 1463 Erzbischof in Köln wurde, machte aus ihm einen der mächtigsten, reichsten und angesehensten Reichsfürsten seiner Zeit. Die Kurpfalz befand sich auf dem absoluten Höhepunkt ihrer Bedeutung im Reich, als er 1476 verstarb und das Erbe an seinen Neffen Philipp den Aufrichtigen (1448–1508) ging.

Ottheinrich (1502–1559)

Ottheinrich, Enkel Philipps des Aufrichtigen, regierte ab 1522 zunächst über das kleine Gebiet Neuburg. Aufgrund seines verschwenderischen Lebensstils als Bauherr, Sammler und Mäzen drohte ihm der Ruin. Mit einer großen Schuldenlast trat er 1556 nach dem Tod des Onkels, Kurfürst Friedrich II. von der Pfalz, die Herrschaft als Kurfürst über die Pfalz an. Bereits 1544 hatte er bei diesem in Heidelberg Exil gefunden. Im Weinheimer Karmeliterkloster versuchte er mittels wissenschaftlicher Experimente Gold zu erzeugen, um seine leeren Kassen zu füllen. Auf Ottheinrich, der 1522 in seinem Fürstentum Neuburg die Reformation eingeführt hatte, geht auch deren Einführung in der Kurpfalz zurück. Er machte als Kurfürst von der Pfalz die Universität in Heidelberg zu einem Zentrum des Luthertums. Seine prächtige Bibliothek – *Bibliotheca Palatina* – ist ebenso bekannt wie der unter ihm entstandene Ottheinrichsbau des Heidelberger Schlosses, der bedeutendste Renaissancebau im deutschen Südwesten. Nach nur drei Jahren als Kurfürst verstarb der Herrscher, sein Grab in der Heidelberger Heiliggeistkirche wurde im Pfälzischen Erbfolgekrieg 1693 geplündert und zerstört. Mit ihm endete 1559 die sogenannte Ältere Kurlinie. Die pfälzische Kur ging auf die Linie Simmern über.

Friedrich III. der Fromme von Pfalz-Simmern (1515–1576)

Nach dem Tod des kinderlosen Ottheinrich trat 1559 Friedrich III. der Fromme das Amt des Kurfürsten an. Friedrich führte die unter seinem Vorgänger vorangetriebene Reformation weiter, wodurch die konfessionelle Frage der Kurpfalz Bedeutung erlangte. Zu seiner Zeit spaltete sich bereits das evangelische Lager in sich unversöhnlich gegenüberstehende Anhänger von Martin Luther auf der einen und Johannes Calvin auf der anderen Seite. Durch die Hinwendung zum Calvinismus versuchte er erfolglos, die Zwistigkeiten unter den protestantischen Fürsten auszugleichen. Unter ihm wurde die Kurpfalz calvinistisch, die Oberpfalz, wo sein Sohn als Statthalter wirkte, blieb lutherisch, ebenso Simmern, das seit 1559 seinem Bruder Georg unterstand. Der eifrige Anhänger der Reformation und standhaft am Calvinismus Festhaltende erhielt bald den Beinamen „Fritz der Fromme". Nach dem wiederholten Konfessionswechsel in der Kurpfalz – erst katholisch, 1545 lutherisch, 1548 katholisch, 1556 lutherisch, inzwischen eher reformiert – musste eine Klärung her. Mit der Herausgabe des Heidelberger

Friedrich III. der Fromme mit seinen beiden Frauen Marie von Brandenburg-Kulmbach (Mitte) und Amalia von Neuenahr-Alpen (rechts), kolorierter Holzschnitt, 1609, Reiss-Engelhorn-Museen Mannheim

Katechismus 1563 schaffte Friedrich III. eine verbindliche und einheitliche Lehrgrundlage in Kirche und Schule. Daran schloss sich die Einführung einer überarbeiteten Kirchenordnung an. Bis heute gilt der Heidelberger Katechismus als bedeutendste Bekenntnisschrift der reformierten Kirche und ist ihr immer noch gültiger Wegweiser.

Der „Winterkönig" Friedrich V. (1596–1632)

1610 beerbte der erst 14-jährige Friedrich V. seinen Vater Friedrich IV. und wurde als pfälzischer Kurfürst zugleich Anführer der Protestantischen Union. 1613 heiratete er in London die englische Königstochter Elisabeth, eine Enkelin Maria Stuarts. Mit dieser Heirat trat er erstmals glanzvoll als europäischer

Friedrich V., Gemälde von Michael van Miereveli (Werkstatt), Anfang 17. Jh., Reiss-Engelhorn-Museen Mannheim

Fürst in Erscheinung. Unter ihm erhielt das Heidelberger Schloss ein neues Erscheinungsbild, dazu gehörten der berühmte *Hortus Palatinus* sowie die Errichtung des Elisabethentors als Geschenk für seine Ehefrau. 1618 beendeten die nicht katholischen böhmischen Stände mit dem „Prager Fenstersturz" die Herrschaft der katholischen Habsburger in Böhmen. Sie hatten damit die bedeutendste Macht auf dem Kontinent herausgefordert. Dieser offene Aufstand markiert den Anfang des 30-jährigen Kriegs. Nun suchten die böhmischen Stände Verbündete. Sie wählten den Führer der deutschen Protestanten, Kurfürst Friedrich V. von der Pfalz, zum neuen König von Böhmen. 1619 wurde Friedrich in Prag gekrönt. Doch seine Königsherrschaft währte nur ein Jahr, weshalb Friedrich mit dem Spottnamen „Winterkönig" in die Geschichte einging. Die Niederlage bei der Schlacht am Weißen Berg 1620 beendete die Selbstständigkeit Böhmens. Sieger blieben der habsburgische Kaiser Ferdinand II. und Friedrichs Vetter, der katholische Herzog Maximilian I. von Bayern. Friedrich musste Prag überstürzt verlassen und floh mit seiner Familie nach Holland. Am Hof seiner Verwandten aus dem Haus Oranien führten Friedrich und Elisabeth ein trotz eingeschränkter finanzieller Mittel glanzvolles Hofleben. Vergeblich versuchte Friedrich seine frühere Position wiederzuerlangen. Von Kriegszügen und persönlichen Schicksalsschlägen erschöpft, starb Friedrich im Alter von nur 37 Jahren 1632 inmitten der Kriegswirren in Mainz. Seine letzte Ruhestätte ist bis heute unbekannt.

Carl I. Ludwig von Pfalz-Simmern (1617–1680)

Nach dem Tod seines Vaters Friedrich V. erbte der noch minderjährige Kurprinz Carl I. Ludwig 1632 die Herrschaft, die jedoch zunächst sein Onkel Ludwig Philipp ausübte. Die Kurwürde erhielt Carl I. Ludwig erst nach dem Westfälischen Frieden 1648 zurück. Er erwarb sich große Verdienste beim Wiederaufbau der Kurpfalz nach dem 30-jährigen Krieg (1618–1648), dazu zählen vor allem die Neugründung der Heidelberger Universität, Aufbau und Erweiterung des Schwetzinger Schlosses und ein erster Plan, den Hof von Heidelberg nach Mannheim zu verlegen. Als er 1680 verstarb, hatte die Kurpfalz eine Zeit des Friedens erfahren, die jedoch durch den Pfälzischen Erbfolgekrieg jäh ein Ende finden sollte. Sein Sohn und Nachfolger Sohn Carl II. verstarb bereits nach fünf Jahren und der Herzog von Orléans, verheiratet mit einer Schwester des verstorbenen Kurfürsten, erhob Ansprüche auf das Privatvermögen der kurpfälzischen Wittelsbacher, aber auch auf Teile der Kurpfalz. 1689 und 1693 richteten Kriege nachhaltige Schäden im gesamten Land, v. a. aber in Heidelberg an.

Carl III. Philipp, um 1800, ev. nach verlorenem Original, Künstler unbekannt, Reiss-Engelhorn-Museen Mannheim

Johann Wilhelm von Pfalz-Neuburg (1658–1716)

Mit dem Tod von Kurfürst Carl II. 1685 erlosch die Linie Pfalz-Simmern. Das Erbe fiel an den 70-jährigen katholischen Kurfürsten Philipp Wilhelm (1615–1690), der in Neuburg und Düsseldorf regierte. 1690 trat sein Sohn Johann Wilhelm das Erbe als Pfalzgraf und Kurfürst an. Doch die Pfalz war in den Jahren zuvor von französischen Truppen systematisch zerstört worden: König Ludwig XIV. erhob für seine Schwägerin Liselotte von Orléans, Tochter des pfälzischen Kurfürsten, Ansprüche auf dieses Territorium und versuchte unnachgiebig aber letztlich erfolglos, diese durchzusetzen. Die bis 1697 während Politik der „verbrannten Erde" sollte aus diesem so wichtigen und wohlhabenden Landstrich des Reichs ein Armenhaus machen; auch dieser Umstand hinderte „Jan Wellem" daran – wie schon seinen Vater – in Heidelberg bzw. Mannheim Residenz zu nehmen. Somit behielt er seinen Wohnort in Düsseldorf bei. Eine glänzende Periode in der Düsseldorfer Stadtgeschichte begann. Die Residenz wurde eines der kulturellen Zentren Europas. Die Vielfalt seines Wirkens lässt sich in wenigen Worten nicht einmal andeuten, so groß waren seine Förderung der Musik und der Bildenden Kunst sowie seine Sammlertätigkeit auf dem Gebiet des gesamten Kunsthandwerks. Damit ging ein Aufblühen der Zünfte einher, ein besonderes Anliegen des Herrschers. In Düsseldorf strömten die Künstler, die Maler, Musiker, aber auch die Gelehrten zusammen. Seine Heirat mit Anna Maria Luisa de' Medici verband ihn mit der einflussreichen Florentiner Herrscherfamilie. Darüber hinaus war der Kurfürst auch politisch ein durchaus vielbeschäftigter Landesherr. Im Frieden von Rijswijk 1697 beendete er den Pfälzischen Erbfolgekrieg, allerdings sicherte er den Franzosen zu, dass die Pfalz katholisch bleiben werde, sehr zum Verdruss der protestantischen Untertanen.

Carl III. Philipp von Pfalz-Neuburg (1661–1742)

Nach dem Tode „Jan Wellems" trat 1716 sein jüngerer Bruder Carl III. Philipp das Erbe an. Er regierte die Kurpfalz und die Herzogtümer Pfalz-Neuburg, Jülich und Berg sowie Ravenstein. Der katholische Herrscher zog zunächst nach Heidelberg. 1720 verlegte er die Residenz von dort nach Mannheim und begann mit der Errichtung des Schlosses, der Jesuitenkirche und des -kollegs. Vorausgegangen waren Glaubensstreitigkeiten; so wollte er den Heidelberger Katechismus verbieten oder die dortige simultan genutzte Heiliggeistkirche wieder vollständig zum katholischen Gotteshaus umwandeln. Sein politisches Hauptanliegen war die Erhaltung und Stärkung des wittelsbachischen Gesamtlandes, weshalb viele Erb- und Uni-

Carl IV. Theodor, 1763, Gemälde von Anna Dorothea Therbusch, Reiss-Engelhorn-Museen Mannheim

onsverträge geschlossen wurden. Auch die Hochzeit seiner Enkelin Elisabeth Auguste mit seinem Nachfolger Carl IV. Theodor von Pfalz-Sulzbach gehörte dazu. Mit seinem Tod 1742 in Mannheim endete die Linie Pfalz-Neuburg.

Carl IV. Theodor von Pfalz-Sulzbach (1724–1799)

Carl IV. Theodor war ein entfernter Verwandter von Kurfürst Carl III. Philipp, der seit 1716 die Kurpfalz regierte. 1734 wurde der Zehnjährige vom Landesherrn nach Mannheim geholt und 1742, aus dynastischen Überlegungen, mit Carl I. Philipps Enkelin, Elisabeth Auguste, verheiratet. Die Eheleute waren jedoch grundverschieden und fanden beide kein Glück in dieser Verbindung. Nach dem Tod Carl I. Philipps 1742 übernahm Carl Theodor noch im gleichen Jahr die Regentschaft. Der Kurfürst galt als gebildeter, aufgeklärter Fürst. Er war äußerst wissbegierig und förderte Wissenschaft und Künste. Begeistert sammelte er Gemälde, Kupferstiche, Naturalien, Münzen und Bücher

im Schloss Mannheim. Die von ihm gegründete Mannheimer Akademie der Wissenschaften widmete sich der Geschichte der Kurpfalz und den Naturwissenschaften, u. a. der Entwicklung von Blitzableitern. Auf dem Gebiet der Musik erwies sich die durch ihn geförderte Mannheimer Schule wegweisend in Europa. 1777 starb mit Maximilian III. Joseph die von Kaiser Ludwig dem Bayern abstammende bayerische Linie der Wittelsbacher aus. Nach den Hausverträgen der Wittelsbacher fiel nun das gesamte Erbe an Carl Theodor. Bei seinem Einzug in München 1778 schlugen dem neuen Landesherrn nicht nur Sympathien entgegen: Ihm wurde nachgesagt, dass er Bayern zugunsten einer Erweiterung der Pfalz zu einem „Königreich Burgund" an Österreich abtreten wollte. Diesen Plänen widersetzte sich nicht nur die altbayerische Opposition unter der Kurfürstin-Witwe Maria Anna, sondern vor allem auch König Friedrich II. von Preußen, der diese Machtkonzentration der Habsburger erfolgreich verhinderte. Aus seiner früheren Residenz in Mannheim brachte Carl IV. Theodor nicht nur wertvolle Sammlungen mit nach München, z.B. eine Gemäldegalerie und eine Kupferstichsammlung, sondern auch hervorragende Künstler und Musiker. Da Carl Theodor IV. ohne erbberechtigte Nachkommen starb, fiel das Kurfürstentum an die Wittelsbacher Seitenlinie Pfalz Zweibrücken-Bischweiler-Birkenfeld. Kurfürst Maximilian IV. Joseph (1756–1825) trat das schwierige Erbe an und erreichte nicht nur die Vergrößerung Bayerns, sondern auch dessen Erhebung zum Königreich, das er als König Maximilian I. regierte.

Hinweis: Die Jahreszahlen in den Klammern entsprechen den Lebensdaten.

Baden-Württemberg

Dilsberg – eine kurpfälzische Festung

In beherrschender Lage thront die ruhmvolle Bergfeste Dilsberg auf einem Bergkegel über dem Neckartal. Für die Wittelsbacher war sie eine wichtige Bastion entlang des Flusses und diente dem Schutz Heidelbergs.

Geschichte

Der Burgruine Dilsberg ist im Westen und Nordwesten die kleine Stadt vorgelagert. Ausgang für die Besiedlung war die Anlage der Burg in der zweiten Hälfte des 12. Jahrhunderts. Wahrscheinlich verlegten die Grafen von Lauffen, die vom Bistum Worms mit der Grafschaft Lobdengau belehnt worden waren, ihren Sitz von Wiesenbach hierher. 1208 wurde ein *Dilighesberch* als Wohnstatt jener Grafen erstmals urkundlich erwähnt. Mit der Umsiedlung erlangten sie strategisch gesehen eine bessere Kontrolle der Verkehrswege, v. a. über den Neckar. Zugleich sollte die Anlage einen Riegel gegen die sich in Heidelberg formierende Pfalzgrafenschaft bilden, die jetzt ebenfalls ein Machtinteresse am Dilsberg anmeldete, lag dieser doch nahe bei Heidelberg und bot die Möglichkeit, sich im unteren Neckar- und Elsenzraum auszudehnen. Die angestrebte Besitzerweiterung der Pfalzgrafen zum Dilsberg hin ließ jedoch noch auf sich warten. Zunächst ging die Herrschaft nach dem Erlöschen der Familie der Grafen von Lauffen an die Herren von Dürn. Obwohl sich Graf Poppo I. von Dürn (um 1237–1276) im Jahre 1253 stolz als Graf vom Dilsberg bezeichnete, wurde er allmählich vom Pfalzgrafen abhängig. 1262 schloss er aus Finanznot mit diesem einen Vertrag, wonach er gegen Zahlung eines Betrages die Burg zu verteidigen und zu bewachen hatte. Kurz nach 1286 verkaufte Graf Poppo II. die von der Pfalz beanspruchte Burg an König Rudolf von Habsburg (1218–1291), der die Reichsgewalt am unteren Neckar stärken wollte. Zwischen 1310 und 1340 gingen die Herrschaft und das Eigentum an der Burg Dilsberg schließlich an die Pfalzgrafen bei Rhein, die sich damit endgültig im Neckartal festsetzten. Somit verfügte die pfälzische Herrschaft über einen wichtigen Stützpunkt zur Sicherung und Ausdehnung ihres Machtbereichs. Als Begründer der städtischen Siedlung ist Pfalzgraf und Kurfürst Ruprecht I. (1309–1390) anzusehen, der 1347 dem kurz zuvor ummauerten „Stettlin" entscheidende Rechte und Freiheiten verlieh. Die Bewohner der benachbarten Weiler Rainbach und Reidenberg mussten sich innerhalb der neuen Stadtmauer ansiedeln und erhielten dafür die Befreiung von Leibeigenschaft und Steuer. Mit der Stadtgründung verfolgte die Kurpfalz das Ziel, den Ausbau der Burg zu sichern und wirtschaftliche Erfolge zu erzielen. Dazu sollte wohl auch die Ansiedlung von Juden gegen Ende des 14. Jahrhunderts dienen. Dilsberg bildete darüber hinaus eine Zuflucht für den kurpfälzischen Hof in Notzeiten, aber auch einen Ausgangspunkt für die Jagd. Von hier aus wurden kurpfälzische Liegenschaften verwaltet und die Burgfeste war zudem Gefängnis. Dennoch konnte sich eine Stadt auf dem Dilsberg nicht recht ent-

Das Stadttor von Dilsberg

Blick zur katholischen Pfarrkirche und auf Teile der Festungsanlage

wickeln und der Ort blieb ein „Burgflecken". Die Bedeutung von Burg und Stadt zeigt sich auch darin, dass sie bei allen Landesteilungen immer beim Heidelberger Teil verblieben und unter den Wittelsbachern im ausgehenden 14. Jahrhundert zum unveräußerlichen Bestandteil des Territoriums (Kurpräzipuum) erklärt wurden. Im 17. Jahrhundert war die Burg Dilsberg eine der stärksten Festungen im unteren Neckartal. Aufgrund ihrer Lage hielt sich die Feste in den meisten Kriegen ungewöhnlich lange. Im 30-jährigen Krieg (1618–1648) belagerte der Feldherr Tilly (1559–1632) den Ort, der lange widerstand. Erst im Herbst 1622 fiel Dilsberg durch Kapitulation an die Bayern. 1648 erfolgte die Rückgabe an die Kurpfalz. Die Burg wurde zur Garnison für mehr als 100 Soldaten. Den Pfälzischen Erbfol-

gekrieg 1689 überstand die Anlage ohne Schaden. 1757 bis 1767 verlagerte die Universität Heidelberg ihren Studentkarzer (Gefängnis für „Kavaliersdelikte") in die Burg. Letztmals versuchten 1799 französische Revolutionstruppen erfolglos, den Dilsberg zu erobern. Mit der Auflösung der Kurpfalz 1803 fiel der Ort an das neue Land Baden. Ab 1822 wurde die bislang unversehrte Feste als Steinbruch zum Bau von Privathäusern freigegeben. Erst mit der Belebung des durch die Spätromantik geprägten Tourismus erfolgte um 1893 die Renovierung des Areals. 1973 wurde Dilsberg nach Neckargemünd eingemeindet und das dortige Zentrum löste die Bergfeste als örtlichen Mittelpunkt ab. In den letzten Jahren entwickelte sich das beschauliche Dorf zum Rückzugsort für Künstler und Kunsthandwerker.

Blick auf die Ruine der Feste Dilsberg

Rundgang durch die Bergfeste

Die **Burganlage** war einst von Mauer und Graben umschlossen. Westlich, dem Ort zugeneigt, lagen die stärksten Verteidigungsanlagen, im Osten bot der steile Berg ausreichend Schutz. Von der Hauptburg blieb nur die mächtige, 17 m hohe Mantelmauer in Bossenquadern aus dem 12./13. Jahrhundert erhalten. Es ist eine der großartigsten Anlagen ihrer Art im ganzen Odenwald. Ab 1893 kamen im Zuge einer rekonstruierenden Restaurierung Ecktürmchen und Zinnen dazu. Der Palas lag einst in der Nordostecke. 1764 errichtete man an dessen Stelle ein mittlerweile ebenfalls abgebrochenes Amtshaus. Das in der Vorburg befindliche **Kommandan-**

EXTRA Wissen

Bummel durch Dilsbergs Vergangenheit

Der Dilsberg war schon früher beliebt. Bereits in der Spätromantik mauserte er sich zum touristischen Ausflugsziel. 1878, zwei Jahre, nachdem der Roman „Tom Sawyers Abenteuer" erschienen war und dem Autor endgültig literarischen Ruhm beschert hatte, reiste Mark Twain (1835–1910) durch Europa und besuchte die Bergfeste. Hier berichtete er von der Legende eines unterirdischen Gangs, der zu einer weit entfernten geheimen Stelle im Tal führen soll. Tatsächlich führten diese Notizen dazu, dass Anfang des 20. Jahrhunderts ein vergessener Brunnenstollen in der Burg Dilsberg wiederentdeckt wurde. Dieser kann im Sommer sogar besichtigt werden. Der vergnüglich zu lesende „Bummel durch Deutschland" beschreibt Twains Erlebnisse in Deutschland, Piper Taschenbuch 4767 mit 20 Bildern von Hans Traxler.

tenhaus entstand vermutlich um 1550 an Stelle eines Eckturms aus dem frühen 14. Jahrhundert. 1985 wurde es zum Schul- und Rathaus umgebaut. Erhalten haben sich die Untergeschosse der Zehnt- oder Fruchtscheuer sowie der Kaserne, heute alles stark erneuerte Wohnhäuser. Sehenswert sind die Wehranlagen, der rund 46 m tiefe Burgbrunnen und der unterirdische Brunnenstollen, der zwischen 1650 und 1680 als Belüftungsstollen angelegt wurde. Von der Burg Dilsberg aus hat man einen herrlichen Blick über das Neckartal und die Berge des Odenwaldes. Im Rahmen der Burgfestspiele finden jährlich Theateraufführungen, wie das von einer Laiengruppe präsentierte Stück „Die Rose von Dilsberg", aber auch Konzerte statt.

Lohnenswert ist ein Spaziergang außen entlang der Befestigungsmauer sowie ein Rundgang durch den Ort, den Mark Twain während seiner Deutschlandreise besuchte und „als seltsam und malerisch gelegen" beschrieb. Von der ehemaligen Stadtbefestigung, die dem oberen Rand des Kegels folgt, auf dem Burg und Stadt liegen, hat sich viel erhalten. Wenn auch nicht in alter Höhe

oder mit dem alten Wehrgang versehen, gibt es bis heute viele überbaute Mauerreste. Der Name des an der Stadtmauer gelegenen **„Bienengärtleins"** geht auf eine Sage zurück. In Abwesenheit des Grafen von Dilsberg wollten Feinde die Burg erobern, was die Bauern, die ihre gereizten Bienen aus den Körben auf die Horde ließen, erfolgreich verhinderten. Das mehrfach umgebaute, südlich gelegene **Stadttor** (heute Jugendherberge) stammt im Kern aus dem 15. Jahrhundert. Es bildete den einzigen Zugang zum Ort. Hier überspannte eine Zugbrücke den Zwingergraben. Der Beherrschung des Stadteingangs diente der in Resten erhaltene fünfeckige **Pulverturm**. Weitere Türme gab es nicht. Im Innern der Festungsanlage stehen viele historische Wohnhäuser. Bereits mit der ersten Erwähnung des Dilsbergs ist ein Kaplan benannt. Damals gab es vermutlich eine Burgkapelle. Ab 1388 kann eine eigene Kaplanei nachgewiesen werden. 1566 wurde eine selbständige reformierte Pfarrei eingerichtet, 1707 fiel die Kirche an die Katholiken. Die heutige **katholische Pfarrkirche** St. Bartholomäus, ein einschiffiger Gewölbebau, entstand ab

1743, ihr Turm datiert 1864. Der aufwendig gearbeitete, steinerne Hochaltar ist vermutlich aus der Heidelberger Jesuitenkirche. Das Gemälde des Altarblattes stellt die Übergabe des Bildes der Muttergottes vom Guten Rat an den Augustiner-Eremiten in Genzano bei Rom dar und entstand Ende des 17. Jahrhunderts. Die vorzüglichen Skulpturen der hll. Sebastian und Laurentius datieren um 1760. Die **evangelische Kirche** aus rotem Sandstein entstand ab 1871, ihr schönster Schmuck sind die bunten Glasfenster nach Entwürfen des Neckarsteinacher Künstlers Valentin Feuerstein (1917–1998).

Adressen und Auskunft
Tourist-Info
Neckarstr. 19–21
69151 Neckargemünd
Tel. 06223-3553
www.neckargemuend.de

Idylle pur bietet die Jugendherberge Dilsberg an der Stadtmauer
DHJ, Untere Str. 1
69151 Neckargemünd-Dilsberg
Tel. 06223-2133
www.jugendherberge.dilsberg.de

Museen und Sehenswertes
Burgfeste
www.burg-dilsberg.de, offen:
von April – Okt., 10–17:30 Uhr,
Mo geschlossen, Burgführungen:
So u. Feiertage 15 Uhr, ab Innenhof der Burg.

Burgbühne Dilsberg e.V.
Theateraufführungen finden im Juni/Juli statt, Infos u. Kartenvorverkauf:
www.burgbuehne-dilsberg.de

Essen und Trinken
Chocolaterie im Gasthaus zur Burg
Obere Str. 12
69151 Dilsberg

Konditormeisterin Eva Heß lässt Schokoträume wahr werden und bietet Events um Pralinen und Desserts an. Schokofrühstück nach Voranmeldung, Schokoverkauf und Gasthaus, offen:
Mi–Sa 13–18 Uhr, Tel. 06223-864748,
www.das-beste-zum-schluss.com

Anfahrt
mit dem PKW
Ab A5 (Abfahrt Heidelberg):
durch Heidelberg die B37
Richtung Neckargemünd.
Ab A6 (Abfahrt Sinsheim):
ab Sinsheim die B45 Richtung Neckargemünd.
Ab Neckargemünd:
Ausschilderung Richtung Dilsberg durch den Tunnel, am Neckar entlang. Durch die Engstelle in Rainbach den Berg hinauf und in der Siedlung links hoch Richtung „Feste Dilsberg".

Go Green
Vom Bahnhof Neckarsteinach ist Dilsberg zu Fuß erreichbar (den Neckar über die Fußgängerbrücke auf der Schleuse überqueren und den Dilsberg hinauf wandern, ca. 35 Min.).

Heidelberg – die einstige Hauptstadt der Kurpfalz

Heidelberg liegt am Endlauf des Neckars, dort, wo dieser den Odenwald verlässt und in die Rheinebene eintritt. Die Stadt mit ihrem unvergleichlichen Schloss, mit ihren Kirchen, der Alten Brücke und der romantischen Altstadt gilt als eine der schönsten Deutschlands. Zudem ist kaum ein anderer Ort in der Kurpfalz enger mit der Geschichte der wittelsbachischen Kurfürsten verknüpft. Schon im 13. Jahrhundert war die Stadt ihr bevorzugter Aufenthaltsort, ehe sie im 14. Jahrhundert dauerhaft zur Residenz aufstieg. Das Heidelberger Schloss geht ebenso auf die Wittelsbacher zurück wie die Universität. Bis heute spiegelt sich das politische Selbstverständnis und Repräsentationsbedürfnis der Wittelsbacher im prachtvollen Bau der Heidelberger Schlossruine wider.

Geschichte des Schlosses und der Stadt

Stein- und bronzezeitliche Funde in den heutigen Vororten von Heidelberg verweisen auf eine frühe Besiedlung der Region. In römischer Zeit standen beiderseits des Neckars Befestigungsanlagen, die zu einem Militärlager gehörten. Unter fränkischer Herrschaft wurden Klöster gegründet, 870 auf dem Michaelsberg, wenig später folgte das Stephanskloster auf dem Heiligenberg, beides Filialklöster zu Lorsch. 1130 kam das Kloster Stift Neuburg im Neckartal hinzu. Viele Dörfer, heute Stadtteile Heidelbergs, gehen zudem auf Siedlungen aus dieser Epoche zurück. 1196 wurde erstmals ein Ort namens *Heidelberch* in einer Urkunde des Klosters Schönau erwähnt.

Im Anschluss an die vermutlich im 11. Jahrhundert bestehende Burg (heutiges Schloss oder ein Vorgängerbau oberhalb der heutigen Anlage) und dem, aus den ersten Siedlungen erwachsenen Burgweiler mit der Pfarrkirche St. Peter, gründeten Konrad von Staufen (1134–1195), der erste Pfalzgraf bei Rhein, bzw. seine Nachfolger, die planmäßig angelegte Stadt. Der Kern der Altstadt zeigt bis heute die erste Anlage Heidelbergs mit seiner in ost-westlicher Richtung verlaufenden Hauptstraße und rechtwinklig davon abzweigenden Gassen, ein System, das für viele Stadtgründungen dieser Ära üblich war. In der Mitte entstand ein zentraler Marktplatz mit einer seit dem ausgehenden 12. Jahrhundert belegten Kapelle. Diese wich um 1400 dem Neubau der Heiliggeistkirche, die nun zur Stadtpfarrkirche wurde und St. Peter ablöste.

1214 ging das Amt des Pfalzgrafen bei Rhein auf die Dynastie der Wittelsbacher über, die jedoch noch keine feste Residenz besaßen. 1225, wenige Jahre nach der eigentlichen Stadterhebung Heidelbergs, gelangte das bisher Worms zugehörige „Castell und Stettlein Heidelberg" als Lehen an den Pfalzgrafen bei Rhein und damit an die Wittelsbacher. Der Verlauf der um 1235 erstmals bezeugten Stadtmauer ist teilweise noch in der Graben- und Mantelgasse sowie der Seminar- und Zwingerstraße erkennbar. In die Festungsmauern, deren einziges Überbleibsel aus dem Hexenturm im Hof der Neuen Universität besteht, waren sowohl Burg als auch die Altstadt eingebunden. Die Kernaltstadt erfuhr im 14. Jahrhundert

Blick in den Chor der Heiliggeistkirche Heidelberg

unter Kurfürst Ruprecht II. (1325–1398) eine Erweiterung nach Westen. Notwendig wurde dieser Schritt, nach dem in Folge des Hausvertrags von Pavia 1329 das wittelsbachische Herrschaftsgebiet zwischen der pfälzischen und bayerischen Linie geteilt worden war und die Kurwürde, d. h. das Recht zur Wahl des römisch-deutschen Königs, laut Festlegung in der Goldenen Bulle Kaiser Karls IV. (1316–1378) nur an die Pfalzgrafen bei Rhein ging. Unter den Kurfürsten der Pfalz, wie sich die Pfalzgrafen fortan nannten, erfuhr die Stadt einen enormen Aufschwung: Heidelberg wurde Residenz und Zentrum der kurpfälzischen Verwaltung. Auch die Gründung der Universität 1386, der ältesten Bildungseinrichtung auf deutschem Boden, unter Kurfürst Ruprecht I. (1309–1390) verhalf zur nachhaltigen Stadtentwicklung. Die Wahl Kurfürst Ruprecht III. (1352–1410) zum deutschen König Ruprecht I. im Jahr 1400 steigerte nochmals die Bedeutung von Heidel-

berg. Unter ihm setzte eine rege Bautätigkeit ein: Die Heiliggeistkirche sowie der Ruprechtsbau, das älteste, noch erhaltene Wohngebäudes des Schlosses, entstanden, aber auch eine Kanzlei, eine Münze und mehrere Universitätsbauten. Zudem begann er die mittelalterliche Burg zum ständigen Wohnsitz des Kurfürsten umzubauen. Die mächtige Festung sollte sich in den folgenden Jahren von einer Burg in ein Schloss verwandeln. Ruprechts Nachfolger Ludwig III. (1378–1436) vermachte seine private Bibliothek der Heiliggeistkirche und legte damit den Grundstock der berühmten *Bibliotheca Palatina*. Kurfürst Friedrich I. (1451–1476) vergrößerte „siegreich" das Gebiet der Kurpfalz. Unter ihm und seinen Nachfolgern wurde die Universität zu einem Zentrum des Renaissance-Humanismus, an dem viele Gelehrte wirkten. Zu Beginn des 16. Jahrhunderts begann sich die Reformation bemerkbar zu machen. Bedeutende Reformatoren kamen in die Stadt.

Grabplatte von König Ruprecht I. (Kurfürst Ruprecht III.) und seiner Gattin, Heiliggeist-kirche Heidelberg, um 1410

Im Augustinerkloster (heute Neue Universität/Universitätsplatz) hielt Luther 1518 seine berühmte Disputation und machte die Ideen der Reformation be-

EXTRA Wissen

Ein kleiner Adelssitz mit großer Geschichte – das Schlösschen in Rohrbach

Ein wittelsbachischer Erinnerungsort liegt außerhalb der Altstadt Heidelbergs im Stadtteil Rohrbach. Das Schlösschen auf dem Gelände der Thoraxklinik am Universitätsklinikum Heidelberg entstand 1770 unter dem späteren und letzten Herzog Carl II. August von Pfalz-Zweibrücken (1746–1795) als Jagdschloss in einem nach Plänen des Gartenarchitekten Friedrich Ludwig Sckell gestalteten Landschaftspark. Zwischen 1795 und 1799 lebte Herzog Maximilian IV. Joseph hier. Im Schlösschen wurden rauschende Feste gefeiert und hohe Politik betrieben; der europäische Hochadel ging hier ein und aus. Später wurde der Adelssitz in ein Genesungsheim umgewandelt und das Schlösschen bildete die Keimzelle eines Tuberkulosekrankenhauses, aus dem in unserer Zeit ein modernes Krankenhaus entstand. Das Äußere des im öffentlich zugänglichen Klinikgelände liegenden Baus ist problemlos zu besichtigen, der Saal kann für Veranstaltungen von der Klinikverwaltung gemietet werden.

Infos unter Tel. 06221-3967507, www.rohbacher-schloesschen.de, Amalienstraße 5, auf dem Gelände der Thoraxklinik, 69126 Heidelberg.

kannt. Die pfälzischen Kurfürsten duldeten die reformatorische Bewegung, waren jedoch nicht direkt am Reformationsgeschehen beteiligt. Unter Kurfürst Ottheinrich (1502–1559) wurde die Kurpfalz lutherisch. Er vergrößerte die *Bibliotheca Palatina*, indem er die Buchbestände der Universität und der Schlossbibliothek der Kurfürsten mit den Beständen der Stiftsbibliothek in der Heiliggeistkirche zusammenführte. Der nach ihm benannte Ottheinrichbau des Schlosses, der erste Renaissancebau in Deutschland, trug abermals dazu bei, die einstige Burg in ein Schloss zu verwandeln. Nach dem Grundsatz *cuius regio, eius religio* („wessen Herrschaft, dessen Religion") sollte die Kurpfalz fortan bis ins 18. Jahrhundert insgesamt siebenmal die Konfession wechseln. Ottheinrichs Nachfolger Kurfürst Friedrich III. (1515–1576) errichtete einen streng calvinistischen Staat. Heidelberg wurde zum Zentrum des reformierten Glaubens, wie der 1563 entstandene Heidelberger Katechismus, bis heute

ein wegweisendes Glaubensbekenntnis der Calvinisten, verdeutlicht. Im 16. und frühen 17. Jahrhundert, vor allem aber unter Kurfürst Friedrich V. (1596–1632) erlebte die Stadt ihre größte Blüte. Er ließ für seine Frau, die englische Königstochter Elisabeth Stuart (1596–1662), das Schloss umgestalten: Der frühbarocke Englische Bau, das Elisabethentor und der berühmte *Hortus Palatinus*, eine prächtige Gartenanlage nach dem Vorbild italienischer und französischer Renaissancegärten, entstanden. Am Valentinstag 1613 fand ihre Hochzeit in London statt, danach siedelten sie auf das Heidelberger Schloss um. Die Eheschließung erregte Aufmerksamkeit in ganz Europa. Die „Hochzeit von Themse und Rhein", wie sie zeitgenössische Autoren nannten, wurde durch gezielte Inszenierung zu einem Medienereignis ersten Ranges. Die Feierlichkeiten in London und Heidelberg demonstrierten unverwechselbar die aufwendige höfische Festkultur des 17. Jahrhunderts, wodurch sich das fürstliche

Selbstverständnis definierte. Für die protestantische Öffentlichkeit wurde das Brautpaar zum Hoffnungsträger, da ihre Verbindung einen wesentlichen Anstoß zur machtvollen konfessionellen Bündnisbildung auf europäischer Ebene geben konnte. Die Geschichte nahm jedoch einen bitteren Verlauf, den Heidelberg nachhaltig spüren sollte. Im Laufe der Zeit wurde der Ort bald zerstört, bald wieder aufgebaut. 1278 und 1288 legten ihn gewaltige Feuersbrünste in Asche. Mit Kurfürst Friedrich V. setzten lange Kriegsjahre ein. Als Führer der protestantischen Union versuchte er die Kurpfalz zur protestantischen Vormacht im Heiligen Römischen Reich zu machen. Mit Beginn des 30-jährigen Krieges (1618–1648), setzten die böhmischen Stände den Katholiken Ferdinand II. (1578–1637) ab und wählten Friedrich am 26. August 1619 zum böhmischen König. Friedrich zögerte zunächst, die Krone anzunehmen, weil er befürchtete, sich gegen die Habsburger militärisch nicht durchsetzen zu können. Tatsächlich konnte er seine Herrschaft nur 13 Monate behaupten und so ging er unter dem Spottnamen „Winterkönig" in die Geschichte ein. 1620 unterlag er in der Schlacht am Weißen Berg den Truppen des Kaisers und der katholischen Liga und musste ins Exil in die Niederlande fliehen. Der Kaiser entzog Friedrich V. die Kurwürde und übertrug sie auf Herzog Maximilian I. von Bayern (1573–1651). Im Sommer 1621 machte sich das Heer des Feldherrn Tilly (1559–1632), unterstützt von spanischen Truppen, daran, die Kurpfalz zu erobern. Während der folgenden bayerischen Besatzungszeit wurden der Katholizismus zwangseingeführt und die Universität aufgelöst. Die *Bibliotheca Palatina* gelangte auf Veranlassung Maximilians in den Vatikan nach Rom, wo sie sich bis heute befindet. 1631 griffen die Schweden in den Krieg ein und besetzten zwischenzeitlich die Kurpfalz. Dadurch wurde Heidelberg für kurze Zeit wieder protestantisch, ehe die kaiserlichen Truppen die Stadt kurz darauf wieder einnahmen. Im Westfälischen Frieden, der 1648 den 30-jährigen Krieg beendete, erhielt Friedrichs Sohn Carl I. Ludwig (1617–1680) die verkleinerte Pfalz und die aberkannte, als neugeschaffene achte, Kurwürde zurück. Jedoch hatten die Herrscher der Kurpfalz viel von ihrem vormaligen politischen Gewicht eingebüßt, standen sie doch nun nur noch an letzter Stelle in der Reihe der Kurfürsten und mussten auf das Erztruchsessenamt verzichten.

Unter Kurfürst Carl I. Ludwig begann der Wiederaufbau der Kurpfalz und Heidelbergs. 1652 eröffnete dieser die seit 1632 geschlossene Heidelberger Universität erneut und übernahm das erste Rektorat. Doch die Ruhe währte nicht lange. 1685 war das Haus Pfalz-Simmern mit dem Tode des kinderlos gebliebenen Pfalzgrafen und Kurfürsten Carl II. (1651–1685) erloschen. Das Ende dieser Seitenlinie wäre nicht erwähnenswert, wenn Carl nicht der Bruder der Liselotte von der Pfalz gewesen wäre, die wiederum mit dem Bruder Ludwigs XIV. von Frankreich verheiratet war und am Hofe des Königs lebte. Obwohl sie auf ihr Erbe verzichtet hatte, erhob König Ludwig XIV. in ihrem Namen seine Ansprüche. Zunächst noch, immerhin drei Jahre lang, überließ der König der Diplomatie das Wort, dann sprachen die Waffen. 1688 rückte Ludwig XIV., auf die vermeintlichen Erbansprüche pochend, in die Kurpfalz ein und besetzte Heidelberg. Der Pfälzische Erbfolgekrieg entbrannte. Als deutsche Truppen zu Hilfe eilten, gab er 1689 seinem General Mélac den Befehl, Heidelberg bis auf die Grundmauern zu zerstören. Der „französische Mordbrenner" be-

Warum nicht?

„Das war der Zwerg Perkeo im Heidelberger Schloss – an Wuchse klein und winzig, an Durste riesengroß…" mit diesen Versen verewigte 1846 Josef Victor von Scheffel (1826–1886) den kleinwüchsigen Fasswächter am Heidelberger Hof. Der trinkfeste Mann aus Südtirol kam einst zur Belustigung des Kurfürsten Carl III. Philipp nach Heidelberg. Bald bildeten sich viele Legenden um ihn, so wurde behauptet, dass er im Stande sei, das riesige Fass im Schloss alleine auszutrinken. Seinen Namen erhielt er von der Antwort, die er auf jede Einladung zum Trinken gab: Perchè no? Warum nicht? Heute bewacht noch immer eine Statue von ihm das Fass. Aufgepasst: Angeblich starb der trinkfreudige Bursche als er ausnahmsweise mal Wasser statt Wein trank… „weh ihm! Als Weinvertilger durchtobt er nachts die Stadt". In einem historischen Roman verewigte ihn Walter Laufenberg. „Perkeo – Der Zwerg von Heidelberg", Verlag Regionalkultur, 2010, ISBN 978-3-89735-539-2.

gann mit der Sprengung des Schlosses. Die Stadt brannte nieder. 1693 kam es zur zweiten und endgültigen Zerstörung der kurpfälzischen Hauptstadt Heidelberg, worauf der französische König eine Münze prägen ließ mit der Aufschrift *Heidelberga deleta*. Unter dem katholischen Kurfürsten Johann Wilhelm (1658–1716) setzte Ende des 17. Jahrhunderts der Neuaufbau im Barockstil nur langsam ein. Das Rathaus, die Alte Universität, aber auch die Jesuitenkirche und das Palais Morass (Kurpfälzisches Museum) sind Zeugen dieser Epoche. Nur das Schloss blieb eine Ruine, denn bereits 1720 wurde unter Kurfürst Carl III. Philipp (1661–1742) die Residenz aufgrund religiöser Streitigkeiten nach Mannheim verlegt und der dortige Schlossbau begonnen. Heidelberg war keine Residenzstadt mehr. Unter Carl Theodor (1724–1799), der seit 1742 als Kurfürst von Mannheim aus regierte, erlebte die Region und auch Heidelberg einen Aufschwung in Handel und Gewerbe. Im 19. Jahrhundert änderte sich die politische Situation erneut: 1803 erfolgte die Abtretung der rechtsrheinischen Pfalz an Baden. Markgraf Karl Friedrich von Baden (1728–1811) leitete eine Neugründung und Reorganisation der Universität ein. Zahlreiche Gelehrte begründeten bald den Ruhm der Hochschule. Mit dem Beginn der Romantik verneigten sich Schriftsteller und Dichter wie Friedrich Hölderlin (1770–1843; Heidelberg-Ode 1799), Clemens Brentano (1778–1842), Achim v. Arnim (1781–1831; beide gaben 1804 bis 1806 Des Knaben Wunderhorn in

Seite 36/37:
Stadtansicht Heidelbergs
vom Philosophenweg

Heidelberg heraus) oder Joseph von Eichendorff (1788–1857; Einzug in Heidelberg 1855) vor der „Schönen vom Neckar" und begründeten den Mythos Heidelberg. Die Bildersammlung der Brüder Boisserée war Ziel vieler Reisender, darunter auch Johann Wolfgang von Goethe (1749–1832), der Heidelberg lobte „Die Stadt in ihrer Lage und in ihrer ganzen Umgebung hat, man darf sagen, etwas Ideales…". Zahlreiche Maler schufen Heidelberg-Ansichten, etwa die drei Romantiker Carl I. Philipp Fohr (1795–1818), Ernst Fries (1801–1833) und Carl Rottmann (1797–1850). Die Schlossruine, zwischenzeitlich als Steinbruch zum Bau von Häusern genutzt und 1764 durch einen Blitzschlag weiter zerstört, wurde entdeckt und verklärt. Der zunehmende Wohlstand führte nach und nach zu einer gestiegenen Bautätigkeit in Heidelberg, viele private Villen entstanden am Schlossberg und auf der anderen Neckarseite. Dörfer, wesentlich älter als Heidelberg, wurden eingemeindet, so 1891 Neuenheim, 1903 Handschuhsheim, 1920 Wieblingen und Kirchheim. Die im Zweiten Weltkrieg weitgehend von Zerstörungen verschonte Stadt wuchs nach dem Krieg durch den Zustrom von Flüchtlingen stark an. Die Universität expandierte, weitere Wohngebiete entstanden. Bis heute ist der Mythos Heidelberg ungebrochen. Über 3 Millionen Menschen zieht die Stadt jährlich in ihren Bann.

Rundgang durch Schloss und Altstadt
Der Rundgang durch Heidelberg beginnt am **Schloss**, einer mächtigen Ruine, wie man sie sich kaum malerischer vorstellen kann. Eine schmale Brücke führt in den prachtvoll bebauten Innenhof. Zu den ältesten Teilen zählt der **Ruprechtsbau** hinter dem Torturm, den Kurfürst Ruprecht III. anfangs des 15.

Jahrhundert erbauen ließ. Er benötigte Raum und ließ zudem die Burg zu einer Festung umgestalten. Im Osten des Hofes erhebt sich der **Gläserne Saalbau**, dessen Namen vom Fest- und Spiegelsaal im ersten Geschoss herrührt. Wuchtige Renaissancearkaden gliedern das unter Kurfürst Friedrich II. zwischen 1544 und 1546 entstandene Gebäude. Rechts davon schließt der von Kurfürst Ottheinrich zwischen 1556 und 1559 erbaute und nach ihm benannte **Ottheinrichsbau** an. Dessen Fassade ist eine der ersten in Deutschland, die im Stil der Renaissance erstellt wurde. Das Mittelportal zeigt das Porträt des Bauherrn, darüber ist die Caritas (Symbol der christlichen Nächstenliebe) mit zwei Kindern dargestellt. Links neben dem Gläsernen Saalbau ragt der zwischen 1601 und 1607 erbaute **Friedrichsbau** empor, dessen Fassade eine Ahnengalerie der Kurfürsten als Legitimation der fürstlichen Herrschaft bebildert. Im Erdgeschoss des unter Kurfürst Friedrich IV. entstandenen Gebäudes liegt die noch unzerstörte Schlosskapelle, darüber rekonstruierte Wohnräume. Die Schlossterrasse vor dem Friedrichsbau bietet einen schönen Blick auf die Stadt. Hier ragt der Glockenturm der aus dem 15. Jahrhundert stammenden Ostbefestigung des Schlosses empor. Im Hof steht neben dem Friedrichsbau der **Frauenzimmerbau** des 16. Jahrhunderts, der einen großen Festsaal umfasste und in dessen Obergeschoss im 17. Jahrhundert die Damen des Hofes lebten. Im Zwischenraum zwischen Ruprechtsbau und Frauenzimmerbau liegt der spätgotische **Herrentafelstubenbau**, erbaut unter Kurfürst Ludwig V. um 1520/25. Besonders bemerkenswert ist der schöne Erker zum Hof im Obergeschoss. Das weltberühmte, 1751 von Kurfürst Carl Theodor in Auftrag gegebene **Riesenfass** im Schloss mit über 221.000 Litern

Das kurfürstlich-pfälzische Schloss und Garten zu Heidelberg, Matthäus Merian, 17. Jahrhundert

Fassungsvermögen hatte drei kleinere Vorgänger. Auch diese sollten den Zehnten der Weinernte als kurfürstlichen Anteil aufnehmen, d. h. in ihnen wurde der gesamte Wein mit allen Vorzügen aber auch allen Nachteilen gemischt und an der kurfürstlichen Tafel ausgeschenkt. Das **Elisabethentor** im Stückgarten, einer künstlich aufgemauerten Terrasse, die als Bollwerk und Platz für die Artillerie diente, wurde zu einem der Geburtstage der Kurfürstin errichtet - angeblich in einer Nacht. Es gehört zu einer Reihe von Prunkportalen, wie sie auch und besonders anläßlich der Hochzeit des Kurfürsten entstanden. Neben den hohen Zedern und Mammutbäumen begeistert im Heidelberger Schlosspark die traumhafte Aussicht vom Ende des Gartens über die Altstadt, den Neckar und die Rheinebene. Von dem 1615 von Salomon de Caus (1576–1626) für Pfalzgraf Friedrich V. geplanten **Schlossgarten** (*Hortus Palatinus*) mit Wasserspielen, von Zeitgenossen als „achtes Weltwunder"

bezeichnet, blieb kaum etwas erhalten. Nur eine Statue von Vater Rhein auf einem Felsen in der Mitte eines Teiches und die Anlage einzelner Parterre. Im Ottheinrichsbau ist das Deutsche **Apothekenmuseum** untergebracht. Den Schlossberg abwärts, vorbei an der **Akademie der Wissenschaften**, geht es zum **Palais Weimar** (Hauptstr. 235) aus dem 18. Jahrhundert, in dem sich das Völkerkundemuseum befindet. Seinen Namen verdankt es dem Prinzen Wilhelm von Sachsen-Weimar, der hier vor dem Ersten Weltkrieg wohnte. Ein Stück weiter östlich ragt das **Karlstor** (1775-81) empor, das zu Ehren des Kurfürsten Carl Theodor erbaut wurde. Der klassizistische Bau steht ganz in der Tradition römischer Triumphbögen. In Gegenrichtung zurück ist nach kurzer Zeit der **Karlsplatz** erreicht, der im 19. Jahrhundert nach dem badischen Großherzog benannt wurde. Der Platz wird gegen die Neckarseite vom **Palais Sickingen-Boisserée** begrenzt (Hauptstr. 207–209). Hier lebten zwischen 1810 und 1819 drei Brüder Boisserée, die eine berühmte Bildersammlung besaßen. Diese bildete nach dem Ankauf durch König Ludwig I. von Bayern (1786–1868) einen Teil des Grundstocks der Alten Pinakothek. Der 1978 durch Michael Schoenholtz (*1937) erstellte **Brunnen** erinnert an den Aufenthalt des Cosmographen Sebastian Münster (1448–1552), der Heidelberg als „der Pfaltz haupt flecken" 1550 in einer Stadtansicht publizierte. Damals stand am Karlsplatz das 1268 gegründete Franziskanerkloster. Der Hauptstraße in westlicher Richtung folgend gelangt man zum **Kornmarkt**, an dem einst der städtische Frucht- und Gewürzmarkt stattfand. Im Verlauf des barocken Wiederaufbaus der Altstadt nach deren Zerstörung im Pfälzischen Erbfolgekrieg 1689 und 1693 wurde auf dem Platz die **Marienfigur**, wahrscheinlich ein Werk des Düsseldorfer Hofbildhauers Peter van den Branden, aufgestellt. Das dort stehende **Palais Graimberg** (Nr. 5) gehörte Graf Charles de Graimberg (1774–1864), der sich ab 1810 mit großem Einsatz für den Erhalt der Schlossbauten einsetzte und das Kurpfälzische Museum begründete. Das zurzeit Ottheinrichs hier befindliche Pfründehaus mit Spital und Friedhof gibt es nicht mehr, nur die Umrisse der Spitalkapelle sind im Pflaster vermerkt. Weiter westlich folgt der **Marktplatz**, der im Schnittpunkt der Hauptachsen der Altstadt liegt. Hier steht das **Rathaus** von 1701, anstelle des im Pfälzischen Erbfolgekrieg abgebrannten Vorgängerbaus. Für den Bauschmuck mit Masken und kurfürstlichem Wappen engagierten die Heidelberger 1710 den Bildhauer Heinrich Charrasky (1656–1710) aus Ungarn. Die Mitte des Platzes markiert der schöne Herkulesbrunnen von 1706, der an die enormen Anstrengungen des Wiederaufbaus der Stadt erinnern soll. Gegenüber ragt die spätgotische **Heilig-**geistkirche empor, die bedeutendste Kirche der Altstadt. Der im Zusammenhang mit der Gründung der Universität (1386) errichtete imposante Bau aus rotem Sandstein wurde durch König Ruprecht I. zur Stiftskirche erhoben und auch die öffentliche Gründungsfeier der Hochschule fand hier statt. Der großzügige Hallenchor (ab 1410) spiegelt die Nutzung als fürstliche Grablege wider. An diesem für die Kurpfalz zentralen Ort befanden sich viele Fürstengrabmäler der Wittelsbacher (u. a. von Ottheinrich), erhalten blieb lediglich die großartige Tumba des Kurfürstenpaares Ruprecht III. und Elisabeth aus der Zeit um 1410. Das im 16. Jahrhundert fertiggestellte Gotteshaus barg einst die weltberühmte Handschriftensammlung *Bibliotheca Palatina*. Die wertvollen Bücher standen auf den breiten Emporen der Kirche, bis sie 1623 nach der Eroberung Heidelbergs im 30-jährigen Krieg als Geschenk des Siegers an den Papst gingen. Damit ging dieser Schatz, die kostbare Büchersammlung der Universität, der Stadt für immer verloren. Das prächtige **Haus zum Ritter** (Hauptstr. 178), 1592 für den Tuchhändler Charlés Bélier, einem Glaubensflüchtling aus Tournai in Flandern errichtet, überstand als eines von wenigen Gebäuden die Zerstörungen des Pfälzischen Erbfolgekrieges. Seine reich verzierte Sandsteinfassade ist im Stil der deutschen Renaissance gehalten. Anschließend geht es weiter entlang der Hauptstraße zur barocken **Jesuitenkirche** (Merianstr. 1). Sie wurde ab 1711 im Auftrag des katholischen Kurfürsten Johann Wilhelm für den nach Heidelberg zurückgekehrten Jesuitenorden erstellt, ab 1866 kam der Turm dazu. Hier befindet sich das Museum für Sakrale Kunst und Liturgie. An der **Neuen Universität** stand im 13. Jahrhundert das Augustinerkloster, eine runde Plakette auf dem Universitätsplatz markiert Luthers Stand-

Der Ottheinrichsbau des Heidelberger Schlosses, 1556–1559

ort, an dem er 1518 seine Thesen zur Disputation stellte. Von hier führt der Weg weiter zur **Peterskirche** (Sandgasse) aus dem 12. Jahrhundert, der ältesten Kirche der Stadt. Hier versah der *plebanus cunradus zu heidelberch* sein Amt, der 1196 eine Urkunde des Klosters Schönau siegelte und zur ersten Erwähnung Heidelbergs beitrug. Unter den bedeutsamen Grabmälern, die entlang der Kirchenmauer aufgestellt sind, ist das Epitaph des 1606 verstorbenen Calvinisten Marcus zum Lamm, im Innern das der Olympia Morata (1526–1555), einer hochgebildeten Humanistin aus Ferrara, zu sehen. Auf der gegenüber liegenden Seite erhebt sich der eindrucksvolle Bau der **Universitätsbibliothek**, ein neobarocker Bau (1901–1905) aus rotem Sandstein mit wunderschönen Fassadendetails und einem schmuckvollen Treppenhaus. Weltberühmte Bücher, etwa die mittelalterliche Liedersammlung *Codex Manesse* sind hier untergebracht. Über die Plöck und die Theaterstraße ist das **Kurpfälzische Museum** (Hauptstr. 97) schnell erreicht. Es residiert im Palais Morass (1712), einem der prächtigsten Barockbauten der Stadt und präsentiert unter anderem die wechselhafte Geschichte Heidelbergs. Bemerkenswert sind der Unterkiefer des „homo heidelbergensis" (600.000 v. Chr.), die Sammlungen aus römischer Zeit sowie die Präsentation der Stadtgeschichte. Unweit davon steht die **Providenzkirche** (1659 - 1661), die auf die Initiative des Kurfürsten Carl I. Ludwig für die lutherische Gemeinde entstand. Weiter westlich erhebt sich das barocke **Haus zum Riesen**, das 1707 aus den Steinen eines Schlossturms errichtet wurde. Jetzt führt der Weg über die Karpfengasse zum Neckarufer mit dem Kongresshaus/**Stadthalle** von 1903. Entlang den Neckarstaden geht es zum **Krahnenplatz**. Hier stand bis ins 19. Jahrhundert ein Drehkran zum Be- und Entladen der Neckarschiffe. Längs des Neckars erhebt sich der **Marstall** aus dem 16. Jahrhundert, einst das Zeughaus des Schlosses heute Mensa der Universität. Über die danach abbiegende Marstallstraße geht es zur barocken **Alten Universität** (Universitätsplatz). Dort, wo der barocke Bau von 1712 steht, war bereits 1386 die älteste Universität Deutschlands gegründet worden. Innen sind das **Universitätsmuseum** sowie die **Alte Aula** (1885) mit Deckengemälden, welche die vier Fakultäten der Hochschule zeigen, sehenswert. Über die Augustinergasse, die hinter die alte Universität führt, ist der **Studentenkarzer** erreichbar, in dem ab 1778 bis zum Beginn des Ersten Weltkriegs Studenten einsaßen, die sich eines Verbrechens schuldig gemacht hatten. Von hier den Weg erneut Richtung Fluss nehmen, vom Heumarkt über die Untere Straße am **Friedrich-Ebert-Geburtshaus** (Gedenkstätte Pfaffengasse 18) vorbei, wo der spätere Reichspräsident Ebert (1871–1925) aufwuchs. Vom Markt führt die Steingasse, lange die einzige gepflasterte Straße der Altstadt, zur 1284 erstmals erwähnten **Alten Brücke** (18. Jahrhundert) mit ihren markanten Doppeltürmen. Seit 1976 wacht hier wieder ein Brückenaffe aus Bronze, den Gernot Rumpf (* 1941) schuf. Bereits dessen Vorgänger hielt Besucher im 15. Jahrhundert mit den Worten *„Was thustu mich hie angaffen? Hastu nicht gesehen den alten Affen zu Heydelberg / sich dich hin und her / Da findest du wol meines gleichen mehr"* einen Spiegel vor. Über die Alte Brücke geht es über die Schlangentreppe hinauf zum **Philosophenweg**, der am gegenüberliegenden Hang verläuft. Von hier bietet sich ein traumhafter Panoramablick auf Schloss, Altstadt und den Neckar, so, wie ihn Matthäus Merian bereits darstellte.

Adressen und Auskunft
Tourist-Information am Hauptbahnhof, Willy-Brandt-Platz 1, 69115 Heidelberg, Tel. 06221-19433, www.heidelberg-marketing.de

Über die Tourist-Information werden Stadtführungen zu verschiedenen Themen angeboten, darunter eine Weihnachtsmarktführung im Dezember, Führungen am Abend sowie eine Segway Stadt-Safari. Hier ist ferner die HeidelbergCard erhältlich, mit der Dauer von 1, 2, 4 Tagen oder einer Familienversion sind zahlreiche Vergünstigungen möglich. Unter www.audioguide-app.biz steht eine Audioführung als App für Heidelberg zur Verfügung (kostenpflichtig).

Museen und Sehenswertes
Antikenmuseum u. Abguss-Sammlung, Marstallhof 4, 69117 Heidelberg, Tel. 06221-542515, www.klassische-archaeologieuni-hd.de, offen während der Semester So 11–13, Mi 15–17 Uhr.

Friedrich-Ebert-Gedenkstätte im Geburtshaus des ersten Reichspräsidenten, Pfaffengasse 18, 69117 Heidelberg, Tel. 06221-91070, www.ebert-gedenkstaette.de, Di-So 10–18, Do bis 20 Uhr.

Deutsches Apothekenmuseum, Schlosshof 1, 69117 Heidelberg, Tel. 06221-25880, www.deutsches-apothekenmuseum.de, offen April–Okt 10–18 Uhr, Nov.-März 10–17:30 Uhr.

Deutsches Verpackungsmuseum, Hauptstr. 22, 69117 Heidelberg, Tel. 06221-21361, www.verpackungs-museum.info.de, offen Mi-Fr 13-18, Sa, So, Feiertage 11–18 Uhr, Mo, Di (außer feiertags) geschlossen.

Kurpfälzisches Museum und Heidelberger Kunstverein, Hauptstr. 97, 69117 Heidelberg, Tel. 06221-5834020, www.museum-heidelberg.de, offen Di–So 10–18 Uhr, Kunstverein, Tel. 06221-184086, www.hdkv.de, Di–Fr 12-19, Sa, So 11–19 Uhr.

Völkerkundemuseum, Hauptstr. 235, 69117 Heidelberg, Tel. 06221-22067, www.voelkerkundemuseum-vpst.de, offen Mi–Sa 14–18 Uhr, So, Feiertage 11–18 Uhr.

Museum für sakrale Kunst und Liturgie, Richard-Hauser-Platz (Jesuitenkirche), 69117 Heidelberg, Tel. 06221-166391, offen Nov.–Mai Sa 10–17, So 13–17 Uhr, Juni–Okt. Di–Sa 10–17, So 13–17 Uhr.

Studentenkarzer, Augustinergasse 1, 69117 Heidelberg, Tel. 06221-543554, www.uni-heidelberg.de, offen April–Sept. Di–So 10–18, Okt. Di–So 10–16, Nov.–März Di–Sa 10–16 Uhr, Mo geschlossen.

Universitätsbibliothek, Plöck 107–109, 69117 Heidelberg, Tel. 06221-542380, www.uni-heidelberg.de, offen Mo–Sa 10–18 Uhr.

Universitätsmuseum, Grabengasse 1, 69117 Heidelberg, Tel. 06221-543593, www.uni-heidelberg.de, offen April–Sept. Di–So 10–18, Okt. Di–So 10–16, Nov–März Di–Sa 10–16 Uhr.

Jedes Frühjahr klingt der „Heidelberger Frühling" von März bis April. Im August finden die Schlossfestspiele mit Theater und Konzerten statt, Infos unter www.schlossfestspiele-heidelberg.de. Mehrere Male gibt es im Sommer Schlossbeleuchtungen und Feuerwerke. Am letzten Septemberwochenende wird das Altstadtfest „Heidelberger Herbst" gefeiert. Im Dezember findet auf mehreren Plätzen der Altstadt der bekannte Weihnachtsmarkt statt (durchgehend).

Durch Heidelberg führt die Deutsche Burgenstraße.

Essen und Trinken
Die traditionsreichen Studentenlokale, bekannt durch Literatur und Musik, liegen in der Altstadt: *Schnookeloch*, Tel. 06221-138080, www.schnookeloch. de, und *Café Knösel*, Tel. 06221-7272754, www.cafek-hd.de (beide Haspelgasse), *Zum Seppl*, Tel. 06221-502980, www.heidelberger-kultur-brauerei.de, *Zum Roten Ochsen*, Tel. 06221-20911, www.roterochsen.de (beide in der Hauptstr.), *Weisser Bock*, Mantelgasse, Tel. 06221-90000, www. weisserbock.de.
Bereits die kurfürstliche Prinzessin Elisabeth Charlotte (1652–1722), bekannt als „Liselotte von der Pfalz" schmauste als Kind auf dem Schloss. Heute gibt es dort ein Gourmet-Restaurant und im *„Backhaus"* bodenständige Küche. Tel. 06221-8727010, www. heidelberger-schloss-gastronomie.de.

Anfahrt
mit dem PKW
Ab A5 (am Heidelberger Kreuz auf die A656): Richtung Heidelberg
Ab A6 (von Osten am Walldorfer Kreuz auf die A5 Richtung Frankfurt, am Heidelberger Kreuz auf die A656; von Westen bis Mannheimer Kreuz, auf die A656): Richtung Heidelberg.

Go Green
Der Heidelberger Hauptbahnhof wird von ICE-Zügen der Strecken Mannheim – Stuttgart und Frankfurt – Karlsruhe angefahren. Ferner ist der Bahnhof ein wichtiger Knotenpunkt im Regionalverkehr. Alle fünf S-Bahnlinien der S-Bahn Rhein-Neckar fahren den Hauptbahnhof an.

Mannheim – kurfürstliche Residenz und Musenhof der Wittelsbacher

Die Geschichte der Stadt Mannheim ist untrennbar mit den Wittelsbachern verbunden. Unter ihnen erlebte die kurpfälzische Metropole eine Glanzzeit, die erst mit der Verlegung der Residenz 1778 nach München langsam endete.

Geschichte

Das am Zusammenfluss von Rhein und Neckar liegende Fischer- und Bauerndorf *Mannenheim* wurde erstmals im Jahr 766 im Lorscher Codex erwähnt. Siedlungsspuren reichen bis in die Keltenzeit zurück. Ab dem 12. Jahrhundert bestanden mehrere Tief- oder Wasserburgen, die der Eintreibung der Rhein- und Neckarzölle dienten. 1606 legte Kurfürst Friedrich IV. von der Pfalz (1574–1610) den Grundstein zu Festung Friedrichsburg und beauftragte einen holländischen Festungsarchitekten mit der Erweiterung. Das gitterförmige Straßennetz der „Quadrate", das heißt die Straßenanlage der mit der Festung verknüpften Bürgerstadt, hat sich bis heute erhalten. 1607 erfolgte die Stadtrechtsvergabe. Kurfürst Carl I. Ludwig (1617–1680) bat 1652 „les gens de bien de toutes sortes de Nations" – anständige Menschen aller möglichen Nationen – sich in Mannheim anzusiedeln. Es kamen vor allem protestantische Glaubensflüchtlinge aus den Niederlanden und der Wallonie, Handwerker und Händler, die Mannheim wieder aufbauten. Auch die Eichbaum-Brauerei, heute einer der größten Arbeitgeber Mannheims, wurde 1679 von einem Wallonen gegründet: Der Brauer du Chêne hatte seinen Nachnamen in das deutsche Wort „Eiche" oder „Eichbaum" übersetzt. Entscheidend für die weitere Entwicklung der Stadt war das Jahr 1720. Damals verließ Kurfürst Carl III. Philipp (1661–1742) Heidelberg, da sich die Heidelberger Reformierten seinen Plänen, die Heiliggeistkirche zur katholischen Hofkirche umzuwandeln, energisch widersetzten. Er zog mit Hofhaltung und Staatsverwaltung nach Mannheim um und ordnete den Bau eines Schlosses an. Ebenso veranlasste er die Umsiedlung der Heidelberger Jesuiten nach Mannheim, was in der konfessionell gemischten Kurpfalz ein deutliches Zeichen religiöser Priorität darstellte. 1733 wurde der Grundstein für ihr Gotteshaus, der größten Barockkirche am Oberrhein, gelegt. Ihren Höhepunkt erlebte die Stadt Mannheim schließlich ab 1742, als Kurfürst Carl Theodor (1724–1799) den Thron der pfälzischen Wittelsbacher bestieg. Er war für die Verhältnisse des 18. Jahrhunderts ein aufgeklärter und kunstsinniger Herrscher. Sein Hof zog Schriftsteller, Künstler und Wissenschaftler nach Mannheim. Zusammen mit seiner Ehefrau förderte er Literatur, Musik und Theater. Der Geiger und Komponist Johann Wenzel Anton Stamitz (1717–1757) wurde „Director der Instrumental-Music" und Mannheim entwickelte sich in der Folge zu einem Musikzentrum von europäischem Rang. Kein Orchester hatte sich früher und konsequenter von den starren Formen der Barockmusik gelöst als die kurpfälzische Hofkapelle. Die „Mannheimer Schule" erlangte ihren überregionalen Ruf durch die atemberaubende Perfektion, mit der sie musizierte, und bereitete der Wiener Klassik

Blick vom linken Rheinufer auf Mannheim. Kupferstich und Radierung von Martin Engelbrecht, um 1740, Reiss-Engelhorn-Museen Mannheim

damit den Weg. Aus dem Orchester erwuchsen Komponisten wie Christian Cannabich (1731–1798), Ignaz Holzbauer (1711–1783), Franz Xaver Richter /1709–1789) und Stamitz' Sohn Carl (1745–1801). Carl Theodors Hoftheater erlebte viele große Uraufführungen, nicht nur der Oper. Der vor dem tyrannischen Herzog in Stuttgart ins liberalere Mannheim geflohene Friedrich Schiller (1759–1805) konnte am Mannheimer Nationaltheater seine Räuber uraufführen, unterstützt durch den legendären Intendanten Wolfgang Heribert Freiherr von Dalberg (1750–1806) und den Schauspieler August Wilhelm Iffland (1759–1814) in der Rolle des Franz Moor. Der kurze Aufenthalt in Mannheim sollte Schillers Ruhm begründen. Neben Musik und Kunst förderte Carl Theodor die Wissenschaften. Während seiner Regierungszeit wurden in Mannheim die Kurpfälzische Akademie der Wissenschaften mit einem Naturalienkabinett, einem Physikalischen Kabinett, einer Sternwarte und einem Botanischen Garten, die kurfürstliche Gemäldesammlung sowie das Kupferstich- und Zeichnungskabinett gegründet. Zahlreiche Geistesgrößen besuchten den Hof, so weilten 1777 Mozart (1756–1791), Lessing (1729–1781) und Wieland (1733 1813) in Mannheim und auch Goethe (1749–1832) kam mehrmals. Letzterer lobte den Antikensaal Carl Theodors, den dieser 1769 als Teil der Zeichenakademie mit Abgüssen der bedeutendsten antiken Skulpturen aus Florenz und Rom hatte ausstatten lassen, gar als „Wald von Statuen". Voltaire (1694–1778) schmeichelte dem Kurfürsten „Wie schön wäre es, könnt' ich von meinen letzten Tagen einige bei einem Fürsten wie Carl Theodor verbringen".

Als 1777 der Herzog von Bayern kinderlos starb, trat Carl Theodor seine Nachfolge an und musste seine Residenz nach München verlegen. Der Abschied des Kurfürsten war für Mannheim schlimmer, „als wenn alle verderblichen

Der Rittersaal im Mannheimer Schloss

Landplagen, Hagel, Brand, Krieg und Pest sich über unsere Häupter verschworen" hätten. Mannheim verlor zunehmend an Stellenwert und ein wirtschaftlicher und kultureller Niedergang begann. Einige Akademien und wenige Sammlungen verblieben in Mannheim und auch das Nationaltheater wurde nach 1778 noch von Carl Theodor unterstützt. Schließlich lebte nur noch die Kurfürstin Elisabeth Auguste am Hof in Mannheim und später in Oggersheim. Nach den französischen Revolutionskriegen, die abermals viele Zerstörungen anrichteten, wurde die Kurpfalz 1803 im Zuge des Reichsdeputationshauptschlusses als eigenständiges Territorium aufgelöst und Mannheim fiel an Baden. Das Schloss sollte nun dem badischen Großherzog Karl Ludwig Friedrich (1786–1818) und seiner Ehefrau Stéphanie de Beauharnais (1789–1860) als Resi-

denz dienen, tatsächlich wurde es ab 1819 zum Witwensitz der „guten Großherzogin". Im 19. Jahrhundert wandelte sich die einst künstlerisch-hofstaatliche Stadt zum pulsierenden Zentrum für Handel und Industrie. Im Zweiten Weltkrieg wurde ein Großteil des Stadtgebiets zerstört. Einige steinerne Zeugen der großen Vergangenheit konnten gerettet werden und erinnern bis heute an die einstige Größe der Stadt als kurpfälzische Residenz. Heute ist Mannheim der wirtschaftliche und kulturelle Mittelpunkt der europäischen Metropolregion Rhein-Neckar, zugleich eine lebendige Universitäts- und Kongressstadt sowie Stammsitz bedeutender Industrieunternehmen. Jedes Jahr findet hier ein vielbeachtetes Internationales Filmfestival statt. Ferner wurde 2003 in Mannheim die erste Popakademie Deutschlands gegründet.

Stadtrundgang durchs 18. Jahrhundert
Mit der Verlegung der Residenz von Heidelberg nach Mannheim 1720 entstand das **Mannheimer Schloss,** eine der größten Barockanlagen Europas mit über 400 Zimmern, rund 1.400 Fenstern und einer 440 m langen Schaufront. Carl III. Philipp wollte anstelle des bestehenden, bescheidenen Baus von 1664 eine prächtige Anlage, zielte doch sein Wunsch darauf ab „aus Mannheim ein zweites Rom zu machen", vorausgesetzt, dass „kein Krieg noch Sterben komme". 1731 bezog der Herrscher seine Appartements im *Corps de logis*, dem ersten fertiggestellten Bauabschnitt. Das übrige Schloss blieb noch lange eine Baustelle. Der zweite Bauabschnitt umfasste die Westflügel bis zum Jesuitenkolleg sowie die 1742 eingeweihte Hofoper. Erst 1760 wurde der Ostflügel mit Bibliothek sowie der Marstall vollendet. Ab 1819 diente das Schloss als Witwensitz von Stéphanie von Baden, die größere Umbauten im Empirestil veranlasste und auch Wände und Zwischendecken einziehen ließ. Nach ihrem Tod 1860 endete die Hofhaltung, eine Mädchenschule, Behörden und Dienstwohnungen wurden eingerichtet und ab 1926 ein Schlossmuseum angegliedert. Angesichts der Zerstörungen im Zweiten Weltkrieg gab es sogar Überlegungen, die Schlossruine abreißen zu lassen, „um damit die Stadt zum Rhein hin zu öffnen". Die Bevölkerung wehrte sich dagegen und der Wiederaufbau erfolgte ab 1947. Seit 1967 ist die Universität im Schloss beheimatet. Zum 400-jährigen Stadtjubiläum 2007 wurde das Gebäude renoviert und die Beletage wieder historisch hergerichtet, nachdem in der ersten Wiederaufbauphase nur Treppenhaus und Rittersaal rekonstruiert worden waren. Dabei blieben die Brüche zwischen Altem und Neuem sichtbar. Der einzig original erhaltene Raum, das Bibliotheks- und Gartenkabinett im Erdgeschoss, wird hinter Glas als Teil des Schlossmuseums präsentiert. Der monumentale Rittersaal, heute die „gute Stube" Mannheims, ist fürstlich ausgestattet: Cosmas Damian Asams (1686–1739) Deckengemälde mit der Darstellung einer Göttertafel konnte 1956 anhand historischer Fotos rekonstruiert werden. Die Stuckatur zwischen den Pilastern stammt von Paul Egell (1691–1752) und zeigt die Baukunst, die Musik, die Bildenden Künste sowie die Heilkunst. In den Ecknischen stehen Statuen von Carl Theodor und seiner Gattin und an den Wänden bilden Gemälde eine eindrucks-

EXTRA Wissen

„ein Markt uf Philippi-Jacobi – bald Maimarkt genannt"

Der Mannheimer Maimarkt, die größte regionale Verbraucherausstellung Deutschlands, hat einen langen historischen Hintergrund. 1613 verlieh Pfalzgraf Johann II. von Zweibrücken (1584–1635) der erst sechs Jahre alten Stadt Markprivilegien. Zu dem Markt der Krämer und Viehhändler kamen eine Schaubudenmesse, ein Pferdemarkt sowie eine Ausstellung für landwirtschaftliche Geräte, Metzgerei- und Molkereiartikel. Das zunächst in der Innenstadt angesiedelte Ereignis findet seit 1985 auf dem Maimarktgelände im Mühlfeld statt, jährlich an elf Tagen, beginnend mit dem letzten Samstag im April.

volle Ahnengalerie. Am Mannheimer Schloss beginnt die Burgenstraße, eine der traditionsreichsten Ferienstraßen Europas, die über eine Strecke von fast 1.000 km von Mannheim nach Prag führt. Dem Schloss gegenüber steht das **Palais Bretzenheim** (A2) ein schönes Haus der Kurfürstenzeit (1782). Das streng klassizistische Gebäude nach Plänen von Verschaffelt diente den Kindern, die Carl Theodor mit seiner Mätresse Josepha Seyffert hatte, als Wohnort. Das stilgerecht rekonstruierte Haus ist heute Teil des Amtsgerichts.

Die unweit des Schlosses gelegene, ehemalige **Jesuitenkirche St. Ignatius und St. Franz Xaver** (seit 1843 katholische Pfarrkirche der Oberen Pfarrei, A4) gilt als bedeutendste Barockkirche des deutschen Südwestens. Das gleichzeitig errichtete Jesuitenkollegium, in dem die Jesuiten, die Seelsorger bei Hofe und Leiter des Kollegs (Gymnasium) lebten, grenzte an den Westflügel des Schlosses an. Das Gotteshaus sollte als kurfürstliche Grablege dienen und wurde von Alessandro Galli (da) Bibiena (1686–1748) sowie Franz Wilhelm Rabaliatti (1716–1782) entworfen und 1760 voll-

endet. Die prächtige Schaufassade ist reich gegliedert und von zwei Türmen eingerahmt. Das ursprünglich von Paul Egell geplante Skulpturenprogramm der Fassade wurde nur teilweise ausgeführt. Die 1907 in der Vorhalle aufgestellten Figuren der Kurfürsten Carl III. Philipp und seines Nachfolgers erinnern an die Gründer des Baus. Nach starken Zerstörungen im Zweiten Weltkrieg erfolgte ein Wiederaufbau, der auch die Rekonstruktion der Inneneinrichtung umfasste. Der 20 m hohe Altar von Peter Anton von Verschaffelt (1710–1793) wurde zwischen 1988 und 1997 am angestammten Ort wieder errichtet. Die fast lebensgroße Silbermadonna in der Kirche ist ein kostbares Werk des Barock.

Neben der Kirche erstreckt sich der **Schillerplatz**, einst das kulturelle Zentrum Mannheims. Hier stand bis zur Kriegszerstörung das von Carl Theodor erbaute Nationaltheater, in dem Schillers „Räuber" uraufgeführt wurden. Gleich hinter der Jesuitenkirche erhebt sich die kurfürstliche **Sternwarte** (A4) von 1772. In dem 33 m hohen Bau mit einer Aussichtsplattform arbeitete der Hofastronom Christian Meyer (1719–

Das Mannheimer Schloss vom Ehrenhof aus gesehen

EXTRA Genuss

Der Leberkäse – kurpfälzisches Fastfood mit Tradition

Der Leberkäse gilt als echte bayerisches Spezialität, die meist warm und in der Semmel landauf, landab als „Brotzeit" verspeist wird. Meist unbekannt ist, dass ein findiger Metzger aus der Kurpfalz das „Schmankerl" zum ersten Mal vor über 200 Jahren produzierte. Der Fleischer kam im Gefolge des pfälzischen Kurfürsten Carl Theodor nach München, nachdem dieser 1778 den Thron des kinderlos gebliebenen Kurfürsten Max III. geerbt hatte. Ob die umgangssprachliche Bezeichnung „Lewwerkees" oder „Leberkas" jedoch tatsächlich dem Mannheimer Dialekt entsprungen ist, sei dahingestellt, obwohl dem Namen jener Mixtur, die in Brotformen zum Laib gebacken wurde, sicherlich als Ursprung der Laib Käse (Lääb Kees, Laibkas) zugrunde gelegt werden kann. Wasser, Salz, Schweine- und Rindfleisch sind die Grundstoffe, die für die Herstellung benötigt werden. Das auch als Fleischkäse bekannte Produkt enthält in Bayern keine Leber. Außerhalb des Freistaats gelten die Leitsätze des deutschen Lebensmittelbuches für Fleisch und Fleischerzeugnisse. Danach muss Leberkäse – ebenso wie Leberwurst – Leber enthalten, der Fleischkäse, bzw. der Leberkäse „nach bayerischer Art" dagegen nicht.

1783) unter anderem an der Basis für die Landvermessung im Kurfürstentum. Im Gästebuch gibt es nicht nur Einträge zahlreicher namhafter Kollegen, sondern auch diejenigen illustrer Gäste wie Mozart, der sich als Hofkapellmeister in Mannheim bewarb, oder Benjamin Franklin (1706–1790) als Abgesandter der jungen Vereinigten Staaten. Aus der Mannheimer Kurfürstenzeit stammt auch das im Zweiten Weltkrieg sehr beschädigte **Zeughaus** (C5), das 1777/1779 als eines der letzten Gebäude unter dem Kurfürsten entstand. Die Waffenkartuschen an den Fassaden verweisen auf die ursprüngliche Bestimmung des Baus als Waffenarsenal und Kaserne. Heute sind in dem als „Haus für alle Sinne" konzipierten Museum die Antikensammlung, die kunst- und kulturgeschichtlichen Sammlungen, die Theatersammlung sowie das Forum Internationale Photographie der Reiss-Engelhorn-Museen eingezogen. Weitere Sammlungsbereiche befinden sich in den umliegenden Quadraten: Das Museum Weltkulturen in D5 zeigt einen Teil der archäologischen Sammlungen sowie internationale Großausstellungen. Das Museum Schillerhaus in B5,7, ein barockes Hausensemble, erinnert an den Aufenthalt des Dichterfürsten in der Barockresidenz Mannheim. Ferner präsentiert das Museum Bassermannhaus für Musik und Kunst in C4,9 das Menschheitsthema Musik in allen Facetten. Hier ist auch ZEPHYR – der Raum für Fotografie angesiedelt, einer der wichtigsten Ausstellungsorte für zeitgenössische Fotografie und verwandte Medien in der Region.

Die **Spitalkirche** (E6), ein spätbarocker Bau, entstand ab 1786. Nach der Zerstörung des Hospitals mit Kirche im Zweiten Weltkrieg erfolgte die Wiederherstellung in vereinfachten Formen. Auf dem danebenliegenden Trümmergrundstück steht die Skulptur des Friedensengels (1952) von Gerhard Marcks (1889–1981), ein Mahnmal für Frieden und Gerechtigkeit. Blickfang des **Paradeplatzes** (C4) im Zentrum, auf dem im 17. Jahrhundert Truppen „paradierten", ist ein barocker Brunnen mit einer großen Figurenpyramide (Kopie) des Hofbildhauers Gabriel de Grupello (1644–1730). 1725 wurde in N 1 mit dem Bau des Kaufhauses nach Plänen von Alessandro Galli (da) Bibiena begonnen (vollendet 1747). Entgegen der ursprünglichen Funktionsbestimmung nutzen vorwiegend staatliche Behörden das Gebäude, 1899 wurde es zum Rathaus umgebaut. Seit 1991 ersetzt ein modernes Stadthaus an der gleichen Stelle das 1943 weitgehend zerstörte Haus. Nur wenige Schritte vom Stadthaus erhebt sich das ehemalige **Wohnhaus des Freiherrn von Dalberg** (C5), des berühmten Intendanten des Mannheimer Nationaltheaters. Der Marktplatz (G6) wird beherrscht von der katholischen Pfarrkirche **St. Sebastian**. Erbaut wurde sie um 1723, davor schon entstand das daran anschließende **Alte Rathaus**. Der Kirchturm dient ebenso als Rathausturm. Das sehenswerte barocke Ensemble ist das älteste erhaltene Bauwerk der Kurfürstenzeit. Auf dem barocken Brunnendenkmal in der Mitte des Markplatzes stehen die Stadtgöttin Mannheims „Mannheimia" sowie der Gott des Handels Merkur. Um das Paar gruppieren sich verschiedene Flussgötter, darunter der Rhein und der Neckar. Ein Zeugnis der religiösen Toleranz Mannheims zur Kurfürstenzeit ist die evangelische **Konkordienkirche** (R2). Seit der Einführung der Reformation in der Kurpfalz unter Ottheinrich (1502–1559) wechselte mit fast jedem neuen Herrscher der Glaube der Untertanen zwischen reformiert und lutherisch. Nach dem 30-jährigen Krieg (1618–1648) wurde die Pfalz rekatholisiert, bis

nach dem Friedensschluss 1697 erneut der reformierte Glauben festgeschrieben wurde. Um den Wiederaufbau Mannheims durch Zuwanderer zu fördern, garantierten erweiterte Stadtprivilegien 1652 umfassende Religionsfreiheit und die ab 1685 erbaute Einheitskirche, die Hofkirche der Friedrichsburg, sollte von allen Konfessionen (das heißt französisch-, deutsch- oder niederländisch reformiert, lutherisch und katholisch) genutzt werden. Ihr Nachfolgebau wurde ab 1706 am heutigen neuen Standort errichtet und im Laufe der Jahre mehrfach umgestaltet. Der im Krieg ausgebrannte Bau ist innen modern gehalten mit einem von der Mannheimer Künstlerin Madeleine Dietz (*1953) gestalteten Altarraum.

Weitere Sehenswürdigkeiten im Zentrum

Mit der Industrialisierung im 19. Jahrhundert zogen viele Menschen nach Mannheim. Neue Wohnsiedlungen entstanden und die Wasserversorgung musste verbessert werden. Bereits zu Carl Theodors Zeiten spendeten die Brunnen eine so schmutzige Brühe, „dass man im Tee lauter Widerhaken zu trinken meine". Lösung versprach die Gewinnung des Trinkwassers aus Grundwasser anstelle des Rheinwassers, dafür wurde der **Wasserturm** (C/D5) auf dem heutigen Friedrichsplatz erbaut. Der neobarocke Turm, 1889 vollendet, ist heute Wahrzeichen der Stadt. Um 1900 erlebte die Stadt eine zweite Blütezeit. Wohlhabende Bürger ließen 1907 zur 300-Jahr-Feier den **Friedrichsplatz** anlegen, eine der schönsten Jugendstilanlagen Deutschlands. Das Versammlungs- und Konzerthaus **Rosengarten** und die **Kunsthalle** entstanden ebenfalls in dieser Epoche.

Adressen und Auskunft
Tourist-Information
Willy-Brandt-Platz 3
68161 Mannheim
Tel. 0621-2938700,
www.tourist-mannheim.de

Museen und Sehenswertes
Barockschloss Mannheim
68161 Mannheim
Besucherzentrum
Tel. 0621-2922891
Infos, Führungsbuchung:
Tel. 06221-655718
www.schloss-mannheim.de
offen Di–So u. Feiertage 10–17 Uhr,
Mo geschlossen

Kunsthalle Mannheim
Friedrichsplatz 4, 68165 Mannheim
Tel. 0621-2936452/-6430
www.kunsthalle-mannheim.de
offen Di–So, Feiertage, 11–18 Uhr,
Mo geschlossen

Planetarium
Wilhelm-Varnholt-Allee 1
68165 Mannheim
Tel. 0621-415692
www.planetarium-mannheim.de
offen täglich außer Mo und geson-
derten Tagen lt. Internet.

Reiss-Engelhorn-Museen
Zeughaus C5, 68159 Mannheim
Tel. 0621-2933150
www.rem-mannheim.de
offen Di–So, Feiertage 11–18 Uhr,
Mo geschlossen

Technoseum
Museumstr. 1
68165 Mannheim
Tel. 0621-42989

www.technoseum.de
offen tägl. 9–17 Uhr,
außer 24.12, 31.12.

Luisenpark
Gartenschauweg 12
68161 Mannheim
Tel. 0621-4100519
www.luisenpark.de
offen tägl. ab 9 Uhr, Kassenschluss
bei Dämmerung, Haupteingang u.
Parkplätze:

Oggersheim Wallfahrtskirche,
Kapellengasse 4, 67071 Ludwigshafen, offen täglich 8–18 Uhr

Essen und Trinken
Restaurant Lounge-Bar C-five
Im Zeughausgarten C5
68159 Mannheim
Tel. 0621-1229550
www.c-five.de

Anfahrt
mit dem PKW
Ab A5 (am Heidelberger Kreuz auf
die 656): Die A 656 endet in Mannheim.
Ab A5 (Autobahnkreuz Weinheim auf
die 659): Die A 659 führt zum Stadtteil Vogelstang, von hier geht die B38
ins Zentrum.
Ab A6 (Abfahrt Sandhofen)

Go Green
Vom Bahnhof ICE/IC-Verbindungen
nach Frankfurt/M. u. Stuttgart.
Im Regionalverkehr nach Mainz,
Saarbrücken, Heilbronn, Frankfurt/M.
Die S-Bahn Rhein-Neckar verbindet
mit Homburg über Kaiserslautern,
Germersheim über Speyer, Karlsruhe,
Infos unter www.vrn.de

Ein Ausflug nach Oggersheim

Das in Rheinland-Pfalz gelegene Oggersheim spielte während des 18. Jahrhunderts im Hofleben Mannheims eine bedeutende Rolle. Ein Besuch des Mannheimer Schlosses kann sehr gut mit einem Ausflug „zur anderen Rheinseite" kombiniert werden.

Geschichte

Im heutigen Oggersheim ist bereits um Christi Geburt eine unweit einer Fernstraße errichtete römische Villa belegt. Um 765 erwähnt der Lorscher Codex an gleicher Stelle ein fränkisches Königsgut *Agridesheim*. Die Grundherrschaft hatte bis 911 das elsässische Kloster Weißenburg inne. Unter den Saliern ging Og-

gersheim als Lehen an die Grafen von Leiningen, die wiederum diesen Lehnsbesitz 1323 an die Pfalzgrafen verkauften. Der seit 1317 mit Stadtrechten ausgezeichnete Ort wurde sowohl im 30-jährigen Krieg (1618–1648) als auch 1689 im Pfälzischen Erbfolgekrieg verwüstet. Mit der Erbauung des Schlosses setzte im 18. Jahrhundert eine Blütezeit ein. Friedrich Schiller (1759–1805) verbrachte 1782 mehrere Wochen hier und schrieb unter anderem an seinem Stück „Kabale und Liebe". Im Zuge der französischen Revolution fiel das linksrheinisch gelegene Oggersheim an Frankreich und die kurpfälzische Herrschaft sowie die alten Rechtsverhältnisse verschwanden. 1813/16 wurde der Ort Teil der Bayerischen Pfalz. In der zweiten Hälfte des 19. Jahrhunderts folgte ein wirtschaftlicher Aufschwung. 1938 wurde Oggersheim von der Stadt Ludwigshafen am Rhein eingemeindet.

Das Schloss

Ab 1720 ließ Pfalzgraf Joseph Carl von Pfalz-Sulzbach, Erbprinz von Sulzbach (1694–1729), in Oggersheim ein Lustschloss sowie eine Loretokapelle als Teil der Gesamtanlage erbauen. Das nach dem Tod des Pfalzgrafen leerstehende Bauensemble wurde ab 1751 unter seinem Schwiegersohn Friedrich Michael von Pfalz-Zweibrücken-Birkenfeld (1724–1767) zum Sommersitz der Pfalzgrafen. Es folgten bauliche Veränderungen nach Plänen des Baumeisters am kurpfälzischen Hof, Nicolas de Pigage (1723–1796), und die Anlage eines französisch geprägten Barockgartens mit Pavillons, Badhäusern und einer Orangerie. Besondere Bedeutung erhielt das Schloss unter dem Kurfürsten Carl Theodor (1724–1799), der den Komplex 1767 kaufte und

Die Wallfahrtskirche in Oggersheim

seiner Gemahlin Elisabeth Auguste (1721–1794) schenkte. Die zunehmend ihm entfremdete und später auch von ihm getrennt lebende Ehefrau verbrachte zunächst das Sommerhalbjahr in Oggersheim. Als ihr Gatte 1777 die bayerische Thronfolge antrat und nach München zog, siedelte sie ganz über und hielt von hier aus die fürstliche Hofhaltung aufrecht. 1794, die alte Kurfürstin war bereits nach Weinheim geflohen und sollte dort im Sommer des gleichen Jahres sterben, erreichten die französischen Revolutionstruppen Oggersheim und besetzten das Schloss. Durch leichtsinniges Hantieren mit Feuer brannte kurz darauf die Anlage nieder und die verbliebenen Steine wurden durch den französischen Staat versteigert. Einzig die Wallfahrtskirche hat die Zeit unbeschadet überstanden und ist heute das bedeutendste vorindustrielle Baudenkmal im Stadtgebiet Ludwigshafens.

Die Wallfahrtskirche Maria Himmelfahrt

Pfalzgraf Joseph Carl, der Vater von Elisabeth Auguste, veranlasste in seinem Todesjahr 1729 unweit seines Lustschlösschens den Bau einer Loretokapelle, d. h. einer Kapelle als Nachbildung der im italienischen Wallfahrtsort Loreto verehrten *Santa Casa* der Heiligen Familie. Dieses Haus sollen der Legende nach Engel im 13. Jahrhundert von Nazareth nach Loreto überführt haben. Die Wallfahrt zum „Heiligen Haus in Loreto" in Italien wurde das Vorbild für die Errichtung vieler solcher Kapellen. Der Pfalzgraf legte in Oggersheim nicht nur den Grundstein zu einem derartigen Bau, sondern ließ in Loreto auch eine Kopie des Gnadenbildes anfertigen und erwirkte verschiedene Ablässe. Kurfürst Carl III. Philipp (1661–1742) vollendete das Kirchlein und übertrug den Mannheimer Jesuiten die Wallfahrtsseelsorge. 1733 wurde die

Wallfahrt eröffnet, damit hatte die Kurpfalz nicht nur eine marianische Nahwallfahrt, welche die aufwendige Pilgerfahrt nach Italien ersetzte, sondern auch eine nicht zu unterschätzende Einnahmequelle gewonnen. Die Jesuiten gründeten schließlich in Oggersheim eine feste Niederlassung und siedelten aus Mannheim mit drei Brüdern dorthin. Auch das Kurfürstenpaar förderte die Wallfahrten fleißig: Carl Theodor politisch (so erließ er beispielsweise den Wallfahrern zur Zeit der Marienfeste den Brückenzoll über die Schiffbrücke zwischen Mannheim und Oggersheim), Elisabeth Auguste durch tiefe Gläubigkeit und ihr allgegenwärtiges Vorbild. Als ihr Gatte 1743 schwer erkrankte, ließ sie eine neuntägige Andacht abhalten. Der Kurfürst genas und die Wallfahrten nahmen sprunghaft zu. Ab 1774 veranlasste die Kurfürstin den Umbau der Loretokapelle nach Plänen des Architekten und Bildhauers Peter Anton von Verschaffelt (1710–1793). Dazu wurde die *Santa Casa* mit einer neuen Wallfahrtskirche überbaut, wobei die alte Kapelle vollständig erhalten blieb. 1798 verließen die Kapuziner, die nach den Jesuiten die Wallfahrt betreuten, Oggersheim. Die Hofkirche wurde zur Pfarrkirche. Seit 1844 wird die bis heute bestehende Wallfahrt von den Minoriten betreut. Zahlreiche Votivbilder bekunden die Verehrung des gläubigen Volkes.

„Die Hofkapelle (Wallfahrtskirche) zu Oggersheim macht ihren Ruf, eines von den fehlerfreisten Architekturwerken der Pfalz zu sein, alle nur möglich Ehre". Derart begeistert äußerte sich 1786 ein Reisender über das äußerst harmonische, einschiffige Bauwerk, das den rechteckigen Grundriss der Loretokapelle nachbildet und wie diese nach Südwesten gerichtet ist. Der außen schlichte Bau besitzt eine monumentale Eingangsfassade, deren Gliederung durch Pilaster mit korinthischen Kapitellen, einem Dreiecksgiebel über hohen Gebälk und einem großen Fenster die Gestaltung der Fassade der Loretokapelle im Innern aufnimmt. Vor den beiden Türmen am Chorende wurde eine Sakristei angelegt. Im hoch aufragenden Langhaus befindet sich die alte Loretokapelle, deren nordöstliche Außenwand zugleich die Rückwand des Hochaltars der „neuen" Wallfahrtskirche ist. Erst im Zuge der Überbauung wurde die Loretokapelle, die das italienische Vorbild perfekt imitiert, außen durch eine Marmorverkleidung veredelt. Die Wallfahrtskirche selbst ist ein lichtdurchfluteter, weißer Saal, dessen Tonnengewölbe Stuckkassetten zieren. Der aufwendige Hochaltar umfasst die dahinter liegende Kapelle und ermöglicht durch einen Durchbruch den Blick auf das Gnadenbild. Darüber ist ein Relief mit einem schlichten Marienbildnis angebracht, ein weiteres mit der Geburt Christi ziert den Altartisch. Die beiden Seitenaltäre mit Altarbildern des kurpfälzischen Hofmalers Georg Oswald May (1738–1816) zeigen die hl. Elisabeth sowie den hl. Joseph. Mit der Wahl dieser Patrozinien bezog sich die Kurfürstin auf ihren Vater und sich selbst. Aus dem abgebrannten Schloss sind zwei Konsoltischchen des kurfürstlichen Schreiners und Baumeisters Sigismund Zeller (1680–1764) gerettet worden, die bis heute ihren Dienst in der Kirche verrichten.

Die Kirche, ein „Kleinod des frühen Klassizismus", gilt als größte Leistung des Baumeisters Peter Anton von Verschaffelt, dem es hier gelang, die üppigen spätbarocken Formen mit der Strenge des Klassizismus zu verbinden. Der Platz vor der Kirche und ein neuer Marienbrunnen (2005 von Wolfgang Auer), der die Legende von Loreto ausführt, bilden einen Ort der Ruhe inmitten der lebendigen Stadt.

Weitere Sehenswürdigkeiten sind von der Kirche aus zu Fuß schnell erreicht. Das ehemalige Gasthaus „Zum Viehhof", das heutige **Schillerhaus** (Schillerstraße 6), wurde 1750 erbaut. Hier versteckte sich der Dichter Friedrich Schiller vor der Obrigkeit, nachdem er nach einem Streit mit dem Herzog von Württemberg aus Stuttgart geflohen war. Ein Raum erinnert heute daran sowie eine Plakette an der Hauswand, die 1856 auf Geheiß des bayerischen Königs Ludwig I. (1786–1868) angebracht wurde: „In diesem Hause wohnte Friedrich Schiller der Dichtkunst in erwünschter Verborgenheit lebend A.D. 1782." Neben dem Schillerhaus steht das traditionsreiche Oggersheimer **Mayerbräu**. Vom Schillerhaus führt die Schillerstraße zum **Rathaus**, das anstelle eines Vorgängerbaus des 14. Jahrhunderts zwischen 1839/40 im italienischen Villenstil neu errichtet wurde.

Ludwigshafen

Ludwigshafen darf bei der Nennung von Oggersheim nicht unerwähnt bleiben, geht doch auch diese Stadtgründung auf die Wittelsbacher zurück. 1607 ließ Kurfürst Friedrich IV. von der Pfalz (1574–1610) linksrheinisch eine Rheinschanze als Brückenkopf der Festung Mannheim erbauen. Sie wurde nach der Neugründung der Stadt Mannheim 1720 erweitert und zwischen 1799 und 1804 von französischen Truppen geschleift. Ab 1820 entstand auf dem Gelände eine private Handelsniederlassung mit künstlichem Hafenbecken, die 1843 vom bayerischen Staat erworben und zu Ehren von König Ludwig I. von Bayern (1786–1868), Ludwigshafen genannt wurde. 1852 verlieh König Maximilian II. (1811–1864) Ludwigshafen die Rechte einer Gemeinde, bereits 1859 wurde die Gemeinde zur Stadt erhoben.

Mosbach – Residenzstadt der „kleinen Pfalz"

Die „Pfalz Mosbach", im hinteren Odenwald gelegen, war Mitte des 15. Jahrhunderts ein eigenes Fürstentum, der prosperierende Ort selbst eine freie Reichsstadt. Eine Seitenlinie der Wittelsbacher prägte die politischen, kulturellen und religiösen Geschicke der Region. Entdecken Sie die prachtvollen Fachwerkbauten aus dieser Zeit und ihre liebenswerten Details bei einem Bummel durch das historische Zentrum!

Geschichte

Die erstmals 826 erwähnte Siedlung Mosbach entstand im Umfeld des um 730/40 gegründeten Benediktinerklosters *Mosabach*. Das Kloster gelangte 976 durch Schenkung Kaiser Ottos II. (955–983) an das Hochstift Worms und bestand als Propstei weiter. Mosbach wurde 1241 im Reichssteuerverzeichnis als Freie Reichsstadt geführt, um 1291 muss die Stadt aufgrund einer weiteren Nennung „mit Türmen und Mauern bewehrt" gewesen sein. Der Zeitraum in dem der Ort mehrfach verpfändet war, endete 1362 mit dem endgültigen Übergang Mosbachs an die Kurpfalz unter dem Pfalzgraf Ruprecht I. (1309–1390). Im Jahre 1410 übertrug der römisch-deutsche König Ruprecht I. (1352–1410) per Testament Mosbach und weitere Städte und Ländereien am Rhein, an der Bergstraße und im Odenwald seinem jüngsten Sohn Pfalzgraf Otto I. (1390–1461). Dies war der Beginn der Wittelsbacher Linie Pfalz-Mosbach, der 1448 durch Erbschaft und Kauf auch noch der wesentlich größere und reichere Erbteil rund um die Stadt

Neumarkt in der Oberpfalz zufiel. Damit gehörten große Ländereien zwischen Nürnberg, Regensburg und der böhmischen Grenze zum Machtbereich der Pfalzgrafschaft Mosbach. Das Oberamt Mosbach war ein Verwaltungsbezirk innerhalb dieser Territorien. Die Residenz erfuhr zu jener Zeit einen nicht unbeträchtlichen Ausbau. Bereits Ottos Nachfolger, sein Sohn Otto II. (1435–1499), blieb ohne Nachkommen, worauf die Linie Pfalz-Mosbach 1499 erlosch und das Territorium an die Kurlinie zurück fiel. Mosbach wurde von der Residenzstadt zum Oberamtssitz herabgestuft. Im 30-jährigen Krieg (1618–1648) verarmte die Stadt, obwohl sie großen Zerstörungen entkam. Doch die Plünderungen durchziehender Heere brachten Hunger und später die Pest. Aufgrund seiner Randlage entging der Ort im Pfälzischen Erbfolgekrieg 1689

Grabplatte der Pfalzgräfin Johanna, 1444

Der Marktplatz in Mosbach, Blick auf das Palm'sche Haus

ebenfalls der Vernichtung. Beim Stadtbrand von 1723 wurde viel historische Bausubstanz, insgesamt 150 Häuser, zerstört. Neuerlicher Aufschwung brachte die Regierung unter Kurfürst Carl III. Philipp (1661–1742) und seinem Nachfolger Carl Theodor (1724–1799), der unter anderem eine Fayencemanufaktur gründete. Handel und Handwerk erblühten. 1803 gelangte die pfälzische Oberamtsstadt Mosbach, nach Heidelberg lange die wichtigste Stadt der Kurpfalz, an das Großherzogtum Baden. Der Anschluss an die Bahnlinie der Badischen Odenwaldbahn 1862 sorgte abermals für einen wirtschaftlichen Aufschwung. Pläne zur Errichtung eines Luftkurortes scheiterten jedoch. 1973 erfolgte die Gründung des Neckar-Odenwald-Kreises mit Mosbach als Kreisstadt. Der zu Beginn des 20. Jahrhunderts angelegte Stadtgarten war 1997 Veranstaltungsort der 15. Landesgartenschau in Baden-Württemberg und brachte der Großen Kreisstadt erneut viel Aufmerksamkeit.

Stadtrundgang

Mosbach zählt heute zu den schönsten Städten Badens. Der größte Ruhm liegt in ihrer Eigenschaft als Fachwerkstadt, die sich deutschlandweit vor keiner Konkurrenz verstecken muss. Zeichen der glanzvollen Ära Pfalz-Mosbach sind heute noch überall zu finden. Ein Rundgang durch die Stadt lädt in „1.000 Schritten" zu Entdeckungen ein (ausgeschildert durch Schilder mit roten Schuhen). Start ist am Ludwigsplatz, Ecke Alte Bergsteige/Hauptstraße. Hier begann einst mit dem Oberen Torturm und dem Brückentor die befestigte Stadt. Die von Fachwerkhäusern gesäumte Hauptstraße (Fußgängerzone) führt direkt ins alte Zentrum. Rechts biegt zunächst eine kleine Gasse von dem Hauptweg ab und führt zum **Haus Kickelheim**, einem der kleinsten, freistehenden Fachwerkhäuser in Deutschland aus dem 18. Jahrhundert. 52 qm Wohnfläche verteilen sich auf drei Stockwerke und wurden einst vom Namensgeber, einem Töpfer Georg Kickelheim, bewohnt. Heute ist das Haus Teil des Städtischen Museums. In der Hospitalgasse 2 befindet sich das **Alte Hospital**. Der zweigeschossige Fachwerkbau – ein Meisterwerk der Zimmermannskunst – über einem massiven Sockelgeschoss stammt aus dem 15. Jahrhundert. Umbauten folgten im 16. Jahrhundert. Die Spitalstiftung wurde erstmals 1421 bezeugt. Sie unterhielt das Spital, eine Anstalt für Arme, Alte und Hilfsbedürftige. Der dreischiffig gegliederte Hauptbau ist durch einen geschlossenen Fachwerkgang mit der ehemaligen Hospitalkapelle (Hauptstraße 49) verbunden. Heute sind hier das Stadtmuseum mit einer herausragenden Sammlung Mosbacher Fayencen sowie die Stadtbibliothek untergebracht. Dem Verlauf der Hauptstraße bis zum Marktplatz folgen. Dort steht das prächtige **Palm'sche Haus** (Nr. 46), ein 1610 fertiggestellter Fachwerkbau, den eine angesehene Beamtenfamilie im kurpfälzischen Oberamt Mosbach bewohnte. Das dreigeschossige Haus mit ebensolchem Fachwerkerker demonstriert die Prachtentfaltung der Spätrenaissance. Neben dichten, verspielten Elementen befindet sich manieristischer, teils ornamentaler, teils figuraler Schmuck an den Fensterfassungen und Konsolen. Schräg gegenüber erhebt sich das zwischen 1557 bis 1558 auf den Mauern der Cäcilienpfarrkirche erbaute **Rathaus** (Nr. 27) der Stadt. Der spätgotisch geprägte, massive Steinbau mit Staffelgiebel wird von einem 1566 erhöhten Turm mit welscher Haube flankiert. Im Erdgeschoss gibt es eine Pfeilerhalle auf Kreuzgratgewölbe, darüber erstreckt sich der Bürgersaal. Im zweiten Geschoss lag der Tanzboden, ein Stockwerk höher wurde das Getreide für Notzeiten aufbewahrt. Vom 34 m hohen Turm bietet sich eine schöne Sicht über die Dächer der Altstadt. Die Rathausglo-

cken stammen noch aus der Cäcilienkirche, eine davon ist als **„Lumpenglöckel"** (1458) bekannt. Angeblich hatte sich die Gemahlin Ottos I. bei einem Jagdausflug verirrt. Der sich sorgende Gatte ließ daraufhin die Glocken der Cäcilienkirche läuten und seine Frau fand den Heimweg noch vor Einbruch der Dunkelheit. Jeden Abend läutet nun Punkt 22:45 Uhr diese Glocke alle Nachtschwärmer nach Hause. Vom Rathaus aus führt die Hauptstraße weiter zum ehemaligen städtischen **Salzhaus** (Nr. 42). Der dreigeschossige Fachwerkbau über einem massiven Sockelgeschoss dürfte um 1450 entstanden sein, zur Zeit des Regenten Ottos I., der eine Blüte der Stadt herbeiführte. Auf seiner Rückseite liegt der Synagogenplatz, wo eine 1986 eingerichtete Gedenkstätte an das jüdische Leben in Mosbach erinnert. Von hier lohnt sich ein Blick auf die Rückfront des Salzhauses, da hier dessen Ständerbauweise sichtbar wird, das heißt, die Stockwerke, die nacheinander errichtet wurden, tragen durchgehend gezimmerte Hölzer. Geradeaus führt ein Weg nach oben, an dessen Ende sich vorbildlich sanierte ehemalige Wohnhäuser befinden, die heute zum Altenzentrum **Pfalzgrafenstift** (Schlossgasse 13, 15) zusammengeführt sind. Das dreigeschossige Giebelhaus (Nr. 15) stammt von 1585. Zwei Steinsäulen tragen das überkragende Fachwerkgeschoss. Im Innern befindet sich eine Brunnenanlage aus der Erbauungszeit. Versteckt in der Schlossgasse Nr. 24 und 26 liegen die Gebäude des **Alten und Neuen Schlosses** von Mosbach, die anstelle der um 1400 erbauten Burg und des späteren Pfalzgrafenbaus hier entstanden. Pfalzgraf Otto I. erblickte 1390 im Alten Schloss das Licht der Welt. Sein Sohn Otto II. erweiterte die Residenz. 1898 erfolgte eine Umgestaltung der Anlage im Sinne des Historismus mit

EXTRA Wissen

Geschirr für den Fürstenhof – Fayencen aus Mosbach

Zwischen 1770 und 1836 wurden in Mosbach Fayencen hergestellt. Kurfürst Carl Theodor gründete vielerlei Unternehmen, um sein Land unabhängig zu machen. Mosbach verfügte über eine Saline und Salz ist für die Herstellung der Glasuren von Keramik notwendig. Der Wert der hier erzeugten Fayencen liegt nicht in der technischen Qualität begründet, sondern in der Vielzahl der Kannen, Krüge und Teller mit feinster Bemalung. Das äußerst weiche und daher empfindliche Geschirr war jedoch sehr teuer und verkaufte sich kaum. Die Mosbacher Fayencenmanufaktur musste immer wieder ums Überleben kämpfen und schloss schließlich nach 66 Jahren. Konkurrenz waren die italienische, harte und damit strapazierfähigere Ware und vielleicht auch das Porzellan, das unter Carl Theodor in Frankenthal und für kurze Zeit unter Herzog Christian von Pfalz-Zweibrücken in Zweibrücken entstand. Im Stadtmuseum können viele Fayencen aus der Mosbacher Produktion besichtigt werden.

Staffelgiebelaufsätzen sowie nach der Merianansicht von 1645 rekonstruierten Zwerchhäusern. Das Neue Schloss, ein zweigeschossiger Bau mit Krüppelwalmdach, wurden ebenfalls unter Einbeziehung mittelalterlicher Teile im 18. Jahrhundert umgestaltet. Vom Schloss aus führt ein kleiner Pfad hinter dem Pfalzgrafenstift entlang bis zum Anfang der Heugasse, wo der aus zwei Quellen gespeiste Kandelbach einst mit hoher Geschwindigkeit in einen Trog schoss; daher bürgerte sich der Namen **Kandelschuss** für den Brunnen ein. Durch die Heugasse ist der Marktplatz schnell erreicht. Eine der hier abzweigenden Gassen führt zum Alten Schulplatz. Eine Wasserrinne am Boden weist den Weg zu einem zweiten, vom Kandelbach gespeisten Brunnen. Der 1987 errichtete **„Kiwwelschisser"-Brunnen** erinnert daran, dass die Mosbacher im 19. Jahrhundert lange keine Toiletten hatten und stattdessen Kübel (Kiwwel) nutzten, deren Inhalt zum Düngen der Felder diente. Eine Stadtverordnung re-

Das spätgotische Rathaus in Mosbach

gelte sogar die Uhrzeit des Entleerens der Eimer. Zudem avancierte „Kiwwelschisser" zum charmanten Spitznamen der Einwohner des Ortes. Am Marktplatz steht schließlich der bedeutendste Sakralbau Mosbachs, die **Stadtkirche**. Der massive Steinbau wurde an der Stelle der ehemaligen Klosterkirche in der zweiten Hälfte des 14. Jahrhunderts erbaut und der hl. Juliana geweiht. An das flachgedeckte, fünfjochige Kirchenschiff mit mächtigen Rundpfeilern schließt ein vierjochiger lichter Chor mit hohen Maßwerkfenstern an. Nur der südliche Turm wurde ausgeführt, der unvollendet gebliebene Nordturm wird durch das Chordach verborgen. Nachdem Kurfürst Friedrich II. (1482–1556) die Reformation in der Kurpfalz eingeführt hatte, diente die Kirche ab 1554 den Reformierten als Gotteshaus. 1556 wurde unter Kurfürst Ottheinrich (1502–1559) die alte katholische Pfarrkirche St. Cäcilia geschlossen und ein Jahr darauf zum Rathaus umgebaut. Erst 1622 kamen wieder katholische Geistliche nach Mosbach. Mit dem erneuten Glaubenswechsel in der Kurpfalz 1698

Das Schloss in Mosbach

nutzten die katholische und die protestantische Gemeinde abwechselnd die Stiftskirche. In der Simultankirche teilt seit 1708 eine Mauer das Kirchenschiff, genauer trennt den evangelischen Teil (Stadtkirche) vom Chor, dem katholischen Teil des Gotteshauses (St. Juliana). Im evangelischen Bau stammen Teile des Lettners sowie die Kanzel aus grauem Sandstein mit dem pfalzgräflichen Wappen von 1468. Im Zuge von Renovierungen zu Tage getretene Grabplatten des 14. bis 16. Jahrhunderts sind im Kirchenraum aufgestellt. 1958 freigelegte mittelalterliche Fresken zeigen die Aussendung der Jünger, den Taufbefehl und Teile des Glaubensbekenntnisses. Im katholischen Teil stammt das Gros der Ausstattung aus dem 18. Jahrhundert. Besonders hervorzuheben ist die Grabplatte der Pfalzgräfin Johanna (1413–1444) im Chor, ein auf Sandstein aufgesetztes Bronzerelief mit Inschriftenband von 1444. Während in den meisten anderen Simultankirchen die Mauer in der Zwischenzeit entfernt wurde, steht sie in der Stiftskirche bis heute. Zum 300. Jah-

restag der Trennung wurde 2007 die Mauer für eine Tür durchbrochen, die jetzt die beiden Teile verbindet und zu besonderen Anlässen offen steht. Die katholische Kirche ist seit 1934/35 Filialkirche der Pfarrei. Damals entstand etwas außerhalb des alten Ortskerns eine neue katholische Stadtpfarrkirche St. Cäcilia auf dem Berge nach einem Entwurf des Architekten Hans Herkommer (1887–1956) im Stil der späten Neuen Sachlichkeit.

Zwei weitere historisch interessante Stätten liegen nahe bei Mosbach und lohnen einen Abstecher.

Die **Gutleutanlage** lag einst außerhalb der Stadtbefestigung und besteht bis heute aus einem Gutleuthaus, einem Elendshaus und einer Kapelle. In diesem abgetrennten Areal lebten im 13. und 14. Jahrhundert Leprakranke, später waren die Häuser eine Herberge für Fremde sowie städtisches Siechenhaus. 1520 wurde der städtische Friedhof hierher verlegt. Die äußerlich schlichte Gutleutkapelle von 1430/40, nach Ausweis ihrer Wappen im Gewölbe wohl eine Stiftung des Pfalzgrafenpaares Otto I. und Johanna, ist innen mit wertvollen Fresken ausgemalt, die Szenen der Passion Christi, einen Christophorus, Maria mit dem Kind und weitere Heilige zeigen. Aufgrund ihrer Geschlossenheit und der bewahrten Ursprünglichkeit zählt das Bauensemble Gutleutanlage zu den besterhaltenen Beispielen seiner Art in Baden-Württemberg.

Ein einzigartiges Gebäude ist das sogenannte **Tempelhaus** in Neckarelz, das sein heutiges Aussehen um 1300 erhielt. Damals war das Haus im Besitz des Johanniterordens, der eine vorhandene staufische Burganlage für seine Zwecke ausbaute und erweiterte. In dem äußerst schmalen, hoch aufragenden Steinbau verteilen sich über drei Stockwerke alle für eine Johanniterniederlassung benötigten Einrichtungen: Neben dem Cellarium, dem Dormitorium und einem Saal gibt es auch eine Kirche. Im 16. Jahrhundert diente der Bau der kurpfälzischen Verwaltung als Getreidespeicher. 1705 erwarben die Herren von Hirschhorn das Anwesen und richteten die katholische Pfarrkirche von Neckarelz darin ein, die bis heute fortbesteht (Infos: www.tempelhaus-neckarelz.de).

Adressen und Auskunft
Tourist Information Mosbach
Marktplatz 4
74821 Mosbach
Tel. 06261-9188
www.mosbach.de
offen Mo–Fr 9–13, 14–17,
Mai–Sept. Sa 9–13 Uhr

Museen und Sehenswertes
Stadtmuseum Mosbach
Hospitalgasse 4
74821 Mosbach
Tel. 06261-899240
www.mosbach.de
offen April–Okt. Mi 15–18,
So 15–18 Uhr, Eintritt frei

Gutleutanlage
15 Gehminuten vom Zentrum entfernt im Osten der Stadt Kapellenweg/Hauptstr.,
74821 Mosbach

Jährlich im Juli präsentiert der „*Mosbacher Sommer*" ein umfangreiches Programm mit Musik- und Theatervorführungen.

Durch Mosbach führen die Deutsche Fachwerk- und die Deutsche Burgenstraße.

Essen und Trinken
Am Marktplatz, Ludwigsplatz sowie entlang der Hauptstraße gibt es eine Auswahl von Lokalen.

Anfahrt
mit dem PKW
Mosbach liegt an der B292 (Sinsheim/Osterburken). Die B27 von Heilbronn, bei Mosbach-Neckarelz auf die B292 abbiegen. Von Heidelberg über die B37 bis nach Mosbach.

Das Templerhaus am westlichen Ortsrand von Neckarelz ist von der B27 über den Ortskern gut erreichbar.

Go Green
Der Bahnhof im Stadtteil Neckarelz liegt an der Neckartalstrecke zwischen Heilbronn/Heidelberg. S-Bahn Anschluss nach Heidelberg/Mannheim bzw. Mosbach/Osterburken.

Neuenstadt am Kocher – ein Besitz der Wittelsbacher auf Zeit

Das befestigte Amtsstädtchen Neuenstadt war zunächst unter Weinsberger, dann unter kurpfälzischer und seit 1504 unter württembergischer Herrschaft. Mit den Worten „in ein freundliches Städtchen tret'ich ein" hat der Dichter Eduard Mörike (1804–1875) den Ort verewigt.

Geschichte

Der Ursprung von Neuenstadt liegt in dem 797 erstmals genannten Ort Helmbund, südöstlich der Stadt in einer Kocherniederung gelegen, von dem nur noch ein Rest der frühgotischen Kirche zeugt. Helmbund besaß vermutlich bereits Marktrecht und eine stadtähnliche Verfassung. Anfang des 14. Jahrhunderts verlegten die Herren von Weinsberg die Siedlung auf den Höhenrücken über dem Kocher, wo ein alter Herrenhof und eine Linde, unter der Gericht gehalten wurde, stand. Sie errichteten hier einen Herrensitz, der zur „neuen Stadt" ausgebaut wurde. Daneben profitierte Neuenstadt zunehmend von der Lage an der Straße vom Rhein nach Nürnberg und Regensburg. Aufgrund von Erbauseinandersetzungen nach dem Tod des hochverschuldeten Konrads von Weinsberg (1370–1448) mussten sich die Weinsberger von dem prosperierenden Ort trennen. Die Kurpfalz kaufte ihn 1450 zusammen mit Weinsberg im Zug ihrer Expansionspolitik in den mittleren Neckarraum. Beide Orte fielen damit unter die Herrschaft des wittelsbachischen Kurfürsten Friedrich I. des Siegreichen (1425–1476), der das Gebiet der Kurpfalz erheblich vergrößerte. Unter ihm stieg das pfälzische Kurfürstentum bis zur Mitte des 15.

Jahrhunderts zur führenden Macht in Südwestdeutschland auf. Doch bereits 1504 eroberte der württembergische Herzog Ulrich (1487–1550) Neuenstadt im Verlauf des Landshuter Erfolgekrieges. Der Ort wurde unter seinem Nachfolger zur Nebenresidenz. Nach der Schlacht von Nördlingen 1634 und der Flucht des württembergischen Herzogs außer Landes erhielt Graf Maximilian von und zu Trauttmansdorff (1584–1650) durch den Kaiser das Schloss Neuenstadt. Der adlige Diplomat stand in engem Kontakt zur Kurpfalz, verhalf er doch den pfälzischen Wittelsbachern nach dem 30-jährigen Krieg (1618–1648) erneut zur Kurwürde. Er wirkte am Zustandekommen des Westfälischen Friedens als habsburgischer Hauptunterhändler mit und setzte sich stark für die sogenannte Pfalzfrage (*causa palatina*) ein (= ein verfassungsrechtlicher Konflikt zwischen der pfälzischen und bayerischen Linie der Wittelsbacher, welche Linie an der Wahl des römisch-deutschen Königs teilnehmen sollte). Es ging um die Anzahl der bisher sieben Kurwürden. Zunächst war daran gedacht worden, dass die Kurwürde zwischen den Münchner und Pfälzer Wittelsbachern alternieren sollte. Die Errichtung einer neuen, achten Kurwürde wurde zunächst vom Kaiserhof abgelehnt. Als Trautmannsdorff 1645 nach Münster zu den Friedensverhandlungen reiste, plante er, eine achte Kur für die Pfälzer zu errichten, um die Kurwürde (der Bayern) zu behaupten. Tatsächlich gelang es ihm noch im Dezember 1645, den Kaiser durch eine massive Intervention zu bewegen, in der

Die evangelische Nikolauskirche und der Obere Torturm

Kurfrage auf die bayerische Linie einzuschwenken. Für den Heidelberger Wittelsbacher, Carl I. Ludwig (1617–1680), wurde eine achte Kurwürde geschaffen. Zugleich wurden ihm sämtliche mit der bayerischen Kurwürde verbundenen Ansprüche abgesprochen.

Nach zahlreichen Einquartierungen war das Schloss Neuenstadt zum Ende des 30-jährigen Krieges (1618–1648) völlig ausgeplündert und fiel nach dem Westfälischen Frieden an Württemberg zurück. Nach der Restitution der Württemberger 1649 residierte die Nebenlinie Württemberg-Neuenstadt bis zu ihrem Erlöschen 1781 in Neuenstadt. 1945 sank die Stadt durch Bombenangriffe in Schutt und Asche und wurde in den Folgejahren behutsam modern wieder aufgebaut. Heute ist die kleine württembergische Landgemeinde Neuenstadt aufgrund ihrer Nähe zum Ballungsraum Heilbronn ein attraktiver Wohnort.

Die Lindenanlage

Rundgang

Der älteste Teil des **Schlosses** (Hauptstr.) wurde nach 1551 durch Herzog Christoph von Württemberg (1515–1568) auf den Grundmauern der 1392 erwähnten Burg der Herren von Weinsberg erbaut. Es handelt sich um den dreigeschossigen steinernen Nordflügel, den sogenannten Dürnizbau, der auf seiner Ostseite ein Renaissanceportal aufweist. Der Prinzessinnenbau (Ostflügel) entstand als dreigeschossiges Steinhaus im 17. Jahrhundert. Zum Schloss, das einst mit allen seinen Flügeln einen viereckigen Hof umfing, gehörte ein Marstall. Später diente die Anlage als Fruchtspeicher und Kaserne. Seit 1958 spielen die weit über die Region bekannten Freilichtspiele Neuenstadt Theater im **Schlossgraben**. An die württembergischen Herzöge erinnert heute nicht nur das Schloss, sondern auch die evangelische **Nikolauskirche**. Das kleine Gotteshaus geht auf die Kapelle des Schlosses zurück, wurde 1481 Pfarrkirche der Stadt und 1596 zu ihrer heutigen Größe erweitert. Unter der Sakristei und dem Chorraum der Kirche befindet sich eine Gruft, in der von 1650 bis 1781 zahlreiche Angehörige der Linie Württemberg-Neuenstadt in Zinnsärgen bestattet wurden. Der **Obere Torturm** (erbaut um 1300 und 1703 erneuert) der Stadtbefestigung dient als Turm der Kirche. Seine heutige Gestalt hat der Bau seit der Renovierung nach einem Brand 1831. Vor dem Oberen Torturm stand bis zur kriegsbedingten Zerstörung 1945 die sagenumwobene tausendjährige Gerichtslinde, die der Stadt ihren Beinamen „an der Linde" gab. Herzog Christoph hatte den Platz der Gerichtslinde im 16. Jahrhundert ummauern lassen und mit einem einfachen Renaissanceportal versehen. In den Folgejahren stifteten das Neuenstadter Bürgertum und der umliegende Adel steinerne Säulen zur Unterstützung des breit ausladenden Geästs. Das Blätterdach nachgezogener Linden, die Steinsäulen und die Ummauerung blieben als **Lindenanlage** erhalten.

Nur wenige alte Gebäude Neuenstadts haben den Zweiten Weltkrieg überstanden, dazu gehört die **Alte Apotheke** (Hauptstr. 15). Im Gefolge der Herzogin von Braunschweig-Wolfenbüttel, Ehefrau des Herzogs Friedrich von Württemberg-Neuenstadt (1615–1682), kam die Familie Mörike aus dem brandenburgischen Havelberg nach Süddeutschland. Sie wurde hier heimisch und betrieb fast zwei Jahrhunderte eine Apotheke. Die Mörike-Apotheke gegenüber dem Schloss ist heute noch ein repräsentativer Fachwerkbau von 1801. Dem Ludwigsburger Zweig der Familie entstammt der Dichter Eduard Mörike. Neben der Apotheke steht das **Stadthaus** von 1600. Zu den bedeutenden historischen Bauten vor Ort zählt auch das älteste Gebäude der Stadt, der über der Stadtbefestigung errichtete ehemalige **Pfleghof des Klosters Schöntal** (Pfarrgasse) von 1488, ein dreistöckiger Fachwerkbau mit steinernem Untergeschoss. Im Süden und Norden sind Teile der **mittelalterlichen Stadtmauer** erhalten. Im **Museum im Schafstall**, eines der Gebäude des alten herrschaftlichen Schafhofes, sind unter anderem Exponate zur Herzogsfamilie Württemberg-Neuenstadt und zur Familie Mörike sowie historische Karten und Ansichten Neuenstadts ausgestellt. Zu den geschichtlichen Zeugen gehören auch die **Ruine der gotischen Helmbundkirche**, das letzte Überbleibsel der Muttersiedlung von Neuenstadt.

Adressen und Auskunft
Stadtverwaltung
Hauptstr. 50
74196 Neuenstadt am Kocher
Tel. 07139-970
www.neuenstadt.de

Museum und Sehenswertes
Museum im Schafstall
Cleversulzbacher Str. 10
74196 Neuenstadt am Kocher
www.museum-im-schafstall.de
Unterschiedliche Öffnungszeiten, je nach Ausstellung, im Internet einsehbar.

Freilichtspiele Neuenstadt
Infos unter
www.freilichtspiele-neuenstadt.de.
Jährlich werden an sieben Wochenenden im Juni und Juli schwäbische Volksstücke und Klassiker engagiert von Laiendarstellern dargebracht.

Ferner wird im Vereinsheim „Das kleine Lindentheater" als Saalbühne bespielt.
Vorverkaufsbüro Tel. 07139-7187.

Anfahrt
mit dem PKW
Ab A81 (Würzburg/Singen):
Ausfahrt Neuenstadt a. K.
Ab A6 (Mannheim/Nürnberg):
Autobahnkreuz Weinsberg, A81 Richtung Würzburg, Ausfahrt Neuenstadt a. K.

Go Green
Zuständig für die Organisation und Koordination der Verkehrslinien ist der Heilbronner Verkehrsverbund (HNV). Weitere Informationen zu Liniennetz, Fahrplänen und Fahrpreisen unter
www.heilbronner-verkehrsverbund.de

Schönau – ein bedeutendes Hauskloster der Wittelsbacher

Eine Grabplatte aus der ehemaligen Klosterkirche

Das Kloster Schönau lag in einer „schönen Au" des malerischen Steinachtals, einem Seitental des Neckars unweit von Heidelberg. Die wenigen erhaltenen Bauten künden bis heute von der einstigen Pracht und Macht der Abtei.

Geschichte

Bischof Burchard II. von Worms († 1149) erhielt 1142 bei einem Generalkapitel der Zisterzienser in Citeaux die Erlaubnis, eine Abtei innerhalb seiner Diözese zu errichten. Das Kloster Eberbach gründete daraufhin im südlichen Odenwald das Kloster Schönau. 1145 zogen die ersten Mönche aus Eberbach ein. Der Hauptausbau unter pfälzischer Schutzherrschaft erfolgte bis ins Jahr 1250. Wormser Bischöfe, die Pfalzgrafen und Kurfürsten aus Heidelberg, aber auch

Adlige und Patrizier überließen dem Kloster Grundbesitz in den fruchtbaren Niederungen an Rhein und Neckar, da das klösterliche Umfeld in dem schmalen Tal kaum landwirtschaftlich nutzbar war, und sicherten sich die Aufnahme in die klösterliche Gebetsgemeinschaft. Bereits zu Beginn des 14. Jahrhunderts wurden viele der Hofgüter verpachtet und mit den Einnahmen Patronats- und Zehntrechte erworben. Überschüsse aus den Granien verkaufte das Kloster im klostereigenen Mönchshof in Heidelberg, seinem ökonomischen und administrativen Zentrum. Daneben besaß der Orden über 30 Stadthäuser, u. a. in Heidelberg, Worms, Speyer und Frankfurt, und betrieb eine Neckarfähre sowie eine Mühle. Der Landesherr, der zugleich Schutzherr der Abtei war, hatte Anspruch auf ökonomische und finanzielle Unterstützung durch das Kloster. Die finanzielle Beanspruchung durch den Herrscher war schließlich so groß, dass im 14. Jahrhundert Teile des Klosterbesitzes verkauft werden mussten.

Dennoch war Schönau bis zu seiner Auflösung nach dem Kloster Maulbronn die bedeutendste und reichste Abtei der Kurpfalz. Unter dem Einfluss und Schutz der Pfalzgrafen wurde das Kloster bereits ab dem 13. Jahrhundert zum Hauskloster, Aufenthaltsort und Grablege der wittelsbachischen Kurfürsten am Rhein. Nicht nur die Gräber von Kurfürst Ruprecht II. (1325–1398) und seiner Ehefrau Pfalzgräfin Beatrix von Sizilien-Aragon (1326–1365), sondern auch der Tochter König Peters II. von Sizilien (1305–1342) und von Mitgliedern der kurfürstlichen Schenken von Erbach be-

Die Hühnerfautei, ein Profanbau von 1250/51

fanden sich hier. Kurfürst Ruprecht I. (1309–1390) stiftete im 14. Jahrhundert eine gotische Kapelle, die an die Klosterkirche angebaut wurde. Viele erhaltene Grabsteine verweisen auf die Verbindung des Schönauer Klosters zum regionalen Adel. In den ersten Jahrzehnten waren es zumeist Adlige, die dem Kloster beitraten, später dann eher Bürgerliche, aber alle brachten ihr Vermögen mit ein. Im 13. Jahrhundert lebten rund 300 Mönche hier. Dem Kloster unterstanden zeitweise die Klöster in Ramsen, Neuburg und Lobenfeld. Bereits 1190 entstand das von Schönau aus gegründete Tochterkloster Bebenhausen.

Innerhalb der universitären Bildung der Zisterzienser nahm die Abtei Schönau eine große Rolle ein. Die Äbte leiteten das 1386, im Gründungsjahr der Heidelberger Universität gestiftete St. Jakobskolleg, das eng mit der neuen Hochschule verbunden war. Die von Kurfürst Ruprecht I. geförderte Einrichtung diente als akademisches Studienkolleg für Mönche pfälzischer Zisterzienserklöster und stand später auch für Studierende anderer Regionen offen. Über die Klosterbibliothek in Schönau ist wenig bekannt, ihre Handschriften befinden sich großteils seit dem 17. Jahrhundert in der *Bibliotheca Apostolica Vaticana* in Rom. Die wichtigsten Ereignisse der frühen Geschichte Schönaus zeigen mit lateinischen Versen unterlegte Zeichnungen aus dem 16. Jahrhundert. Besonders bekannt ist die Darstellung einer mittelalterlichen Klosterbaustelle.

In der Reformation wurde das Kloster 1558 durch Kurfürst Ottheinrich (1502–1559) aufgehoben und einem weltlichen Pfleger unterstellt, die Mönche vertrieben und die Anlage verfiel. Die herrschaftlichen Rechte gingen an die Pflege Schönau über, die bis heute existiert und deren Stiftungszweck im Wesentlichen darin besteht, kirchliches Bauen zu finanzieren. Die seit 1562 unter Kurfürst Friedrich III. (1515–1575) angesiedelten wallonischen Religionsflüchtlinge errichteten aus den Resten

EXTRA Feste und Feiern

„In Schääna schneicht's…"

Kommt beim Plaudern in der Region die Rede auf Schönau, dann ist immer jemand in der Runde, dem es plötzlich entfährt: „In Schääna schneicht's". Warum es ausgerechnet dort schneien soll, war Anlass für viele Überlegungen. Vor allem ist die These beliebt, dass der Ort so abseits liegt, dass dort sicher noch Schnee liegt, wenn es andernorts bereits warm ist. Der Grund liegt wohl in einer Begebenheit zu Beginn des letzten Jahrhunderts. Angeblich hatten die Ski- und Rodeltouristen aus Mannheim, Ludwigshafen und Heidelberg im Winter dem Müller und Gasthausbesitzer der Lochmühle zusätzliche Einnahmen erbracht. Diese fehlten in einem schneearmen Winter und der findige Herr gab ein Inserat auf: „In Schääna schneicht's – Ski und Rodel gut!" Die daraufhin einfallenden Wintersportler trafen auf grüne Hänge statt tiefverschneiter Pisten. Angeblich haben die umsonst Angereisten dann bis tief in die Nacht beim Lochmüller ihre Enttäuschung „weggefeiert". Alle zwei Jahre (ungerade Jahreszahl) findet im Juli im historischen Ortskern das Altstadtfest „In Schääna schneicht's" statt.

der Klosteranlage die Stadt Schönau (Stadtrechte um 1562) und nutzten das Herrenrefektorium als Kirche. Obwohl ihnen die Erhaltung der Klosteranlagen nahegelegt worden war, fanden bis 1583 Zerstörungen und Umbauten statt. Auf einem Teil der Anlage entstanden Wohnhäuser und die Altbebauung ging im Stadtkern auf. Besonders gut erhalten sind die Klosterpforte, die sogenannte Hühnerfautei und die Klosterschmiede (das „Wallonenhaus"). Nach der erfolgreichen Ortskern-Sanierung ist die Lage der einst gewaltigen Abtei bei einem Rundgang durch die Stadt gut erkennbar. Der Ausgangspunkt dazu – mit informativen Erläuterungstafeln an historischen Stellen – befindet sich am Rathaus (gegenüber der katholischen Kirche). Die Grabungsbefunde der Klosteranlage werden durch die sich deutlich vom Asphalt abhebende, großformatige Sandsteinpflasterung dargestellt.

Blick ins ehemalige Herrenrefektorium des Klosters Schönau

Klosteranlage

Die im Zentrum der Altstadt befindliche Klosteranlage entsprach dem üblichen Bauschema der Zisterzienser: Die 84 m lange Kirche war nach Osten ausgerichtet, südlich daran schloss sich der rechteckige Kreuzgang an. Westlich stand das Konversenhaus der weltlichen Brüder. Der Südflügel des Kreuzgangs führte zum Refektorium mit angebauter Küche. Gegenüber dem Speisesaal befand sich eine Brunnenhalle. An den Ostflügel des Kreuzgangs fügte sich der Kapitelsaal mit darüberliegendem Schlafsaal der Mönche an, weiter östlich stand der Krankenbau. Ab 1275 kam ein Spital hinzu. Wertvollster Teil der erhaltenen Klostergebäude ist das herrliche **Herrenrefektorium** (Klosterstraße), heute evangelische Pfarrkirche. Die zweischiffige geräumige Halle steht zur Hälfte auf den Grundmauern eines etwas kürzeren, romanischen Vorgängers. Der 1230/40 errichtete Bau ist ein Höhepunkt monastischen Bauens an der Übergangszeit von der Spätromanik zur Frühgotik. Die lichte Halle teilen drei Säulen und ein achtecki-

EXTRA Wissen

Feuerzauber

Die Chronik des Klosters Lorsch berichtet am 21. März 1090 von einem durch eine brennende Holzscheibe, die damals zur Frühlingstagundnachtgleiche in die Luft geworfen wurde, hervorgerufenen Brand. Es handelt sich um den ersten schriftlichen Beleg dieses Volksbrauchs in Deutschland, der in einer Variante in Schönau bis heute gepflegt wird. Hier werden jährlich am Abend des Faschingsdienstags in der Dunkelheit Feuerräder von einem Hügel vor dem Ort hinab gerollt. Mit diesem Brauch soll der Winter vertrieben und die Fruchtbarkeit der Felder erbeten werden. Das ursprünglich heidnische Treiben verband sich in Südwestdeutschland nach der Einführung des Christentums mit dem Beginn der Fastenzeit.

ger Pfeiler in zwei Schiffe mit fünf kreuzgewölbten Jochen. Die Ausgestaltung der Wandkonsolen und Kapitelle erinnern an das zeitlich frühere Refektorium von Maulbronn, hier aber wesentlich reifer und deutlich französischer geprägt. Die eigenartige Gestaltung der Gewölbekonsolen (Ecknasen, stilisierte pflanzliche Motive) findet sich auch im Tochterkloster Bebenhausen wieder. Einige der aufgestellten Grabplatten stammen aus der ehemaligen Klosterkirche. Von der originalen Ausstattung hat sich nur ein aufwendig geschnitzter Dreisitz aus der Zeit um 1500 erhalten. Ein Joch des südlichen Kreuzgangflügels bildet heute die Vorhalle der Kirche. In der Kirchgasse vermittelt ein Putzbild auf einer Hauswand eine gute Vorstellung von der einstigen Ausdehnung des Klosters. An die Vorhalle schließt die **katholische Kirche** (Rathausstraße) an. Die nach 1650 entstandene katholische Gemeinde wurde seelsorgerisch zuerst von Heiligkreuzsteinach betreut, 1723 ist eine katholische Kirche in Schönau erwähnt. Die heutige Pfarrkirche St. Michael, ein einfacher Barockbau von 1737/39, steht an der Stelle des klösterlichen Brunnenhauses. Der Raum über dem Kreuzgangjoch diente im 18. Jahrhundert als Rat-

haus. Rund um das heutige Rathaus und entlang des Wegs zum Marktplatz sind an vielen Häusern noch die Reste von Grabplatten und Bauspolien der Klosterzeit erkennbar. In unmittelbarer Nachbarschaft zum **Marktplatz** ist durch eine Wandgestaltung das Eingangstor der verschwundenen Klosterkirche markiert. Das große **Wasserbecken** aus dem 13. Jahrhundert, das zur Klosterzeit im Brunnenhaus des Kreuzgangs stand, wurde aus einem Sandsteinblock gehauen. Inmitten der sechspassförmigen Brunnenschale befindet sich seit 1833 der von einem Pinienzapfen gekrönte Brunnenstock. Nach dem Überqueren der Straße fällt der Blick bereits auf das **Klostertor**. Das schöne romanische Doppeltor (um 1228, Brückenweg) vermittelt einen Eindruck der ursprünglichen künstlerischen Qualität der verloren gegangenen Klostergebäude. Über dem kleinen Tor für die Fußgänger befand sich eine lateinische Inschrift: *ore tuo xpe benedict sit locus iste quo cum pce pia laud ‹t› virgo Maria. scoenovia* (Durch deinen Mund sei dir dieser Ort gesegnet, Christus, mit dem vereint die Jungfrau Maria durch frommes Gebet gepriesen sei. Schönau.) Daneben befindet sich die größere Wagendurchfahrt. Die seitlichen Mauerpfeiler sind nach innen fortgesetzt, da sie einst einen Fachwerkoberbau trugen. An der Nordseite des Tores befand sich das **Pförtnerhaus**; das heutige Gebäude steht auf dessen Grundmauern. Das Fachwerkgebäude daneben (16. Jahrhundert) wurde auf die Fundamente der 1326 erstmals erwähnten Pfortenkapelle gebaut. Mauer- und Architekturfragmente, etwa das gotische Portal sowie das Spitzbogenfensterchen in der Nordwand, stammen vom Ursprungsbau. Die Georgskapelle war auch für Frauen zugänglich, denen sonst der gesamte Klosterbezirk verschlossen blieb. Von hier aus geht es entlang der Hauptstraße bis zur Klostergasse und der **Hühnerfautei**. Das kompakte, aber höchst repräsentative dreistöckige Gebäude befindet sich außerhalb des ehemaligen Klausurbereichs und war mit seiner Schauseite auf einen großen Wirtschaftshof ausgerichtet. Der um 1250/51 datierte Profanbau ist einer der wenigen noch erhaltenen seiner Art aus dem Hochmittelalter. Bauzeitliche Deckenbalken sowie große

Teile sämtlicher Putz- und Malschichten sind bis heute erhalten und stellen eine große Besonderheit dar. Der überlieferte Gebäudename erinnert an den Hühnerfaut (Hühnervogt), ein pfalzgräflicher Klosterbeamter, dem früher Steuern in Naturalien, etwa Hühner, oder Geld abgeliefert wurden. Nach aufwendigen Renovierungsarbeiten entstand 2008 hier das lange geplante **Kulturhistorische Museum,** in dem anhand zahlreicher Fundstücke die Geschichte des Zisterzienserklosters dargestellt wird. Am Ende der Klostergasse kann man rechts in die Rathausstraße abbiegen, wo linkerhand das sogenannte **Wallonenhaus**, ein Fachwerkbau von 1588 steht. Fundamente und Teile des aufgehenden Mauerwerks entstammen der einstigen Klosterschmiede. 1357 wurde hier die heute älteste Glocke des Odenwaldes gegossen. Nach Auflösung des Klosters kam diese in den Turm der evangelischen Stadtkirche Erbach im Odenwald, wohin sie die Schenken von Erbach geholt hatten.

Adressen und Auskunft
Stadtverwaltung
Rathausstr. 28
69250 Schönau
Tel. 06228-2070
www.stadt-schoenau.de
Hier können Stadtführungen
gebucht werden, weitere Infos
zu Veranstaltungen unter
www.alt-schoenau.de

Museum
*Kulturhistorisches Museum
in der Hühnerfautei*
Klosterstr.
69250 Schönau
offen April–Okt., So 14–16 Uhr

Anfahrt
mit dem PKW
Schönau ist gut erreichbar vom
Neckartal über die B37, ab
Neckarsteinach über die L535.

Go Green
Mit dem Bus 735 von Heidelberg
oder Neckarsteinach, Heiligkreuzsteinach und Neckargemünd. Der
nächste Bahnhof ist in Neckarsteinach (S-Bahn Anschluss nach
Heidelberg/Mannheim oder
Mosbach).

Schwetzingen – die Sommerresidenz der pfälzischen Kurfürsten

Der ehemals kurfürstliche Sommersitz präsentiert sich heute als Kleinstadt mit vielen Gesichtern. Kultur, Natur und Genuss liegen hier ganz nah beieinander. Nach dem Willen des Kurfürsten entstand im 18. Jahrhundert mit dem Schloss und seinem Park ein einmaliges Gesamtkunstwerk. Während der Sommermonate war der Ort ein Treffpunkt für die gebildete Welt: Hier versammelten sich berühmte Besucher und Kunstfreunde, begnadete Künstler und Musiker. Die Schwetzinger Festspiele lassen diese Epoche jährlich aufleben und bilden einen festen Termin im Kalender vieler Musikliebhaber.

Geschichte

Schwetzingens erste Erwähnung ist dem Lorscher Codex von 766 zu entnehmen. Aus dem damaligen *Suezzingen* entstanden zwei Siedlungen, die im 17. Jahrhundert zu einem Dorf zusammenwuchsen. Das Schloss geht auf eine 1350 erstmals urkundlich genannte, mittelalterliche Wasserburg zurück, die durch ein einheimisches Adelsgeschlecht erbaut worden war. Die Pfalzgrafen besaßen bereits seit längerer Zeit ein Nutzungsrecht an diesem Bau. Schließlich erwarb Kurfürst Ludwig III. (1378–1436) 1427 die kleine Anlage. In der ersten Hälfte des 16. Jahrhunderts wandelte sich diese unter Kurfürst Ludwig V. (1478–1544) zu einem repräsentativen Jagdschloss, der heutige Mittelbau erhielt zwei Türme. Den späteren Kurfürsten Ottheinrich (1502–1559) zog es in jungen Jahren oft zur Jagd hierher. Die Kriege des 17. Jahrhunderts fügten der Anlage enormen Schaden zu. Kurfürst Carl I. Ludwig (1617–1680) ließ 1655 die Brandschäden des 30-jährigen Krieges (1618–1648) beseitigen, um das Schloss für seine morganatisch angetraute Ehefrau Luise von Degenfeld (1634–1677) als Wohnsitz herzurichten. Beide verlebten hier 20 zufriedene Jahre. Die Zerstörungen im Verlauf des Pfälzischen Erbfolgekrieges (1689) vernichteten zwar die Innenräume des Schlosses, aber sein Mauerwerk blieb intakt, so dass unter Kurfürst Johann Wilhelm (1658–1716) ab 1701 schnell der Wiederaufbau einsetzte. Der Ausbau des Ortes Schwetzingen zur Barockzeit vollzog sich gleichzeitig mit der Anlage des heutigen Schlosses und seines Gartens. Schon bald genügte das kleine Schloss den gesteigerten Ansprüchen einer fürstlichen Hofhaltung nicht mehr. Zwischen 1710 und 1715 fand unter Kurfürst Johann Wilhelm eine große Erweiterung der Anlage statt. Mit dem Regierungsantritt Carl III. Philipps (1661–1742) wurde Schwetzingen 1719 zur ständigen Sommerresidenz. Unter der Regentschaft seines Nachfolgers, dem Kurfürsten Carl Theodor (1724–1799), brach eine goldene Zeit an. 1759 erhielt das Dorf Marktrechte. Hier „auf dem Lande" genoss der Mannheimer Hof die warme Jahreszeit. Da Festräume fehlten, wurden die Zirkelsäle im Garten errichtet. Neubaupläne für das Hauptgebäude waren ebenfalls vorhanden, kamen jedoch nicht zur Ausführung. Nach dem Wegzug des Kurfürsten Carl Theodor aus Mannheim wurde am Garten weiter gebaut, das Schloss selbst war nicht mehr bewohnt.

Gartenseite des Schwetzinger Schlosses

Seit 1803 gehörte die rechtsrheinische Kurpfalz und damit auch Schwetzingen zu Baden. Die neuen Herren – die Großherzöge von Baden – nutzten Schloss und Garten nur selten als Sommersitz. Dem Zeitgeschmacke entsprechende Umbauten erfolgten daher nur in einigen Appartements des Schlosses. Nach 1860 versank das Schloss in einen Dornröschenschlaf, bis 1918 die Räume des Corps de Logis als bescheidenes Schlossmuseum öffneten. Seit 1975 erfolgten Restaurierungen.

Das Ensemble aus Stadt, Schloss und Garten gilt als das am besten erhaltene Beispiel einer fürstlichen Sommerresidenz des 18. Jahrhunderts. Das barocke Gesamtkunstwerk ist ein Kulturdenkmal von höchstem Rang.

Schloss

Die in Mannheim residierenden Wittelsbacher bauten das ehemalige Jagdschloss im 18. Jahrhundert zu einer re-
präsentativen Sommerresidenz aus. Die Beschaffenheit der heutigen Anlage ist vor allem auf den pfälzischen Kurfürsten Carl Theodor zurückzuführen. Er ließ das Schloss verschönern, das 1701 nach mehrmaliger Zerstörung wieder aufgebaut worden war. Die Anlage setzt sich aus mehreren Teilen zusammen, wobei der Mittelbau noch stark durch die mittelalterliche Anlage geprägt wird. Kurfürst Johann Wilhelm ergänzte ab 1710 den Hauptbau um ein viertes Stockwerk sowie zwei zur Gartenseite gelegene Eckpavillons. Danach kamen links und rechts zwei Ehrenhofflügel zur Aufnahme der kurfürstlichen Appartements sowie Wachhäuschen hinzu. Bis heute künden die Wappen an den Torpfeilern zum Ehrenhof von diesen Erbauern, die dem Schloss seine Gestalt gaben: Neben dem Wappenschild des Kurfürsten ist das Wappen des Hauses Medici zu sehen, denn „Jan Wellems" Gattin Anna Maria Luisa (1667–1743)

stammte aus dieser berühmten Familie. Nach dem Durchschreiten der Durchfahrt des Hauptgebäudes betritt man die Parkanlage, die zunächst baulich von den beiden Zirkelbauten umrahmt wird. Das nördliche Haus entstand 1748/49 nach Plänen von Alessandro Galli da Bibiena (1696–1757), das südliche 1753 nach denen von Franz Wilhelm Rabaliatti (1716–1782), der in Mannheim bereits an der Jesuitenkirche gearbeitet hatte und in Schwetzingen den Turm der katholischen Kirche ausführen sollte. Nur die Pläne für einen Neubau des Schlosses von Nicolas de Pigage (1723–1796), der 1749 als Intendant der Garten- und Wasserkünste nach Schwetzingen berufen wurde, blieben unausgeführt. 1752 errichtete de Pigage für Carl Theodor an der Außenseite des nördlichen Zirkelbaus ein Schlosstheater, dessen Zuschauerraum weitgehend original erhalten blieb. Das 1762 nochmals erweiterte „Rokokotheater" ist zugleich das älteste Theater in Baden-Württemberg. Wirkungsgeschichtlich gilt die Schwetzinger Bühne unter Leitung des Hofkapellmeisters und Hofkomponisten Ignaz Holzbauer (1711–1783) als Wegbereiter der aufklärerischen deutschen Reformoper. Der französische Dichter Voltaire (1694–1778) weilte ab 1753 mehrfach in Schwetzingen, seine hier aufgeführten Komödien fanden großen Beifall. Auch das Wunderkind Mozart (1756–1791) eroberte in Schwetzingen die Herzen der „churfürstlichen Gesellschaft". 1763 kam er zusammen mit seinen Eltern und der Schwester an und eine kurze, aber ereignisreiche Zeit begann. Die beiden Kinder musizierten im Rahmen einer kurfürstlichen Akademie. Legendär ist der Brief des stolzen Vaters Leopold, demzufolge an jenem 18. Juli seine beiden „Kinder ganz Schwetzingen in Bewegung gesetzet" haben. Vom Hofe in Zweibrücken machte sich der Komponist Christoph Willibald Gluck (1714–1787) auf den Weg nach Schwetzingen, um hier 1774 als Gast des Kurfürsten zu weilen. Mit dem Wegzug Carl Theodors wurde es ruhig, das Theater verfiel. Nach umfassender Renovierung 1937 begann mit dem Aufbau von Festspielen seine zweite Blütezeit. Seit 1952 werden jährlich die „Schwetzinger Festspiele", ein Festival klassischer Musik, abgehalten, die das Rokokotheater gerne als Spielstätte nutzen.

Die kurpfälzische Sommerresidenz kann im Rahmen von Führungen besichtigt werden. Die Schlossräume präsentieren die glanzvolle Epoche des Kurfürsten Carl Theodor und seiner Gemahlin, als Schwetzingen ihnen als Landsitz diente. Besonderes Augenmerk richtet sich auf das Alltagsleben im Schloss und die Wohn- und Arbeitsverhältnisse der Dienerschaft. Ein Appartement aus dem frühen 19. Jahrhundert zeigt die veränderten Verhältnisse in der badischen Zeit mit einer originalen Papiertapete aus dem Jahre 1804.

Park

Während das Schloss weitgehend seinen wehrhaften, mittelalterlichen Charakter behielt, präsentierte sich der innerhalb von rund 50 Jahren entstandene Park modern und innovativ. Auf der Basis eines kleinen barocken Gartens wurde ab 1748 planmäßig eine großzügige repräsentative Anlage geformt und bis zum Ende des 18. Jahrhunderts, auch nach dem Wegzug des Hofs 1778 nach München, durch einen Landschaftsgarten im englischen Stil erweitert. Glücklicherweise erfuhr der Garten nur geringe Veränderungen und überstand unzerstört die beiden Welt-

Eingangsbereich des Badehauses im Schlosspark

kriege. Um den symmetrischen französischen Barockbereich liegt ein natürlicherer, englischer Landschaftsgarten. In Schwetzingen sind die beiden Gartenstile des 18. Jahrhunderts so vollkommen verbunden wie in keinem anderen Schlossgarten. Zahlreiche künstlerische Leistungen wie das einmalige Kreisparterre oder die Dichte der original erhaltenen Gartenarchitekturen und technischen Ausstattungen zeichnen die Anlage aus. Die Kurfürsten brauchten den Schlosspark zur Inszenierung, zur Kulisse ihres sommerlichen Hoflebens. Mit dem sogenannten Wiesentälchen hatte der Gartenarchitekt Friedrich Ludwig Sckell (1750–1823) hier sein Hauptmotiv begründet, das er später beispielsweise auch im Englischen Garten in München umsetzte. Der Schlosspark und das Schloss bilden ein gestalterisches Ganzes. Am schönsten präsentiert sich die Anlage bei einem Rundgang. Hinter der Gartenfassade des Schlosses beansprucht das kreisförmige **französische Gartenparterre** mit seinen streng symmetrisch angelegten Beeten die größte Ausdehnung. Die Beete sind aus feinem Buchs auf bunten Steinen oder Sand gestaltet und wurden aufgrund dieser – meist Stickereimustern entnommenen – Ornamente als „Broderieparterres" bezeichnet. Seitlich schließen die Boskette an, die aus streng gestutzten Baum- und Heckenkulissen bestehen und mit kleinen Plätzen und versteckten Kammern versehen sind. Das Areal ist geometrisch gegliedert und leitet über in Haupt- und Nebenachsen, die durch Kanäle, Alleen und Bassins gebildet werden. Der kreisförmige Bereich wird von Zirkelsälen

EXTRA Wissen

Eingehüllt von Knoblauchduft – der Schlossgarten im Frühjahr

Jedes Jahr im Frühling blühen üppig die Kirschbäume im Schwetzinger Schlossgarten. Zu dem rosafarbenen Blütenmeer gesellt sich der kräftige Knoblauchduft von Bärlauch, der den Park mit seinen weißen Blumen überzieht. Möglicherweise ist dies dem Kurfürsten Carl Theodor zu verdanken, den es, sobald es wieder wärmer wurde, auf seine Sommerresidenz zog. Er, ein Freund der Künste, umgab sich gern mit allem Schönen, besonders mit schönen Frauen. Eines Tages habe eine seiner Mätressen beim Spaziergang durch den Park bemerkt, dass sich ihr Geliebter dort mit einer neuen Hofdame vergnügte. Sie wollte es ihm heimzahlen und besann sich auf seine feine Nase. Er liebte Wohlgerüche, Parfüms und Blütendüfte. Nichts war ihm widerwärtiger als der ordinäre Gestank von Knoblauch. Listig bat die Dame einen Gärtner, auf den Wiesen des Parks Bärlauch zu säen, wohlweislich auf dessen schöne weiße Blüten verweisend. Sicherlich lenkte der starke Knoblauchduft den Kurfürst bereits einige Jahre später davon ab, sich hier mit der Damenwelt zu vergnügen. Nach einer anderen Version war es Elisabeth Auguste, die Gattin des Kurfürsten, die den Bärlauch pflanzen ließ, um die Damen zu vergraulen, die ihr Gemahl stets zu seiner „Erbauung" im Park ausführte.

und Laubengängen gerahmt. Im Zentrum der Anlage steht der **Arion-Brunnen**, dessen Kreisform den Zirkel des Parterres aufnimmt. Arion, ein Sänger aus der griechischen Mythologie, wurde der Sage nach von Delphinen vor dem Ertrinken gerettet. Die Gruppe wurde 1745 für den Schlosspark in Lunéville geschaffen und später nach Schwetzingen verkauft. Eine äußerst realistische **Hirschgruppe** von Peter Anton von Verschaffelt (1710–1793) begrenzt das Areal und thematisiert die Geschichte Aktäons aus der griechischen Mythologie, den Diana in einen Hirsch verwandelte und danach seine eigenen Hunde zerrissen. Im Anschluss daran erstreckt sich die **Kugelallee**. Acht goldene Kugeln auf Sockeln symbolisieren den nächtlichen Weg der

Die „chinesische" Brücke, nach Plänen des Renaissance-Architekten Andrea Palladio (1508–1580)

Sonne von ihrem Untergang am Abend bis zu ihrer Wiedergeburt am nächsten Morgen. Die Anlage wird durch eine große Terrasse an einem künstlichen **See** abgeschlossen. Darin befinden sich die Statuen der „pfälzischen" Flüsse, des Rheins und der Donau, ebenfalls von Verschaffelt. Ihnen sollten ursprünglich Mosel und Neckar folgen, doch der Künstler starb vor der Vollendung des Plans. Dahinter erstreckt sich der Landschaftsgarten. Rechts von der Hirschgruppe liegt der französische Gartenbereich, den viele Skulpturen und Bauten schmücken. Nicolas de Pigages **Apollotempel** erhebt sich als Monopteros über einem künstlichen Felsen, in dessen Innerem eine Grotte den Zugang zur Plattform bildet. Die dort befindliche Figur des Apoll (laut dem Schriftsteller Wilhelm Heinse (1746–1803) mit „erbärmlichem Hintern") stammt von Verschaffelt. Zu Füßen des Apollotempels halten Nymphen eine Urne, aus der

EXTRA Feste und Feiern

Spargel – der König der Kurpfalz

Im Küchengarten des Schwetzinger Schlosses wurde vor rund 300 Jahren erstmals in der Kurpfalz Spargel angebaut. Heute prägen weite Felder, in denen der beste Spargel Deutschlands gedeiht, die fruchtbare badische Rheinebene rund um die schöne Kleinstadt. Frühmorgens stechen viele fleißige Erntehelfer „den König der Kurpfalz", damit er schon bald marktfrisch genossen werden kann. Auf dem Platz vor dem Schloss erinnert ein Denkmal der „Spargelfrau" an den großen Schwetzinger Spargelmarkt, der früher hier abgehalten wurde. Als Botschafterin des „weißen Ackergoldes" wirbt die Schwetzinger Spargelkönigin für viele Aktionen, die zwischen Ende April und dem 24. Juni, an dem letztmals im Jahr Spargel gestochen werden darf, in Schwetzingen stattfinden. Infos zum Spargelanstich, Spargelfest, Spargellauf und Spargelführungen und -safaris durch Schwetzingen sind über die Stadtinformation erhältlich.

Wasser austritt und über eine Kaskade strömt. Dies war die „Geburt des Wassers" im Schlosspark Schwetzingen. Der den Tempel umgebende, gestaffelte Hain diente einst als **Naturtheater**. Steinerne **Sphingen** bewachen die Zugänge vom Garten zum Zuschauerparkett. In direkter Nachbarschaft steht das kleine **Badhaus** nach Plänen von de Pigage mit prunkvoll ausgestalteten Bade- und Ruheräumen, ein intimer Rückzugsort für den Kurfürsten. In der angeschlossenen **Brunnenhalle/Vogelbad** verleihen wasserspeiende Vögel Kühlung, besonders geschätzt an heißen Tagen. Zwei mit Achaten ausgezierte Häuschen dienen zur Rast. Kleine Balkone geben den Blick ins **Arboretum** frei, dem Teil des Gartens, in dem 1802 exotische Bäume aus der ganzen Welt angepflanzt wurden. Am Ende der Brunnenhalle öffnet sich der Blick auf „**das Ende der Welt**", eine Perspektive durch einen halbrund geschlossenen Laubengang in Form einer idealen Landschaft, welche die zeittypische Sehnsucht nach einer heilen Welt und glücklichen Natur ausdrückt. Von hier aus bietet sich die Möglichkeit, zum nördlichen Gartenabschluss zu gehen. Er besteht aus der aus Tuffstein erbauten Ruine einer **römischen Wasserleitung**. Durch das Gebäude rauscht ein kleiner Wasserfall. Das auf römische Ruinen zurückgeführte Bauwerk symbolisiert durch das fließende Wasser die segensreiche Kraft des Kurfürsten, der das Land zum Erblühen brachte. Allegorien von Flussgöttern zieren das Wasserkastell. Ergänzt wird die Anlage durch den **Tempel der Waldbotanik** von Verschaffelt. Zwei Sphingen bewachen den Eingang des massiven Rundbaus, dessen Außenhaut einer Eichenrinde nachempfunden ist. Im Innern steht die Skulptur der Botanik, eine Allegorie auf die Wissenschaft des Waldes. Der Boden des Tempels ist entsprechend der Symbolik des Baumstumpfes in „Jahresringen" gestaltet.

Zum Schlosspark gehört auch eine **Orangerie**, die an einem grabenumzogenen Rasenrechteck liegt. Der langgestreckte Bau diente den frostempfindlichen Parkpflanzen als Winterquartier, vor allem den Pomeranzen- und Orangenbäumen. Die 1761 von de Pigage errichtete Anlage ist heute Lapidarium

Blick bis zum „Ende der Welt", das Perspektiv im Schlosspark

für die durch Kopien ersetzten Original-statuen einzelner Parkskulpturen. Die Ecken des Orangeriegartens zieren Fi-guren der **Vier Jahreszeiten**. Von der Orangerie führen kleine schattige Wege zurück zum Parterre am Schloss. Darin stehen viele entzückende Statuen, etwa die **Bacchus-Kinder,** die mit einem Zie-genbock spielen, ein reizendes Werk des Rokoko von Franz Conrad Linck (1730–

1793). Oder die Skulptur der **Galatea**, die Gabriel Grupello (1644–1730) für den in Düsseldorf residierenden Kurfürsten Jo-hann Wilhelm anfertigte. Simon Lamine (1738–1817) schuf eine außergewöhnli-che **Pan-Darstellung,** den Gott Arkadi-ens, der Hirten erschreckte, der aber auch sinnliche Lust und Erotik aus-strömte, passend für einen Lustgarten! Zurück am Parterre beginnt der zweite

Rundweg durch die Anlage, die als englischer Park gestaltet wurde. Hinter den Laubengängen, welche die Kreisform des Parterres aufnehmen, öffnen sich Wege, die über Sichtpunkte in den Diagonalen des Zirkels ins vermeintlich wilde, in Wirklichkeit jedoch genau komponierte Dickicht des Waldes führen. Südlich beginnt der Weg am sogenannten **Minervatempel**. Die Göttin der Weisheit steht im Innern der Anlage. Von hier aus ist in wenigen Schritten der **Kirschgarten** im Bereich des alten Nutzgartens hinter der Moschee erreicht, der jährlich im Frühling von einem Meer aus rosafarbenen Blüten bekrönt wird. Im Park steht auch die letzte noch erhaltene **Gartenmoschee** des 18. Jahrhunderts – kein Gotteshaus, sondern ein Zeichen für kulturelle Offenheit. Das von de Pigage geplante Bauwerk ist eine phantasievolle Übertragung der Idee vom Orient mit den damals üblichen Stilmitteln. Viele verschlungene Pfade führen von der Moschee zum **Merkurtempel**, einer künstlichen Ruine als Symbol der Vergänglichkeit nach Plänen von de Pigage. Er wurde auf einem auf der Rückseite felsigen Hügel errichtet, über dem der Eingang zur Grotte liegt. Über den Zugängen sind auf Reliefs Elemente des römischen Totenkults (geschmückter Stierschädel) sowie Hermes und Merkur dargestellt. Nur wenige Schritte entfernt liegt der große See.

Stadt

Weithin sichtbares Zeichen der im Zentrum Schwetzingens gelegenen katholischen Pfarrkirche **St. Pankratius** ist ihr 1755 von Hofbaumeister Franz Wilhelm Rabaliatti erbauter barocker Kirchturm. Die älteste Kirche der Stadt entstand nach Plänen des kurfürstlichen Hofbaumeisters und Schreiners Sigismund Zeller (1680–1764) an der Stelle eines maroden Vorgängerbaus (um 1305) und wurde 1739 geweiht. Bereits 1763 fand eine Erweiterung nach Plänen des kurfürstlichen Oberbaudirektors de Pigage statt, da die gewachsene Gemeinde Platz benötigte. Obwohl die Kirche nie als Schlosskirche diente, sind ihr Baustil und ihre Ausstattung von den Künstlern am Hofe der Kurfürsten geprägt. Der helle Saalbau mit eingezogenem Chor und seitlichen Logen über den Kapellen ist barock ausgestattet. Der teilweise veränderte Hochaltar (Mittelfigur, Tabernakel und Fassung sind ergänzt) sowie die Seitenaltäre und die Kanzel stammen aus der Erbauungszeit. Zwei schöne Engelfiguren rahmen den Hauptaltar. Der linke Seitenaltar ist mit einer Muttergottes-Statue versehen, im rechten steht eine gute Figur des Kirchenpatrons, die, ebenso wie die eben erwähnten Engel, dem Umfeld des Hofbildhauers Paul Egell (1691–1752) zugeschrieben werden. An den seitlichen Chorwänden befinden sich die Figuren der hll. Franz Xaver und Carl Borromäus, entlang des Langhauses stehen Skulpturen der hll. Joseph, Aloysius und Nepomuk. Die Pietà entstand im 18. Jahrhundert unter dem Einfluss von Peter Anton von Verschaffelt. Ein Gemälde mit einer Darstellung der Ecclesia schmückt seit 1931 die Decke im Chor, während das Langhaus die Aufnahme Mariens in den Himmel ziert. Die **evangelische Kirche**, ebenfalls ein schöner Barockbau von 1756, steht in der Mannheimer Straße. Ab 1884 fand eine Erweiterung statt, wobei auch die neobarocke Sandsteinfassade entstand.

Nicht nur kulturell, auch gastronomisch hat Schwetzingen einiges zu bieten. Der idyllische **Schlossplatz** mit vielen Restaurants und Cafés bildet gerade an lauen Sommerabenden einen Anziehungspunkt für Besucher aus der ganzen Region und lädt nach ausführlicher Besichtigung zur Erholung ein.

Adressen und Auskunft

Stadtinformation
Dreikönigstr. 3
68723 Schwetzingen
Tel. 06202-945875
www.schwetzingen.de

Museen und Sehenswertes

Schloss und Schlossgarten
Museen im Schlossgarten
(Orangerie), Schloss Mittelbau
68723 Schwetzingen
Führungen, Infos unter Service
Center Schlösser, Tel. 06221-538431,
www.schloss-schwetzingen.de, offen
Schlossgarten Sommerzeit
Mo–So 9–20, letzter Einlass 19:30 Uhr,
Winterzeit Mo–So 9–17, letzter
Einlass 16:30 Uhr, Besichtigung des
Schlosses nur im Rahmen von
Führungen, Sommerzeit Mo–Fr
11–16 Uhr stündlich, Sa, So, Feiertag
11–17 Uhr, nach Bedarf alle 15 Min.,
Winterzeit So, So, Feiertag 11, 14,
15 Uhr, wechselnde Themenführun-
gen auf Anfrage.

Karl-Wörn-Haus
Museum der Stadt Schwetzingen
(Heimatmuseum, Ausstellungen zur
Stadtgeschichte), Marstallstr. 51
68723 Schwetzingen
Tel. 06202-26769
www.schwetzingen-museum.de
offen So 11–17, Sonderausstellun-
gen Do–Fr, 10–12, Sa–So 11–17 Uhr

XYLON – Museum + Werkstätten
Ausstellungen zu bildnerischen
und technischen Positionen und
Entwicklungen des Hochdrucks,
Schlossgarten 2
68723 Schwetzingen
Tel. 1267174
www.xylon-museum.de

Schwetzinger SWR Festspiele
SWR2 KulturService
Postfach 2222
76492 Baden-Baden
jährlich im Frühling Ende April
bis Anfang Juni, www.swr.de/swr2/
festivals/schwetzinger.festspiele.de

Alle zwei Jahre findet im Schlosspark
im Juli ein Lichterfest statt.

Durch Schwetzingen verläuft die
Badische Spargelstraße, die Bertha
Benz Memorial Route sowie die
Deutsche Burgenstraße.

Essen und Trinken

Schlossgastronomie Schwetzingen
Lachers Restaurant und Café
Im Schlosshof
68723 Schwetzingen
Tel. 06202-93300
www.schlossrestaurant-schwetzin-
gen.de

Am Schlossplatz vor dem Eingangstor zum Park sind viele schöne Cafés
und Restaurants angesiedelt.

Anfahrt

mit dem PKW
Ab A5: Ausfahrt Schwetzingen süd-
lich des Heidelberger Kreuzes
Ab A6: Ausfahrten Schwetzingen
Nord oder Schwetzingen Süd süd-
lich des Mannheimer Kreuzes

Go Green
Schwetzingen hat einen Regional-
bahnhof, der über die Strecke Mann-
heim/Karlsruhe angefahren wird.
Täglich verkehren Busse nach Heidelberg und Mannheim.

Weinheim – kurfürstliche Residenz

Weinheim an der schönen Bergstraße blickt auf eine lange Geschichte. Auch die Wittelsbacher haben hier über Jahrhunderte ihre Spuren hinterlassen. So entstand unter Pfalzgraf Ludwig II. (1229–1294) die „Weinheimer Neustadt", die heute den historischen Kern der Altstadt bildet. Das Schloss der Kurfürsten mit seinen unterschiedlichen Baustilen zeugt von der langen Verbundenheit der Stadt mit dem Herrschergeschlecht. Zudem war Weinheim für kurze Zeit Residenz der Kurfürsten und sogar Sitz der Universität Heidelberg.

Geschichte

Die heute von zwei Burgen eingerahmte Stadt Weinheim wurde erstmals als fränkische Siedlungsgründung *Villa Winenheim* 755 im Lorscher Codex aufgeführt. Um 1000 verlieh Kaiser Otto III. (980–1002) dem Kloster das Marktrecht für Weinheim, 1055 kam das Münzrecht dazu. Oberhalb des Ortes baute das Kloster Lorsch zur Sicherung seiner Besitzungen die Burg Windeck, als Lorscher Vogt erhob Pfalzgraf Konrad von Staufen (1134–1195) Ansprüche auf Weinheim und die Burganlage. 1232 wurde das Kloster dem Mainzer Bischof unterstellt und es kam zu Streitigkeiten zwischen Mainz und der Pfalz. Pfalzgraf Ludwig II. ließ um 1250 neben der Altstadt als Gegengründung zu Mainz die Neustadt anlegen. Die 1264 als befestigt überlieferte Neustadt, jetzt als „Stadt" bezeichnet, gelangte 1345 endgültig in pfälzischen Besitz. Seither war Weinheim Teil des Kerngebiets der Kurpfalz und unterstand mit Ende des 14. Jahrhundert dem Oberamt Heidelberg. 1454 wurden die immer noch verwaltungstechnisch getrennten Ortsteile der Altstadt und Neustadt zu einer mittelalterlichen Doppelstadt vereint. Im Weinheimer Schloss residierten ab 1547 der vor der Pest aus Heidelberg geflohene spätere Kurfürst Ottheinrich (1502–1559) und sein Hofstaat. Die Kriege des 17. Jahrhunderts richteten kaum Zerstörungen an, trotz mehrfacher Eroberungen, nur die Burg Windeck nahm Schaden. Diesem Umstand verdankte Weinheim ein abermaliges Aufblühen: 1698 verlegte Kurfürst Johann Wilhelm (1658–1716) seine Residenz von Düsseldorf nach Weinheim und wollte das Schloss im Barockstil ausbauen, was jedoch aufgrund der Kosten am Widerstand der Bevölkerung scheiterte. Nach der Verwüstung Heidelbergs im Pfälzischen Erbfolgekrieg ab 1689 siedelte er mehrere Institutionen für kurze Zeit in Weinheim an, darunter die Heidelberger Universität. Mit der Auflösung der Kurpfalz 1803 gelangte Weinheim zu Baden und wurde bis 1936 Sitz eines Bezirksamtes, woraus 1938 der Landkreis Mannheim und 1973 der Rhein-Neckar-Kreis erwuchsen. Die seit 1956 Große Kreisstadt Weinheim ist heute Sitz einiger Wirtschaftsbetriebe, Schulort und beliebtes Zuzugsgebiet aus der Region zwischen Heidelberg und Mannheim.

Rundgang durch die Altstadt

„Hier ist es köstlich zu weilen", schwärmte Johann Wolfgang von Goethe (1749–1852), als er während einer Heimreise nach Frankfurt in Weinheim Halt machte. Sitzplätze im Freien, Eiscafés, Weinstuben und Bistros – in keiner anderen Stadt an der Bergstraße gibt es so viel südländisches Flair wie hier. Als Ausgangspunkt für einen Rundgang bietet

Blick auf das alte und neue Weinheimer Schloss

sich der Marktplatz an, quasi die „gute Stube" des Ortes, mit seinen Barock- und Biedermeierfassaden. Am unteren Platzende befindet sich das **Alte Rathaus**, ein mächtiger, dreigeschossiger Renaissancebau, der 1556 als Kaufhaus entstand und im Erdgeschoss ursprünglich eine offene Markthalle besaß. Zwischen 1752 und 1939 war hierin das Rathaus. Der dazugehörige Ratssaal mit reicher Renaissancemalerei nimmt den ersten Stock ein. Der Staffelgiebel und der hölzerne Balkon wurden 1861/62 im Stil des Historismus erneuert. An der Fassade zeigt ein Schildhalter die drei Bestandteile des Weinheimer Wappens: den pfälzischen Löwen, die weiß-blauen Wittelsbacher Rauten und die Weinleiter. Vor dem Rathaus sprudelt der Marktbrunnen mit der Statue der Justitia von 1928. An der unteren Schmalseite des Platzes steht ein prächtiges, dreigeschossiges Fachwerkhaus, die ehemalige **Löwenapotheke** (Hauptstraße 123). Das herausragende

Baudenkmal reicht in Teilen ins 15. Jahrhundert zurück, sein heutiges Erscheinungsbild entspricht weitgehend dem Bau von 1576 mit späteren Erneuerungen. In den Jahren 1731 bis 1736 wurde an der Südseite der Apotheke die reformierte **Stadtkirche St. Johannis** (Hauptstraße 125), ein einfacher rechteckiger Saal mit Dachreiter, angebaut. Einige Teile des Kirchengestühls aus dieser Zeit haben sich im Innern erhalten. Die Hauptstraße führt daran vorbei zu einem kleinen malerischen Platz, der auf der anderen Seite durch die Mittelstraße begrenzt wird. Geht man von der Stadtkirche in die Gegenrichtung, dann zweigt bald nach der Löwenapotheke das Spiegelgässchen ab. Hier grenzt die ehemalige **Spitalskapelle** (Stadtmühlgasse 2) an. Der Bau des 14. Jahrhunderts gehörte zu einem Armen- und Altenspital und erfuhr im 18. Jahrhundert eine Barockisierung. Unter den mittelalterlichen Grabplatten ist das spätgotische Bildepitaph des Hartmann

Ulner von Dieburg hervorzuheben, dem späteren Besitzer der Kapelle. Durch diese Gasse oder über die steilen Treppen der Höllenstaffel, die neben der Stadtkirche St. Johannis beginnt, führen Durchgänge in der ehemaligen Stadtmauer zur Stadtmühlgasse hinab. Da die Talsenke außerhalb der einstigen Stadtbefestigung lag, entstand hier bereits im Mittelalter das Gerberviertel. Der Grundelbach lieferte das notwendige Wasser und einige Häuser grenzen teilweise direkt an sein Ufer. Nach dem Stadtbrand von 1556 entstanden im Gerberbachviertel zahlreiche Fachwerkhäuser. Die romantischen Ecken zwischen Gerbergasse, Lohgasse, Quergasse und Münzgasse laden zu einem Bummel ein. Das um 1560 erbaute Haus **Münzgasse 13** mit aufwendigem Fachwerk ist Sitz des „Heimat- und Kerwervereins Alt Weinheim e. V." und bildet jährlich Anfang August den Mittelpunkt der Weinheimer Kerwe. Den Rand des historischen Viertels rahmt die Ruine des **Hexenturms** (13. Jahrhundert), ein ehemaliger Doppelturm, worauf der noch in halber Höhe sichtbare Verbindungssteg hinweist. Sein Name entstand erst im 19. Jahrhundert; in den Unterlagen der Stadt gibt es keine Hinweise auf Hexenprozesse. Dem Verlauf der Judengasse folgend führt der Weg zum **Büdinger Hof** (Nr. 15/17), dem ehemaligen Zunfthaus der Gerber. Am 1582 erbauten Treppenturm ist deren Schabmesser, das Zunftzeichen, sichtbar. Im Mittelalter stand an der Stelle des Nebengebäudes vermutlich die Synagoge der 1298 erstmals erwähnten jüdischen Gemeinde Weinheims. Am Ende der Judengasse/Hauptstraße ragt ein prächtiger Barockbau empor, dessen Längsseite die Amtsgasse begrenzt. Das alte **Deutschordenshaus** (Nr. 2), ein stattlicher zweigeschossiger Bau in L-Form von 1710 beherbergt das Stadtmuseum. Über dem großen Eingangstor ist ein aufwendiges Wappenrelief des Ordenshochmeisters Pfalzgraf Franz Ludwig von Pfalz-Neuburg (1664–1732), der den Bau neu errichten ließ. Bereits 1694 war dieser – als Nachfolger seines jüngeren Bruders Ludwig Anton, ohne die Profess abzulegen, Hochmeister des Deutschen Ordens geworden, den er reorganisierte. Das Museum zeigt Funde der Vor- und Frühgeschichte, den Nächstenbacher Bronzefund (späturnenfeldzeitlicher Versteckfund), Fresken des 13./14. Jahrhunderts aus der Weinheimer Peterskirche, Ansichten Weinheims und seiner Umgebung, Möbel vom Biedermeier bis zum Historismus aus dem Weinheimer Schloss und bietet Informationen zur Stadtgeschichte. Die Amtsstraße mündet in die quer verlaufende Institutsstraße, dort stehen einige mittelalterliche Häuser, darunter das Rückgebäude des ehemaligen Ulnerschen Adelshofes (heute **Molitorsches Haus**), dessen zur Institutsstraße weisendes Fachwerk sowie dessen Dachstuhl 1344 datiert. Die Konstruktion gilt als ältestes Fachwerk zwischen Rhein, Main und Tauber. Links führt der Weg wieder zum Marktplatz. Bevor dieser erreicht ist, leitet rechts die Rote Turm Straße zum gleichnamigen **Roten Turm,** einst Teil der Stadtbefestigung des 14. Jahrhunderts und bis ins 19. Jahrhundert Gefängnis. Ein heute verlorenes rotes Ziegeldach verhalf ihm zu seinem Namen. Gegenüber steht das ehemalige **Karmeliterkloster** von 1720, seit 1802 das katholische Pfarrhaus. Zwei wappenhaltende Putti flankieren über dem Tor den Propheten Elias. Am höchsten Punkt des „forumähnlich" ansteigenden Marktplatzes er-

Das Alte Rathaus in Weinheim am Marktplatz

hebt sich schließlich die katholische Kirche **St. Laurentius**. Nach dem Abbruch der gotischen Karmeliter-Klosterkirche des 13. Jahrhunderts, die seit der Aufhebung des Ordens 1802 als katholische Pfarrkirche diente, entstand in zwei Bauabschnitten das heutige Gotteshaus: ab 1850 zunächst der Neubau des Turmes im Rundbogenstil nach Plänen des in Weinheim geborenen Baumeisters Heinrich Hübsch (1795–1836), von 1911 bis 1913 folgte der Bau der dreischiffigen Säulenbasilika (nach dem Vorbild von San Lorenzo in Rom) mit südlicher Kapellenreihe nach Plänen von Ludwig Meier (1848–1915), der die italienischen Bauformen Hübschs aufgriff. Figuren der Apostelfürsten Petrus und Paulus zieren die Vorhalle des Baus. Darüber ragt ein vergoldetes Relief des Kirchenpatrons Laurentius empor. Die barocke Ausstattung, um 1730, stammt aus der Vorgängerkirche. Dazu kommen zahlreiche Grabdenkmäler des 13. bis 18. Jahrhunderts, das früheste von der Stifterin der Klosterkirche, Hedwig von Swende, die 1293 verstarb. Das

Blumenpracht im Staudengarten des Hermannshofs

ehemalige **Schloss**, seit 1939 Rathaus und Sitz der Stadtverwaltung, beherrscht die seitlich an der Kirche vorbeiführende Obertorstraße (Nr. 4, 9). Sowohl König Ruprecht I. (1352–1410) als auch Kurfürst Ludwig III. (1378–1436) erwarben 1403 und 1423 mehrere nebeneinander liegende Anwesen, um sie als Unterkunft und für Zusammenkünfte zu nutzen. 1537 entstand an der Stelle des ersten Hofes der Nordwestflügel des Schlosses in seiner heutigen Form, in dem Ottheinrich im 16. Jahrhundert kurz Hof hielt und wohin sich später Kurfürst Johann Wilhelm begab. Dieser war 1690 seinem Vater als Kurfürst von der Pfalz gefolgt und hätte damit eigentlich von Heidelberg aus regieren müssen. Im Juli 1698 überraschte er seine Untertanen mit der Absicht, Hof und Regierung nach Weinheim zu verlegen. Heidelberg war wenige Jahre zuvor von den Franzosen bis auf die Grundmauern niedergebrannt worden, die gesamte Pfalz verwüstet und Düsseldorf als Zweitresidenz von den Stammlanden zu weit entfernt. Weinheim wurde für zwei Jahre zu seiner Interimsresidenz. Wegen der Kriegszerstörungen schloss er die Heidelberger Universität und verlegte sie für knapp zwei Jahre nach Weinheim, zusammen mit der kurfürstlichen Münzstätte und Druckerei. Hochfliegende Baupläne wurden zu Papier gebracht, zwischen Obertor und Marktplatz sollte das neue Barockschloss entstehen und eine Universität gleich dazu. Wäre sein Traum wahr geworden, wäre er sicherlich nicht zurück nach Düsseldorf gezogen, von wo aus er seine Territorien größtenteils regierte. Doch aus den Plänen wurde nichts, denn die Streitigkeiten mit dem geizigen Rat der Stadt und seinen kurpfälzischen Beamten machten „Jan Wellems" Vorhaben zunichte. 1699 gingen sämtliche „cor-

EXTRA aktiv

Zwei-Burgen-Wanderung – Weinheim

Der Weg zu den zwei Weinheimer Burgen beginnt am Bahnhof, von dort nach links in die Bahnhofstraße einbiegen. Hier startet das Wegzeichen „weißes Quadrat". Die Bergstraße sowie die Bismarckstraße überqueren und am Kreisel in die Straße „Am Schlossberg" biegen. Hier führt die erste Abzweigung rechts in den „Neuen Burgweg" mit der Richtungsangabe „Fußweg zur Burg Windeck und Wachenburg". An einer Weggabelung (dort steht eine Sitzgruppe) das Wegzeichen „weißes Quadrat" kurzfristig verlassen und dem asphaltierten Weg zur Ruine Windeck folgen. Nach der Besichtigung und Rast geht es zurück zum Wegzeichen „weißes Quadrat". An der nächsten Wegkreuzung dem Hinweis „Wachenburg" folgen. An der nächsten Weggabelung geradeaus halten, dann folgen eine Links- und eine Rechtskurve. Nach dem Überqueren eines asphaltierten Weges dem schmalen Waldpfad nach oben folgen. An der nächsten Kreuzung beim Wegzeichen „2" zum Wanderparkplatz „Wachenburg" gehen. Von der Burg bietet sich auf etwa 300 m Höhe eine schöne Aussicht auf den Pfälzerwald, zum Donnersberg und über die Rheinebene.

pora universitatis" nach Heidelberg zurück und Weinheim war wieder eine kleine Landstadt. Im 18. Jahrhundert gelangte Weinheim abermals in den Fokus der Öffentlichkeit: Die vor den vordringenden Französischen Truppen 1793 aus Oggersheim nach Weinheim geflohene Kurfürstin Elisabeth Auguste verstarb hier am 17. August 1794.

Die Obertorstraße teilt das Schlossareal in zwei Hofbereiche. Zum ältesten Baubestand um 1400 zählen Teile des Obertorturms, der durch den Umbau am Ende des 17. Jahrhunderts seinen wehrhaften Charakter verlor. Nördlich schließt sich der Renaissancebau des kurpfälzischen Schlosses von 1537 an. Es folgt der von dem badischen Staatsminister von Berckheim (1774–1849) im 19. Jahrhundert umgebaute Schlossteil mit dem 1868 errichteten neugotischen Turm, der dem Blauen Turm in Bad Wimpfen nachempfunden ist. Der südlich des Obertors gelegene barocke Schlossteil wurde 1725 durch die Familie Ulner von Dieburg errichtet. Nach

dem Aussterben der Familie 1771 kam der Bau an die Familie von Dalberg, die den Südflügel 1780 klassizistisch umbauen ließen. In den nachfolgenden Jahrzehnten wohnte manche Berühmtheit im Schloss, darunter Jane Digby (1807–1881) zusammen mit ihrem zweiten Gatten, dem Baron von Venningen. Die für ihr freizügiges Liebesleben bekannte Dame war zeitweilig Mätresse von König Ludwig I. von Bayern (1786–1868), später dann von dessen Sohn Otto I. (1815–1867), König von Griechenland. Der französische Schriftsteller Honoré de Balzac (1799–1850) soll hier seinen Roman „Louis Lambert", betört durch den Blütenduft des Parks vollendet haben. Auch Stéphanie de Beauharnais (1789–1860), verwitwete Großherzogin von Baden, hielt sich hier auf. Heute lässt es sich im Schlossrestaurant unter alten Stuckdecken „kurfürstlich" speisen. Am Schloss beginnt die Grüne Meile Weinheims, die sehenswerte Parkanlagen umfasst. Die größte ist der im Stil eines englischen Gartens angelegte

Schlosspark. Kurfürst Ottheinrich genoss hier im 16. Jahrhundert seinen „wunderbarlichen Lustgarten" mit wohlriechenden und exotischen Pflanzen, Kräutern, Orangen, Zitronen, Mandeln, Feigen und Granatäpfeln. Ein Stich des 18. Jahrhunderts präsentiert die Anlage im Stil des französischen Barockgartens mit geraden Wegen, Lauben und geschnittenen Gehölzen. Unter Christian Freiherr von Berckheim und seiner Mutter wandelte sich das Aussehen abermals. Auf sie geht der vielfältige, exotische Baumbestand zurück. Rhododendren, Eiben, Buchs, Stechpalmen und Esskastanien prägen die durch den Gartenarchitekten Freiherr von Sckell (1750–1823) zwischen 1785 und 1795 geformte Anlage zusammen mit weitläufigen Rasenflächen. Im kleinen Teil des Schlossparks (hinter dem Rathaus) ist Deutschlands älteste Zeder zu bewundern, Graf Christian bemerkte „dass schönere Zedern nicht einmal im Libanon zu finden sind". Am südwestlichen Rande des Großen Schlossparks (hinter dem Barockbau) erhebt sich der älteste Teil der Stadtbefestigung aus der Zeit um 1250 bis 1300, der **Blaue Hut**, der seinen Namen der Farbe seines ehemaligen Schieferdaches verdankt. Der nur über den Wehrgang zugängliche Turm diente in früheren Zeiten als Gefängnis mit einem 8 m tiefen Verlies. Daran grenzen Teile der Stadtmauer und des ehemaligen Zwingers an. An der Südwestecke des Großen Schlossparks wurde ab 1908 das **Mausoleum der Familie von Berckheim** im Jugendstil mit byzantinisierenden Stilzitaten errichtet. An den Park schließt Deutschlands größter **Exotenwald** (60 ha) an mit mehr als 55 m hohen Mammutbäumen und rund 140 weiteren fremdländische Baumarten. Ferner gibt es noch einen nach Themenschwerpunkten gegliederten Heilpflanzengarten.

Besucher der Stadt können eine Audio-Stadtführung „**Weinheim hören**" per Mobiltelefon anwählen, unter 06201-24924 + Standortnummer 01 bis 09 werden markante Sehenswürdigkeiten erläutert. Zudem erläutern 52 Hinweistafeln im Stadtgebiet historisch wertvolle Gebäude.

Burg Windeck

Seit rund 900 Jahren ragt die Burg Windeck oberhalb des Ortes empor. Weinheims ältestes Bauwerk und eine der ältesten Burgen entlang der Bergstraße entstand um 1100, von den Lorscher Klosteräbten zum Schutz ihrer Besitzungen in Weinheim errichtet. Nachdem das Kloster Lorsch 1232 seine Selbstständigkeit eingebüßt hatte, wurde sein Besitz zwischen dem Erzstift Mainz und der Pfalzgrafschaft aufgeteilt. Die Burg Windeck kam zunächst an die Pfalzgrafschaft und wurde schließlich 1344 nach mehreren Wechseln zwischen Pfalz und Mainz endgültig der Pfalz zugeschlagen. Auf der Burg selbst saß kein Adelsgeschlecht, sondern vom Pfalzgrafen ernannte Burgmänner. Im 30-jährigen Krieg erlitt die Anlage schwere Schäden und wurde notdürftig wiederhergerichtet. 1674 schließlich ließ sie der Oberbefehlshaber der französischen Truppen im Verlauf des Niederländisch-französischen Krieges endgültig schleifen. Die romantische Ruine diente danach als „Steinbruch" für Weinheimer Häuser. 1803 verkaufte der badische Staat die Ruine an den Grafen von Berckheim, den Sohn des Begründers des Weinheimer Exotenwaldes. Dieser – ein modischer Schwärmer für mittelalterliche Burgen – begann mit Erhaltungs- und Aufbauarbeiten, die seit 1978 die Stadt Weinheim als derzeitiger Besitzer der Burg weiterführt. Adelbert von Chamisso (1781–1838) bezog sich mit seinem „Burgfräulein von Windeck" wahrscheinlich auf

Fachwerkhäuser im Gerberviertel von Weinheim

diese Ruine und bearbeitete damit eine badische Sage, nach der im Innern des Burgberges eine große Menge Wein verblieben sei. Beim nördlichen Eingang der mit einer ovalen Ringmauer umgebenen Anlage stehen Reste des Bergfrieds. Auf der südlich gelegenen Mantelmauer verläuft ein Wehrgang. Die Gaststätte in den verbliebenen Teilen des romanischen Palas (beachtenswert der Keller mit acht romanischen Säulen) ist ein beliebtes Ausflugsziel. Ein Brunnenschacht, von einem barocken Brunnengalgen überragt, reicht 26 m tief. Von der Ruine aus hat man einen herrlichen Blick über die Rheinebene. Sie ist sowohl mit dem Auto als auch über einen Fußwanderweg von Weinheim aus erreichbar. Der Aufstieg dauert etwa

eine halbe Stunde und führt dann weiter über die Wachenburg in den Naturpark Neckartal-Odenwald.

Wachenburg

Die fast auf der Kuppe des Wachenbergs gelegene zweite Burg Weinheims wurde zwischen 1907 und 1928 erbaut und ist die jüngste Burg der Bergstraße. Zunächst wollten die Alten Herren des „Weinheimer Senioren Convents" auf der Windeck nur ein Denkmal für die im Feldzug 1870/71 gefallenen Korpsmitglieder errichten. Doch Graf von Berckheim verweigerte seine Genehmigung für das patriotische Werk und die Akademiker bauten auf dem benachbarten Berg gleich eine komplette Stauferburg mit Türmen, Zinnen, Palas und dicken

Mauern. Die Anlage dient bis heute als Korporationshaus, Gedenk- und Begegnungsstätte des Weinheimer Senioren-Convents und seiner aktiven studentischen Corps. Der Palas ist nur für Mitglieder zugänglich und wird im Rahmen von Veranstaltungen genutzt. Für die Öffentlichkeit gibt es Sondertermine für Besichtigungen, die auf der Internetseite der Burg angekündigt werden (www.wachenburg.com). Die nach umfangreichen Renovierungen 2013 wieder eröffnete Burgschänke bietet zudem Räume für Festlichkeiten an.

info

Adressen und Auskunft
Stadt- und Tourismusmarketing
Hauptstr. 47
69469 Weinheim
Tel. 06201-874450
www.weinheim-marketing.de
www.weinheim.de
offen Mo–Fr 9–12, 14–18,
Sa 10–13 Uhr

Museum und Sehenswertes
Museum der Stadt Weinheim
Amtsgasse 2
69469 Weinheim
Tel. 06201-82334
www.museum-weinheim.de
Di–Do 14–17, Sa 14–17,
So 10–17 Uhr

*Schau- und Sichtungsgarten
Hermannshof*
Babostr. 5
69469 Weinheim
Tel. 06201-13652
www.sichtungsgarten-hermannshof.
de
offen März–Okt. 10–18 Uhr,
April–Sept. 10–19 Uhr, Nov.–Feb.
10–16 Uhr, Dez. – 6. Jan. geschlossen

Das Weinheimer Altstadtfest, größtes Sommervolksfest der Bergstraße, findet jährlich am zweiten Augustwochenende statt.

Essen und Trinken
Restaurant Hutter im Schloss
Oberttorstr. 9
69469 Weinheim
Tel. 06201-99550
www.hutter-im-schloss.de
offen Do–Di, Feiertage ab 12 Uhr,
Mi Ruhetag.

*Woinemer Hausbrauerei –
Gasthaus und Brauhaus*
Friedrichstr. 23
69469 Weinheim
Tel. 06201-12001
www.woinemer-hausbrauerei.de
offen Mo–Fr 11–24, Sa 11–1:00,
So 10–23 Uhr, über 10 Sorten Biere
und saisonale Spezialitäten belegen
die hohe Braukunst, Sonderveranstaltungen und Brauereiführungen
im Internet.

Anfahrt
mit dem PKW
Ab A5 (Darmstadt-Heidelberg):
Abfahrt am Autobahnkreuz Weinheim der Ausschilderung Stadtmitte
(inkl. Parkleitsystem) folgen.

Go Green
Mit dem Zug (IC, RE, RB) von Frankfurt/Darmstadt, Heidelberg/Mannheim oder Fürth/Odenwald. Von
Mai bis Oktober fährt ein Wanderbus
(Abfahrt Bahnhofsvorplatz) im Stundentakt zu den Burgen.

Hessen

Bensheim – ein mittelalterliches Städtchen im Schnittpunkt vieler Herrscherinteressen

An der *strata montana*, wie die Römer die Bergstraße zwischen Darmstadt und Heidelberg nannten, liegt Bensheim. Geschützt durch den Odenwald herrscht hier ein besonders mildes und sonniges Klima in dem Mandeln und Feigen hervorragend gedeihen. Die Bergstraße wird deshalb oft als „Riviera Deutschlands" bezeichnet. Neben der schönen Altstadt von Bensheim mit liebevoll restaurierten Fachwerkhäusern laden das sogenannte Fürstenlager und das imposante Auerbacher Schloss zum Besuch ein.

Geschichte

Die größte Stadt des Landkreises Bergstraße hat sich aus dem erstmals 765 im Lorscher Codex benannten Dorf *Basinsheim* entwickelt. Die Gründung könnte auf einen Ritter Basinus zurückgehen, der die Rechte zur Gründung einer Siedlung bekam. Der Name veränderte sich von *Basinsheim* über *Besensheim* schließlich zu Bensheim. 956 verlieh Kaiser Otto I. (912–973) dem Ort die Marktrechte. Als Kaiser Friedrich II. (1194–1250) das Territorium der inzwischen heruntergekommenen Reichsabtei Lorsch dem Mainzer Erzbischof Siegfried III. von Eppstein (1194–1249) zu Lehen gab, wurde Bensheim 1232 kurmainzisch und erhielt bereits einige Jahrzehnte später Stadtrechte, die sich jedoch erst durch eine Bestätigungsurkunde aus dem Jahre 1320 nachweisen lassen. Die kirchlichen Landesherren errichteten starke Befestigungsanlagen. Dennoch wurden große Teile der Stadt

1301 bei einer Belagerung zerstört. 1461 verpfändete der Mainzer Erzbischof das Amt Schauenburg mit Lorsch, Heppenheim und auch Bensheim im Zuge der Mainzer Stiftsfehde (auch Badisch-Pfälzischer Krieg 1461/1462, ein kriegerischer Konflikt um den Stuhl des Mainzer Erzbischofs) an den pfälzischen Kurfürsten Friedrich I. (1425–1476), die Stadt stand in den Folgejahren unter der Herrschaft der Wittelsbacher. In der Zeit der Verpfändung an die Pfalzgrafen bei Rhein erlebte Bensheim eine Blütezeit. Die ortsansässigen Adelsfamilien errichteten prächtige Höfe, die bis heute das Stadtbild prägen. Zahlreiche Händler sorgten für einen wirtschaftlichen Aufschwung. Seit dieser Zeit sind zwei Jahrmärkte und ein Wochenmarkt nachweisbar, ein dritter Jahrmarkt kam 1619 hinzu. Doch Bensheim wurde als pfälzischer Ort 1504 in den Landshuter Erbfolgekrieg verwickelt und elf Tage lang von dem mit dem Vollzug der Reichsacht beauftragten Landgrafen von Hessen und seinen Verbündeten erfolglos belagert. 1650 wurde die Stadt nach knapp 200-jähriger Verpfändung an die Kurpfalz wieder vom Erzbistum Mainz eingelöst.

In den heutigen Stadtteilen Auerbach und Schönberg grenzte Bensheim an die Obergrafschaft der Grafen von Katzenelnbogen und an Gebiete der Schenken von Erbach. Mit dem Aussterben der Katzenelnbogener 1479 gelangte das Gebiet von Auerbach an die Landgrafschaft Hessen, den Nachbarn im Norden. Schönberg wiederum zählte

Stadtansicht von Matthäus Merian, 17. Jh.

zum Besitz der Schenken von Erbach. Die Geschichte der einzelnen Ortsteile zeigt deutlich, dass Bensheim im Spannungsfeld angrenzender Territorialgewalten lag. Mit der Einführung der Reformation in der Landgrafschaft Hessen 1526 und 1544 in der Grafschaft Erbach bekam Bensheim neben den Territorialgrenzen nun noch eine Konfessionsgrenze zu den Nachbarn. Allen positiven Entwicklungen setzte der 30-jährigen Krieg (1618–1648) ein Ende. Eine Allianz aus protestantischen Deutschen, Schweden und Franzosen nahm 1644 die Stadt ein. Wenige Wochen darauf kam es zu einer weiteren Schlacht, in deren Verlauf die Bayern ihre Gegner besiegten. Ein Brunnen der „Fraa von Bensem" (am Platz Alte Stadtmühle) in der Stadtmitte erinnert daran und verweist auf die Legende, nach der sie den Bayern einen geheimen Weg (zum Sieg) gezeigt haben soll. Durch den Reichsdeputationshauptschluss 1803 fiel Bensheim an den Landgrafen von Hessen-Darmstadt, der sich 1806 dem Rheinbund anschloss und zum Großherzog erhoben

wurde. Bensheim wurde Sitz des Landratsbezirkes Bensheim in der Provinz Starkenburg, der 1832 mit dem Landratsbezirk Heppenheim, zum Kreis Bensheim mit der Kreisstadt Bensheim zusammengelegt wurde. 1918 wurde der Großherzog abgesetzt und aus dem Großherzogtum Hessen der Volksstaat Hessen gebildet. Der Zweite Weltkrieg brachte starke Zerstörungen der Stadt mit sich, die Pfarrkirche St. Georg ging dabei unter. 1945 kam Bensheim zum neugegründeten Land Hessen und ist heute eine lebendige Kommune an der Bergstraße, Sitz vieler Schulen sowie von Handel und Gewerbe.

Stadtrundgang

Der beste Ausgangspunkt für einen Rundgang ist der **Marktplatz** mit einem **Brunnen** von 1895, den Allegorien der Gerechtigkeit, des Ackerbaus, des Handwerks und der Jahreszeiten sowie die Figur des Stadtpatrons St. Georg zieren. Schöne **Fachwerkbauten** gruppieren sich um den Platz: Haus Nr. 22 wurde 1615 als Gasthaus errichtet und besticht

Fachwerkhäuser in der Altstadt von Bensheim

durch einen doppelstöckigen Erker, Haus Nr. 21 ist ein Renaissancebau von 1600, Nr. 16 bis 18 wurden „zur Zierde des Platzes" einheitlich 1682 dazu gefügt. Treppen führen vom Marktplatz zum **Museum der Stadt Bensheim** (Nr. 13), das sich in einem Haus befindet, dessen Grundmauern auf einen Lorscher Klosterhof zurückgehen. Die Sammlungen umfassen die Vor- und Frühgeschichte, Handwerk, Landwirtschaft, Weinbau sowie die Stadtgeschichte. Daneben erhebt sich auf dem höchsten Punkt der mittelalterlichen Altstadt die katholische **Pfarrkirche St. Georg**, die nach 1945 im romanisierenden Stil anstelle der zerstörten Vorgängerkirche des 19. Jahrhunderts entstand. Über das Kapuzinergässchen vorbei am Franziskanerkloster geht es zum **Roten Turm**, der ab 1300 einen Teil der Stadtmauer bildete. Auf der anderen Seite der hier entlang führenden Nibe-

lungenstraße (vor der Anne-Frank-Halle) erinnert seit 2002 ein **Mahnmal** an die 1938 zerstörte Bensheimer Synagoge. Links führt die Obergasse zum **Walderdorffer Hof** (Nr. 18), dem ältesten, fast vollständig erhaltenen Fachwerkhaus Südhessens von 1395 mit bis ins 17. Jahrhundert ausgeführten Erweiterungen. Das Hofareal wird im Norden von einem Rest der Stadtmauer begrenzt. Am Ende der Gasse nach rechts in die Hauptstraße einbiegen. An deren Ende steht der einst außerhalb der Stadtmauer liegende **Rodensteiner Hof**, ein mächtiges Anwesen der Herren von Rodenstein, das im 19. Jahrhundert ausgebaut und mit einem Turm ergänzt wurde. Der dazugehörige, großzügige Garten dient heute als Bensheimer Stadtpark. Von der Hauptstraße zweigt die Dalberger Gasse ab: Hier liegt der **Dalberger Hof** mit einem Turm von 1587, an dem einst die nördliche und westliche Stadtmauer zusammen trafen. Heute sind hier das Bürgerhaus sowie das Parktheater ansässig. Von dort führen wenige Schritte zum **Hohenecker Hof** (Am Bürgerhaus), der 1756 durch die gleichnamigen Adligen erbaut wurde. Die Westseite besteht aus einer neogotischen Klinkerfassade (1888), älter ist dagegen die barocke Nepomukfigur am Portal. Über die Schuhgasse oder die Wambolter Hof-Passage geht es zum barocken **Wambolter Hof**, eine zweistöckige Flügelanlage von 1733. Unweit davon erhebt sich der bereits Anfang des 14. Jahrhunderts belegte **Rinnentorturm**, teil der Wehranlage. Die nahegelegene Gerbergasse führt zum **Marienhaus**, das 1597 zunächst als Gasthaus erbaut wurde und ab 1935 auf das benachbarte Hospital überging. Der Bau diente im ausgehenden Mittelalter als Armen-, Kranken- und Altenpflegestation. Daneben steht die katholische **Hospitalskirche St. Joseph**, ein unverputzter Saalbau aus rotem Sandstein aus dem 14. Jahrhundert, deren Vorgän-

ger 817 dem Kloster Lorsch gehörte. Auf dem Platz davor ragt der um 1711 erstellte und im 19. Jahrhundert veränderte **Hospitalbrunnen** auf. Von hier geht es über die Hauptstraße, vorbei am Lammertsbrunnen (1905, 1989 rekonstruiert) bis zur **Mittelbrücke** über den Winkelbach. Parallel zum Bach verliefen früher auf beiden Seiten Stadtmauern, welche die Alt- und die Neustadt voneinander abgrenzten. Die beiden Brückenheiligen Johannes von Nepomuk und Franz Xaver sind eine Stiftung eines Bensheimer Ehepaares aus dem 18. Jahrhundert. Anschließend verläuft der Weg zur ehemaligen Mainzer **Domkapitelfaktorei** (Nr. 39), ein Barockgebäude von 1732, das für den Faktor (Geschäftsmann) des Mainzer Domkapitels errichtet wurde. Das in Folge der Säkularisierung aufgegebenen Gebäude war Sitz des Kreisrates, Schule, Museum bis 1999 die Touristeninformation einzog. Die Heiligenfigur des hl. Aloisus in einer Fassadennische erinnert an die Schule, denn er ist der Schutzpatron der Schüler

EXTRA Genuss

„Hier beginnt Deutschland Italien zu werden" (Goethe über die Bergstraße)
1971 wurde die deutsche Weinkarte neu geordnet und das nur 450 Hektar große Anbaugebiet Hessische Bergstraße gegründet. Es erstreckt sich zwischen Zwingenberg und Heppenheim sowie in dem Gebiet um Groß-Umstadt. Mehr als die Hälfte der Anbaufläche nimmt der Riesling ein, von dessen Qualität die Gewächse des Weinguts Bergstraße in Bensheim überzeugen. Bereits seit 1504 beschäftigt die Stadt Bensheim einen eigenen Weinküfer. Das Weingut bietet Wanderungen durch die Weinlagen der Hessischen Bergstraße mit Probiermöglichkeiten an. Oder Sie wählen von der Stadt aus den 1,5 km langen Weinlehrpfad zum Gutsausschank Kirchberghäuschen und genießen dort ein Glas köstlichen Weins in wunderschöner Umgebung. Infos unter Weingut der Stadt Bensheim, Darmstädter Str. 6, 64625 Bensheim, Tel. 06251-580017, www.weingut-der-stadt-bensheim.de, offen Mo-Fr. 8-12, 13-16:30, Sa 10-12 Uhr.

Das Fürstenlager in Bensheim-Auerbach

und Studenten. Der **Bürgerwehrbrunnen** ziert seit 1934 auf dem gleichnamigen Platz. Das am Eck liegende, Anfang des 16. Jahrhunderts erbaute **Haus Jost** besitzt eine schön geschnitzte Eingangstür aus dem 18. Jahrhundert. Von hier fällt der Blick auf das dreigeschossige, schmale **Haus Fleck**, das schon 1504 als Fleischschranne, d. h. Verkaufsplatz der Metzger, Erwähnung fand. Damit wäre der hübsche Marktplatz, das Zentrum der Innenstadt, wieder erreicht.

Auerbacher Schloss

Bekanntester und größter Stadtteil von Bensheim ist Auerbach. Das Auerbacher Schloss entstand im 13. Jahrhundert auf dem Auerberg als Zugbrückenanlage mit einer Ringmauer und drei Wachtürmen und erlebte mehrere Umbauten. Von der ersten Burganlage existieren noch Reste eines Bergfrieds im nordöstlichen Hofbereich der Kernburg. Die Hochburg erfuhr im 14. Jahrhundert umfangreiche Neu- und Erweiterungs-

Blick in den Hof des Auerbacher Schlosses

bauten und erhielt ihre heutige Gestalt. Nach dem Tode des Grafen Philipp dem Älteren von Katzenelnbogen (1402–1479) erbte dessen Tochter die Anlage. Sie war mit dem Landgrafen Heinrich III. von Hessen (1440–1483) verheiratet. Damit fiel das riesige Erbe an Hessen. Im Jahre 1674, im Krieg gegen Ludwig XIV., zog Marschall Turenne (1611–1675) den Rhein herunter gegen die Niederlande und fiel mit seinem Heere in das Gebiet der Bergstraße ein. Vergeblich suchten die Bewohner Schutz hinter den Mauern des Auerbacher Schlosses. Eindringende Truppen zerstörten das Bauwerk. Danach war die Burganlage verwaist und zerfiel. Die zwei hohen Türme der insgesamt gut erhaltenen Ruine sind von weither sichtbar und laden aus der Ferne zu einem Besuch ein. Von oben bietet sich ein reizvoller Blick über den Odenwald und in die Rheinebene sowie zum 517 m hohen Melibokus, der höchsten Erhebung an der Bergstraße. Dessen Gipfel krönt ein Aussichtsturm. Ein gut ausgebautes Wanderwegenetz führt auf den Berg.

Staatspark Fürstenlager

Das Fürstenlager hat seinen ursprünglichen Charakter bis heute weitgehend bewahrt. Die Entstehung der Anlage beruhte zunächst auf einer 1739 entdeckten mineralischen Heilquelle. Ein höfischer Kurbetrieb konnte sich nicht auf Dauer halten. Doch die Schönheit der Natur bewog die Landgrafen von Hessen-Darmstadt sich im Wiesental von Auerbach ein Dörfchen als Sommerresidenz, das sogenannte Fürstenlager (1790–1795), zu erbauen. Die idyllische Hofgutanlage rund um ein Herrenhaus, in dem sich heute ein Hotel (im Umbau, Neueröffnung ab 2014) befindet, ist fast unverändert erhalten geblieben. Im großen Park wachsen Bäume aus allen Erdteilen, darunter mit 53 m Höhe der wohl älteste Mammutbaum Europas (ca. 150 Jahre alt). Ferner stehen hier weitere Bauten wie eine Eremitage, Grotten, das Luisendenkmal oder ein Freundschaftsaltar.

info

Adressen und Auskunft

Tourist-Information
der Stadt Bensheim
Hauptstraße 39 (Alte Faktorei)
Tel. 06251-58263-14
www.bensheim.de
www.stadtkultur-bensheim.de
offen Mo-Fr 9-18, Mi 9-13,
Sa 10-13 Uhr

Verkehrsbüro des Kur- und
Verkehrsvereins Auerbach
Darmstädter Str. 166
64625 Bensheim-Auerbach
Tel. 06251-73696
www.luftkurort-bensheim-auerbach.com
offen Fr 10-18, Sa 10-12 Uhr

Weitere Infos unter:
www.diebergstrasse.de
www.odenwald.de
www.nibelungenland.de
www.hesse-tourismus.de
www.kurpfalz-tourist.de

Museen und Sehenswertes

Museum der Stadt Bensheim
Marktplatz 13

Fon 06251-5847865
www.bensheim.de
offen Do, Fr 15-18, Sa, So 12 -18 Uhr

Bergsträßer Weinfrühling mit
„*Weintreff*" (Ende April/Anfang Mai),
Bensheimer Bürgerfest (Anfang Juni),
Bergsträßer Winzerfest (Anfang September) mit großem Feuerwerk.
Bensheim liegt an der Nibelungenstraße, einer deutschen Ferienroute durch den Odenwald zwischen der Oberrheinebene und dem Maintal.

Schloss Auerbach
Außerhalb 2
64625 Bensheim-Auerbach
Tel. 06251-72923
Infos zu den Schlossfestspielen, Ritterturnier, Auerbach in Flammen, Mittelalterliches Varieté unter www.schloss-auerbach.de, die Ruine ist jederzeit frei zugänglich.

Staatspark Fürstenlager
Verwaltung der staatlichen Schlösser und Gärten Hessens
Tel. 0651-934615
www.schloesser-hessen.de

Park täglich geöffnet, frei zugänglich, Fremdenbau:
Museum mit Dauerausstellung, Wohnräume des Erbprinzen, offen April-Okt. Sa, So, Feiertage 12-18 Uhr u. a. A., Sonderführungen im Internet, Sommerspiele im Fürstenlager: Varieté Theater pegasus, www.pegasus-bensheim.de

Essen und Trinken

Weinstube und Restaurant Walderdorffer Hof, im ältesten Fachwerkhaus Südhessens
Obergasse 30
64625 Bensheim
Tel. 06251-63050
www.knapps.de
Di-Sa 18, So, Feiertage Mittagstisch und ab 17 Uhr.

Das Kirchberghäuschen
beliebtes Ausflugs- und Wanderziel, Gutsausschank des Weingutes der Stadt Bensheim
Außerhalb 2
64625 Bensheim
Tel. 06251-3267
www.kirchberghaueschen.de
Di-So 11-17 Uhr, Mo Ruhetag, geschl. Nov., Dez., nur Sa, So 11-17 Uhr.

Schloss Auerbach
Erlebnisgastronomie
Schloss Auerbach
64625 Bensheim
Burggaststätte
Rittermahle, Tel. 06251-72923
Infos zu Veranstaltungen unter www.schloss-auerbach.de
offen Dez.-Feb. a. A., März Fr – So 12-18, April-Sept. Mi-So 11-22, Okt.-Nov. Sa-So 12-18 Uhr.

Fürstenlager/Auerbach
Alte Dorfmühle, Café, Weinwirtschaft, Odenwälder Spezialitäten in idyllischer Umgebung, alle Produkte hausgemacht mit Zutaten (möglichst) aus der Region
Bachgasse 71
Tel. 06251-788496
tel. Reservierung empfohlen
www.alte-dorfmuehle.de
offen Mi-Fr ab 18, Sa ab 17, So, Feiertag ab 12 Uhr.

Anfahrt
mit dem PKW
Bensheim: Ab A5 Darmstadt/Heidelberg (Ausfahrt Bensheim)
Schloss Auerbach: Ab A5 Heidelberg/Darmstadt (Ausfahrt Zwingenberg), Richtung Bensheim fahren, auf dem Berliner Ring die zweite Straße links Richtung Bensheim/Auerbach. An der Ampel auf die B3 fahren, nach 500 m links eine Beschilderung zum Schloss.
Ab B3 Heidelberg/Darmstadt, das Schloss liegt an der B3 zwischen Bensheim-Auerbach und Zwingenberg.
Staatspark Fürstenlager: Ab A5 (aus Darmstadt, Ausfahrt Zwingenberg, aus Heidelberg, Ausfahrt Bensheim), ab A67 (Ausfahrt Lorsch), Parkplätze entlang der Bachgasse.

Go Green
Bensheim: IC-Haltepunkt der Strecke Frankfurt/Mannheim-Heidelberg, Nahverkehranschlüsse, Regionalbahn R 63 über Lorsch nach Worms
Staatspark Fürstenlager: Mit dem Zug bis Bensheim-Auerbach, Fußweg 30 Min.

10

Erbach, seine Grafen und ihre Karriere unter den Wittelsbachern

Erbach bietet viele historisch interessante Sehenswürdigkeiten, darunter das Schloss mit den berühmten Sammlungen des Grafen Franz I. zu Erbach-Erbach (1754–1823) – ein kulturhistorisches Juwel. Bereits ab dem 13. Jahrhundert stand die Stammburg in enger Beziehung zu den Wittelsbachern, denn hier residierten die Herren von Erbach, die als Ministerialen das kurfürstliche Schenkenamt für die Pfalzgrafen bei Rhein ausübten.

Geschichte

Die Stadt Erbach ist Stammsitz der 1148 erstmals urkundlich erwähnten Herren von Erbach, deren gleichnamige Herrschaft sich im Odenwald zwischen Bergstraße und Main erstreckte. Im Anschluss an ihre in einer Niederung im Tal der Mümling errichteten Burg entstand eine Burgmannensiedlung (das „Städtel") mit bis zu 13 Burgmannenhöfen, die ab der Barockzeit gräfliche Beamten bewohnten. Der Ort wurde 1321 als Stadt bezeichnet, im Gegensatz zum „Fleck", einer Niederlassung von Handwerkern und Bauern vor dem Tor. Die seit ca. 1226 als Schenken von Erbach geführte Grafenfamilie zählte zur politischen Elite des Rhein-Main-Neckar-Raums und bewegte sich stets in unmittelbarer Nähe der wittelsbachischen Kurfürsten. Das ihnen im 13. Jahrhundert verliehene Hofamt des (Mund-)Schenken umfasste ursprünglich die Versorgung der fürstlichen Tafel mit Wein und die Verwaltung der Weinberge. Im Laufe der Zeit wurde daraus ein vererbbarer Titel, der den Schenken von Erbach eine herausgehobene Position sicherte. Zur Legitimation seines Herrschaftsanspruchs berief sich das Haus Erbach seit Beginn des 16. Jahrhunderts auf eine legendäre Abstammung von Einhard (um 770–840), dem Biografen Kaiser Karls des Großen (747–814), und erklärte ihn damit zum Ahnen der Schenken von Erbach. 1532 erfolgte die Erhebung in den Reichsgrafenstand und damit in den Hochadel. Einen Höhepunkt markierte die 1535 mit großem Aufwand gefeierte Hochzeit zwischen Georg II. von Erbach (1506–1569) mit Elisabeth von Pfalz-Simmern (1520–1564), der Schwester Kurfürst Friedrichs III. (1515–1576). Über sie unterhielten die Grafen von Erbach exzellente Verbindungen zur Universität und zu den humanistischen Kreisen Heidelbergs.

Die friedliche Stadtentwicklung Erbachs fand mit dem 30-jährigen Krieg (1618–1648) ein Ende. Pestjahre folgten, damit einher ging die Entvölkerung der Region und erst im 18. Jahrhundert setzte eine langsame Erholung ein. Die Epoche der Aufklärung prägte schließlich Franz I. von Erbach-Erbach, der die Residenz ausbauen und die Verwaltung im Territorium Erbach modernisieren ließ. Er förderte die Bautätigkeit, den Ackerbau und die Viehzucht sowie das Handwerk. So gelangte Ende des 18. Jahrhunderts von seinen Weltreisen Elfenbein zu den Bein- und Horndrehern in den Odenwald. Erbach wurde zur deutschen „Elfenbeinstadt" und zählte bald zu den bedeutendsten europäi-

Blick vom Schlosshof in Erbach auf die evangelische Kirche

Das Schloss und die Altstadt von Erbach

schen Zentren der Elfenbeinschnitzerei. Bis 1806 hatte die Grafschaft ihre eigene Gerichtsbarkeit, ihre eigenen Münzen, das Gebiet entsprach weitgehend dem heutigen Odenwaldkreis. 1806 fiel das Territorium an das Großherzogtum Hessen-Darmstadt, danach an das Land Hessen. Die Familie verwaltet seither ihre Ländereien und Bauten. Heute sind Industrie, Handel und Gewerbe vielfältig in Erbach vertreten und der Ort ein geschäftiges Zentrum für das Umland.

Rundgang Schloss und Altstadt

Die historische Residenzstadt der Grafen zu Erbach-Erbach bietet ein imposantes Barockschloss und eine sehenswerte Altstadt mit liebevoll renovierten Fachwerkhäusern sowie schönen Grünanlagen.

Schloss der Grafen zu Erbach-Erbach

Das große barocke Residenzschloss am Marktplatz entstand ab 1736 an der Stelle eines gotischen Wohnbaus, der im 15. Jahrhundert eine wehrhafte Wasserburg ersetzt hatte. Der Neubau, 75 m lang, auf rechteckigem Grundriss, diente nur noch der standesgemäßen Repräsentation. Lediglich der alte, 60 m hohe, einst freistehende Bergfried (1200) wurde in die Front der Schlosshofseite eingebunden. 1902 versah Graf Georg Albrecht IV. (1844–1915) das Schlossgebäude mit einer Barockgliederung. Der dreigeschossige Monumentalbau mit seinen 20 Fensterachsen und dem von vier Pilastern getragenem Balkon prägt bis heute das Erbacher Stadtbild. Der rechte Teil der Fassade ist etwas ungewöhnlich, da die Fensterläden im Erdgeschoss als Scheinfassade gestaltet sind. Dahinter liegen die „nach"gotischen Fensterbögen des Rittersaals. Die wertvollen Sammlungen im Schloss hat Erbgraf Franz, ab 1775 Regent, auf seinen Reisen zusammengetragen. Die Leidenschaft des aufgeklärten Grafen galt der deutschen Klassik und der Antike. Er erforschte als Erster den Limes-Verlauf im Odenwald. Aus Italien brachte er einzigartige Grabungsfunde mit und richtete hierfür im Schloss eigene Räume ein, so zwei römische Zimmer mit zum Teil originalen Büsten von Augustus, Tiberius, Cäsar, Titus und Scipio. Seine weltberühmte Büste Alexanders des Großen gibt es in diesem Typus weltweit nur noch in zwei weiteren Ausführungen. Den Rittersaal ließ Graf Franz mit einem gotischen Gewölbe ausstatten. Hier findet sich eine der größten Sammlungen spätmittelalterlicher Rüstungen. Der Ortenburger Prunksattel, der Doppelpokal (um 1450) des Mainzer Kurfürsten Dietrich Schenk von Erbach (1390–1459) aus purem Gold stehen – wie diverse antike Büsten, etwa der bereits genannte Alexander „Erbach" – auf dem Index der national wertvollen Kunstwerke. Die Gewehrkammer enthält eine der bedeutendsten Waffensammlungen des Kontinents, davon tragen zahlreiche wertvolle Verzierungen. Ansonsten hängen Vestibül, Treppenhaus und die repräsentative Hirschgalerie voller Jagdtrophäen. Die reiche Holzdecke (1685) der Galerie stammt aus der Prämonstratenserabtei Rot an der Rot und wurde 1865 eingebaut. Das Land Hessen kaufte 2005 das Erbacher Schloss und verhinderte damit, dass die umfassenden Sammlungen möglicherweise in alle Welt verstreut worden wären. Seither sind weitere vier Räume öffentlich zugänglich, die im 19. Jahrhundert von der Grafenfamilie möbliert worden waren und als Privaträume dienten. Zudem wurden Erhaltungsmaßnahmen am Schloss und seiner Ausstattung durchgeführt. So endete 2010 die Restaurierung des mittelalterlichen Schöllenbacher Altars (1515), eines der schönsten spätgotischen Werke im Mittelrhein-Gebiet, der seit 1873 in der Hu-

bertuskapelle im Erbacher Schloss steht. Das große Flügelretabel wurde von den Grafen von Erbach gestiftet und ist nach dem Dorf Schöllenbach benannt, das einst an einer, bis zur Reformation von zahlreichen Pilgern besuchten, Wallfahrtsroute durch den Odenwald lag. Die Künstler des Altars sind unbekannt. Im Mittelschrein befindet sich die Darstellung des Stammbaums Christi, die so genannte Wurzel Jesse. An den Innenseiten der Flügel sind Relief-Szenen aus dem Leben Marias zu sehen. Die Malereien auf den Flügelaußenseiten sind bis auf geringe Reste verloren. Eine Besichtigung ist nur im Rahmen einer Führung (nur in der wärmeren Jahreszeit) möglich. Nicht alle Räume sind zugänglich. Eine „App" mit dem Namen „Schloss-ERB" kann im „App Store" über die Adresse http://goo.gl/Q6ux5 kostenlos installiert werden. Damit ist es den Besitzern von iPhone, iPad und iPod touch möglich, die Gräflichen Sammlungen Schloss Erbach auch außerhalb der Öffnungszeiten zu erkunden.

Altstadt

Vom imposanten Marktplatz aus führt ein Eingang durch die Toreinfahrt des Archivbaus in den reizvollen Schlosshof. Hier liegt der Zugang zum Museum. Der Hof wird durch den **Kanzleibau** (auch Kammerbau, einst gräfliche Verwaltung) von 1540 (1893 erneuert) und den sogenannten **Alten Bau** von 1550 (1894 restauriert) begrenzt. Vor der Toreinfahrt liegt das 1545 erbaute alte **Rathaus**. Der bereits 1593 umgebaute Bau verfügt über zwei Arkaden im Erdgeschoss und einen Prangerpfeiler. Nach einem Brand wurde 1754 das Obergeschoss erneuert. Schloss und Rathaus verbindet ein Erweiterungsbau mit Renaissancegiebel und Tordurchfahrt, das sogenannte **Städteltor** von 1594. Der Weg vom

Marktplatz führt durch das Tor zur 1750 erbauten evangelischen **Stadtkirche**. 1370 entstand im „Städtel" eine Kapelle, gestiftet durch Schenk Eberhard VIII. zu Erbach († 1373). 1497 wurde Erbach zur selbständigen Kirchengemeinde und die Kapelle zur Stadtkirche. Die Einführung der Reformation fand 1544 statt. Das nun klein und baufällig gewordene Kapellchen wich unter Graf Georg Wilhelm zu Erbach-Erbach (1686–1757) einem neuen Gotteshaus, das den bedeutendsten evangelischen Kirchenbau südlich des Mains darstellt. Das Wappen des Erbauers ist am Altar, am Orgelprospekt und über dem Haupteingang, angebracht. Graf Georg Wilhelm war zweimal verheiratet. Die Wappen seiner Gemahlinnen befinden sich über den Seiteneingängen. Die Kirche verkörpert die Idealform des protestantischen Kirchenbaus: Im quergelagerten Saal sind Altar, Kanzel und Orgel auf der Ostseite zusammengefasst. Die Bänke wurden um dieses Zentrum gruppiert. Die gute Ausstattung aus der Erbauungszeit verfügt über zweigeschossige Emporen an drei Seiten. An der langen Eingangswand befindet sich zudem eine doppelgeschossige Herrschaftsloge.

Im Städtel stehen schön restaurierte Fachwerkhäuser, die Höfe der einstigen Burgmannen sowie ein Brunnen mit Wappenlöwe von 1754. Besondere Beachtung verdient Haus Nr. 15a, das sogenannte **Tempelhaus**, ein schlanker dreigeschossiger Steinbau mit Eckbuckelquadern und Steingiebeln. Eine vom Namen her zu vermutende Erbauung des Gebäudes durch den Tempelorden ist, wie bei den anderen Tempelhäusern im Odenwald, eine Legende. Der Name lässt sich frühestens im 18. Jahrhundert nachweisen. Der Bau des 14. Jahrhunderts, ein Denkmal von überregionalem Rang, ist zugleich das älteste erhaltene Wohnhaus in Erbach.

Franz I., der letzte regierende Graf aus der Linie Erbach-Erbach

Es war Teil der Stadtmauer und diente der Burgmannenfamilie Echter von Mespelbrunn als Wohnturm, später war es Großherzoglich Hessisches Amtshaus und Hospital. Von der außerhalb des Städtels verlaufenden Brückenstraße sind noch Teile der alten Stadtmauer erkennbar. Die **Habermannsburg** (Städtel 26), ein spätgotischer Bau von 1515 mit Restaurierungen von 1860, war Sitz der Burgmannenfamilie von Habern. Hinter der Nr. 32 verbirgt sich das mittelalterliche **Burgmannenhaus** (1545) der **Familie Pavey**, ein Fachwerkbau mit steinernem Sockelgeschoss, das direkt am Bering steht.

Zurück am Marktplatz erinnert ein **Denkmal** von 1874 an den Grafen Franz I. Unweit davon steht der **Marktbrunnen** mit einem Wappenlöwen von 1743. Von hier aus führt eine Brücke über den Mümling zum **Lustgarten**. Im Jahr 1570 hatte Graf Georg III. (1548–1605) die am Bach gelegene Mühlenwiese erworben und einen ersten, streng geometrisch gegliederten Lustgarten in französischem Stil geschaffen, der 1722 als Barockgarten umgestaltet wurde. 1988

EXTRA Wissen

Elfenbeinstadt Erbach

Graf Franz I. zu Erbach-Erbach war es, der in Erbach im 18. Jahrhundert die Elfenbeinschnitzerei im großen Stil einführte, die er selbst auf seiner Grand Tour kennengelernt hatte. Beinschnitzerei war damals ein Hobby der Aristokraten. Franz schnitzte selbst ganz gut und brachte diese Kunstfertigkeit seinen Landeskindern bei. Die Tätigkeit verhalf vielen Menschen zu Lohn und Brot. Auch nachfolgende Grafen widmeten sich der Beinschnitzerei, unterstützt durch ortsansässige Familien. Die Erbacher Rose, eine Blumenbrosche aus Elfenbein, wurde auf der Wiener Weltausstellung 1873 ausgezeichnet. Damit begann die Erbacher „Rosenzeit", die dem Odenwälder Handwerk große Verdienste einbrachte und Erbachs Ruf als Elfenbeinstadt festigte. Elefantenelfenbein wird seit 1989 aus Artenschutzgründen nicht mehr zum Schnitzen verwendet. Stattdessen stellte man auf fossiles Material um, großteils stammt dieses von Mammuts, deren Überreste im sibirischen Eis konservierten. Obwohl der Elfenbeinschnitzer als Beruf stark vom Aussterben bedroht ist, wird in der Berufsfachschule Erbach bis heute in Holz-Elfenbein ausgebildet. Seit 1966 besteht das Deutsche Elfenbeinmuseum, das in der internationalen Museumslandschaft eine Sonderstellung einnimmt: Es ist das einzige Spezialmuseum für Elfenbeinkunst in Europa. Einige Elfenbeinschnitzer stellten sich im 20. Jahrhundert auf andere Erwerbszweige um, etwa auf den Spitzguss von Kunststoff, und fertigten Produkte wie Souvenirs, Haushaltsartikel und Devotionalien. Sehr erfolgreich am Markt vertreten ist bis heute die Firma Koziol, die in Erbach ein Firmenmuseum betreibt.

Elfenbeinpyxis, von Graf Franz I. persönlich geschnitzt, 18. Jahrhundert, Erbach

fand eine Rekonstruktion der Anlage in sehr vereinfachter Form statt. Die an der nördlichen Seite gelegene **Orangerie** stammt aus dem späten 16. Jahrhundert, wurde 1722 mit Pilastern überformt und ist heute Geschäftshaus und Café. Früher diente der eingeschossige

Bau der Überwinterung subtropischer Pflanzen, mit denen man im Sommer den Garten zusätzlich ausschmückte. Am Markt 8, direkt neben der Brücke, liegt die ehemalige zweigeschossige **Schlossmühle** von 1723, die um 1900 zum Marstall umgebaut wurde.

Adressen und Auskunft
Touristik-Information
Marktplatz 1
64711 Erbach
Tel. 06062-6489
www.erbach.de
offen Nov–März 11–16, April–Okt 10–17, Advent Fr–So 11–20 Uhr

Museen und Sehenswertes
Gräfliche Sammlungen
Schloss Erbach
Schlosshof, Marktplatz 7
64711 Erbach
Tel. 06062-809360
www.schloss-erbach.de
offen März–Okt, Mo-Fr 11, 14, 16 Uhr Führungen, Sa, So, Feiertage, 11, 14, 15, 16 Uhr. Schöllenbacher Altar Mo–Fr 15:15, Sa, So Feiertage 15:15, 16:15 Uhr, Sonderöffnungen an den Adventswochenenden.

Deutsches Elfenbeinmuseum Erbach
Otto-Glenz-Str. 1, 64711 Erbach
Tel. 06062-919990
www.elfenbeinmuseum.de
offen März–Okt, Di–So 10–17 Uhr, Nov–Feb Di–Fr 13–17, Sa–So 11:30–17 Uhr, Mo geschlossen

Koziol Glücksfabrik
Firmenmuseum
Vom Elfenbeinschnitzer bis zur Glücksfabrik

Werner-von-Siemens-Str. 90
64711 Erbach
Tel. 06062-604325
www.koziol-gluecksfabrik.de
offen Fr–So 14–18 Uhr

Erbach liegt an der Nibelungenstraße, einer deutschen Ferienroute durch den Odenwald zwischen der Oberrheinebene und dem Maintal.

Essen und Trinken
Café Schlossmühle
zentral gelegen, hochwertige Backwaren direkt vom Konditormeister
Marktplatz 6
64711 Erbach
Tel. 06062-7422
www.cafe-schlossmuehle.de
offen Di–Sa 6–19 Uhr

Anfahrt
mit dem PKW
Ab B45 (Hanau/Heilbronn), ab B47 (Worms/Würzburg), ab B 460 (Heppenheim/Erbach)

Go Green
Mit dem Zug von Darmstadt, Frankfurt oder Hanau bzw. aus Richtung Stuttgart u. Mannheim/Heidelberg von Eberbach Anschluss nach Erbach. Vom Bahnhof zum Schloss Erbach sind es rund 300 m zu Fuß.

11

Lindenfels – eine bedeutende Adelsburg im Odenwald

Über der Altstadt Lindenfels erhebt sich auf einem Bergsporn die stolze Ruine der gleichnamigen Burg und bietet einen weiten Blick über das Weschnitztal, bis zum waldreichen Höhenzug der Tromm und bis hin zur Bergstraße. Ihre Mauern künden noch immer von der einstigen Macht und Stärke der Anlage, die Zentrum und Ausgangspunkt kurpfälzischer Politik war. Der Ort am Fuß der Burgruine ist heute der einzige heilklimatische Kurort des Odenwaldes und besitzt ein reizvolles historisches Zentrum.

Geschichte
Die mittelalterliche Burganlage ist die am frühesten erwähnte Burg im inneren Odenwald. Bereits zwischen 1077 und 1088 wird eine *Slirburc* im Lorscher Codex aufgelistet, damals war diese vermutlich nicht mehr als eine hölzerne Befestigung, die als Grenzfeste des Klosters diente. Der Ortsname Schlierbach, ein

Vorort von Lindenfels, verweist heute noch auf die frühe Bezeichnung, die Burg selbst wird seit 1123 als Lindenfels bezeichnet. Der Erbauer der jetzigen Anlage und Begründer der davon östlich unterhalb gelegenen Siedlung war nach urkundlicher Nennung 1123 Graf Berthold II. d. J. von Hohenberg (bis ca. 1130), Vogt des Klosters Lorch. Er nannte sich bereits *Comes der Lindenfels* und verstarb kinderlos. Lindenfels gelangte über den Sohn seiner Schwester an Pfalzgraf Konrad von Staufen (1134–1196), dem Halbbruder Kaiser Friedrich I. Barbarossas (um 1122–1190). Unter ihm begann zwischen 1155 und 1195 der Ausbau der romanischen Kernburg zur Festung, wie sie die Staufer zur Sicherung ihrer Herrschaft rings um ihr Kernland errichten ließen. Nach der Übernahme des Klosters Lorsch durch das Erzbistum Mainz kam es zu Streitigkeiten mit den Staufern, da das Bistum selbst nun Lehnsansprü-

Blick auf die Burgruine Lindenfels

Hoch über dem Weschnitztal erhebt sich der Ort Lindenfels

che auf Lindenfels erhob. Nach Konrad von Staufens Tod ging der Besitz durch mehrere Hände. 1277 erwarb der Wittelsbacher Pfalzgraf Ludwig II. (1229–1294) die Herrschaft und sicherte dadurch die nahezu 600-jährige Zugehörigkeit der Burg und des Ortes Lindenfels zur Kurpfalz. Seit 1368 zählte Lindenfels zu den bekannten pfälzischen Landesteilen (Kurpräzipuum), die von der Kur nie getrennt, verpfändet oder sonst veräußert werden sollten. Das wehrhafte Bollwerk diente den Pfalzgrafen als Stützpunkt im Odenwald.

Kaiser Ludwig IV. (1281–1347) verlieh dem Ort 1336 auf dem Reichstag zu Frankfurt die Stadtrechte. Damit war Lindenfels verwaltungsmäßig und wirtschaftlich zum Mittelpunkt der ganzen Gegend geworden. Es folgte die Errichtung einer Stadtmauer. Ab dem 14. Jahrhundert – die Pfalzgrafen hatten unterdessen die Kurwürde erlangt – wurde die Burg kontinuierlich zu einer gewaltigen Befestigungsanlage des Heiligen Römischen Reiches ausgebaut, die meh-

rere Jahrhunderte lang als uneinnehmbar galt. Das Bollwerk mit seiner mächtigen Außenwehr überstand lange Zeit alle Kriege. 1503/04 kam es im Landshuter Erbfolgekrieg durch Landgraf Wilhelm II. von Hessen (1469–1509) zwar zur Einnahme, jedoch nicht zur Zerstörung der Anlage. Die Belagerungen im 30-jährigen Krieg (1618–1648) verursachten an Gebäuden und Mauern Schaden. Gegen Ende des 18. Jahrhunderts verlor die Burg zunehmend an Bedeutung. Die Festung wurde von kurpfälzischen Beamten und einer kleinen Garnison bewohnt. Das Interesse der kurfürstlichen Verwaltung schwand immer mehr, zumal die Unterhaltungskosten der Anlage erheblich zu Buche schlugen. Nachdem die Bastion die stürmischen Kriegszeiten wehrhaft überstanden hatte, gebot man ihrem natürlichen Zerfall keinen Einhalt mehr. Die Mauern und Türme verfielen, ebenso die Hallen und Gewölbe. Mit behördlicher Genehmigung begann 1779 der Abbruch. Die Steine der Anlage wurden

Aussicht von der Burgruine auf den Ort

verkauft und erneut verbaut. Der Volksmund prägte aus den Namen der letzten Amtsverwalter, die das Zerstörungswerk angeordnet hatten, den treffenden Spruch: „Morlock, Mack und Ferber – Burg Lindenfels Verderber". Bei der Aufteilung der kurpfälzischen Lande 1803 fiel Lindenfels dem Landgrafen Ludwig X. von Hessen (1753–1830) und späteren Großherzog zu und kam damit zu dem neugebildeten „Großherzogtum Hessen und bei Rhein". Dem weiteren Abbruch der Burg wurde damit vorerst Einhalt geboten. Erste Erhaltungs- und Restaurierungsarbeiten erfolgten Ende des 19. Jahrhunderts. In den letzten 30 Jahren wurden kontinuierlich Sicherungs- und Erhaltungsmaßnahmen durchgeführt. Die sonst so verwunschen wirkende Burgruine erwacht bei abwechslungsreichen Veranstaltungen zu neuem Leben: Das Mittelalterliche Spektakulum, das Burg- und Trachtenfest, das Klassik-Open-Air und viele mehr erhalten durch die Ruine Lindenfels eine ganz besondere Atmosphäre.

Burganlage

Die auf der höchsten Stelle eines Bergkamms südwestlich des Ortes liegende Ruine der Burg Lindenfels verfügt immer noch über gewaltige abweisende Mauern und Reste des alten Bergfrieds. Die Burg besaß eine im Laufe der Zeit mehrfach veränderte polygonale Ringmauer. Die Mauer bestand, wie die verbliebenen Reste zeigen, aus Granitquadern, wobei Ecken, Türeinfassungen, Erker und andere Teile teilweise aus glatten Sandsteinquadern gearbeitet waren. Im Inneren der Kernburg haben sich von der Bebauung nur noch Spuren erhalten. Der stattliche runde Bergfried stand frei inmitten des Hofs. Sein Standort ist heute durch eine Aufmauerung angedeutet. Die Kernburg ist von drei Zwingern umgeben. Der innere umschließt die Ringmauer in geringem Abstand. Die zwei äußeren Zwinger verlaufen in großzügigem Abstand und sind teils in die Stadtmauer integriert. Ein Großteil der Anlage datiert ins 14. Jahrhundert. Ein Teil des äußeren Burgareals wurde als Heilpflan-

EXTRA unterwegs mit Kindern

Mittelalterliches Spektakulum

Zur Reise in die Vergangenheit lädt alle zwei Jahre im Mai (Jahre mit ungerader Jahreszahl) das mittelalterliche Spektakulum auf Burg Lindenfels ein. „Allerley Kurtzweyl" erwartet die Besucher an zwei Tagen: Bogenschießen und Axtwerfen können ausprobiert werden, danach sorgen Spielleute und Gaukler für Unterhaltung. Dazu schlagen Handwerker ihr Lager auf und an vielen Ständen werden Leckereien angeboten. Infos unter www.drachenvolk.de, www.lindenfels.de.

Drachenskulpturen säumen den Drachenpfad in Lindenfels

zengarten gestaltet. Die meisten Pflanzen des Gartens sind einheimischer Herkunft. Einige von ihnen wurden bereits vor mehr als 1.000 Jahren kultiviert. Die heutige Bepflanzung orientiert sich an den Pflanzen, die bereits in der Landgüterverordnung (812) Karls des Großen benannt sind.

Von der Burg aus führt ein Weg in die Stadt, vorbei an malerisch gelegenen Barockhäusern. Das erste Gebäude ist die **katholische Kirche St. Peter und Paul**. Nachdem die von den katholischen Christen nach der Reformation genutzte Schlosskapelle für die größer gewordene Gemeinde nicht mehr ausreichte, erbauten sie 1728 die heutige Kirche. Sie besteht aus einem rechteckigen Schiff mit einem fünfseitigen, schmaleren Chor. Hochaltar und Seitenaltäre sind ab 1736 angefertigt worden. Unterhalb der Kirche befindet sich das zwischen 1750 und

1752 errichtete **katholische Pfarrhaus**, ein stattlicher Bau der Barockzeit. Die Fassade ziert das Doppelwappen der Kurpfalz, in der Nische steht eine Marienfigur. Daneben präsentiert das **Lindenfelser Museum** in einer ehemaligen Zehntscheune (1781–1784 erbaut) volkskundliche Dinge aus der Region. Neben einem interessanten Stadt- und Burgmodell gibt es hier eine Bauernstube, ein „Fremdenzimmer" von 1890, Trachten und funktionstüchtige Werkstätten, die traditionelles Leben erläutern. Das anschließende **Rathaus** ließ ein Schultheiß in Lindenfels Mitte des 18. Jahrhunderts errichten. 1768 ging das Gebäude in den Besitz der pfälzischen Hofkammer über und diente als Amtshaus. Nach dem Übergang des Ortes an das Großherzogtum Hessen war hier der Sitz der hessischen Verwaltung sowie das Rentamt untergebracht, später die Oberförsterei. Seit 1953 ist das Anwesen im Besitz der Stadt Lindenfels und bis heute der Sitz der Stadtverwaltung. Gegenüber gelangt man durch ein Tor in den terrassenartig angelegten **Kurpark**. Von hier führt ein weiterer Fußweg entlang der Zwingermauer zur Burgruine. Neben dem Rathaus steht das im Jahre 1723 erbaute kurpfälzische Amtshaus. Ab 1875 gab es hier eine Ausbildungsstätte für Volksschulabsolventen zur Vorbereitung auf das Lehrerseminar, in den frühen 50er-Jahren des 20. Jahrhunderts dann das Bürgermeisteramt. Nach umfangreichen Renovierungsarbeiten wird heute das Gebäude für den Kur- und Touristenservice genutzt. Gegenüber befindet sich ein alter, von einem Steinlöwen bekrönter Barockbrunnen. Direkt dahinter erhebt sich die **evangelische Pfarrkirche**. Bereits im Jahre 1564 wurde unter Kurfürst Friedrich III. von der Pfalz (1515–1576) eine eigene reformierte Pfarrei gegründet und die frühere katholische Filialkirche zu einer reformierten Pfarrkirche erhoben. Eine kleine Kapelle am Standort der heutigen Kirche diente über 250 Jahre den Einwohnern von Lindenfels als Gotteshaus. Die Chronik berichtet 1806: „armseliges Kirchlein in Lindenfels. 40 Schuh lang, 27 Schuh breit. Nur der vierte Teil der Gemeindeglieder kann sich darin versammeln. Leute aus der Talzent, die die Kirche voll finden, gehen ins Wirtshaus." Nach Plänen des Darmstädter Baumeisters Georg Moller (1784–1852) wurde 1823 an der Stelle der abgebrochenen alten Kirche die heutige neu erbaut. Äußeres und Inneres der Kirche sind sehr einfach gehalten und entsprechen damit der reformierten Tradition. Gemeinsam mit der Burg und dem Bürgerturm prägt die Kirche die Silhouette von Lindenfels. Hinter der evangelischen Kirche steht der im 14. Jahrhundert erbaute **Bürgertum**, der einst die mittelalterliche Stadtbefestigung flankierte. Das 19 m hohe Bauwerk kann besichtigt (9–19 Uhr) und von oben ein Panoramablick auf die Stadt genossen werden. Der Turm gehört zum Drachenmuseum, daher sind hier einige Schautafeln mit Drachendarstellungen ausgestellt. Zwischen Bürgerturm und Drachenmuseum befindet sich ein Kunstpfad mit Drachenskulpturen, der eine Verbindung zwischen den Gebäuden darstellt. Das **Haus Baureneck** (In der Stadt 2) war bis 1874 evangelisches Pfarrhaus, danach Wohnsitz der Familie Baur/Baur de Betaz. Die Familie gründete den ersten Kindergarten vor Ort, eine Schwes-

Idealansicht der Burg

ternstation sowie ein Altenheim. Nach umfangreichen Sanierungsarbeiten öffnete hier 2010 das Drachenmuseum seine Pforten. In ihm wird alles zur Geschichte der mythischen Tiere erzählt, was gerade auch jüngeren Besuchern gefällt. Vom Drachenmuseum führt ein Weg talabwärts zum ältesten Teil der noch erhaltenen Stadtbefestigung. Dazu zählen der **Zwinger** mit den beiden **Stadtoren**, dem Inneren und dem Äußeren Fürther Tor. Am Inneren Tor ist ein Gusserker (Pechnase) zu sehen, mit dem pfälzisch-bayerischen Wappen, ferner Neidköpfe auf den Konsolsteinen und Schießscharten.

Adressen und Auskunft
Kur- und Touristikservice
Burgstr. 37–39
64678 Lindenfels
Tel. 06255-30644
www.lindenfels.de

Museen und Sehenswertes
Burg Lindenfels
Die Besichtigung ist jederzeit möglich, Führungen von März–Okt., Buchungen des Stadtrundgangs, Informationen zu Konzert- und Theateraufführungen in der Burg unter Kur- und Touristikservice.

Deutsches Drachenmuseum
In der Stadt 2
64678 Lindenfels
Tel. 06255-4071
www.deutsches-drachenmuseum.de
offen April–Okt. Sa, So, Feiertage 14–18 Uhr, gesonderte Öffnungszeiten für Gruppen nach Anmeldung

Lindenfelser Museum
Burgstr. 39
64678 Lindenfels
Tel. 06255-30644
www.lindenfels.de
offen April–Okt. So 14:30–17 Uhr

Aussichtsturm Bismarckwarte
Frei zugänglich 1,5 km von der Altstadt gelegen.

Traditionelles Burg- und Trachtenfest am 1. Augustwochenende auf der Burg.

Lindenfels liegt an der Nibelungenstraße, einer deutschen Ferienroute durch den Odenwald zwischen der Oberrheinebene und dem Maintal.

Essen und Trinken
Gasthaus am Speierling
Brunnenweg 8
64678 Lindenfels-Eulsbach
Tel. 06255-1483
www.am-speierling.de
offen Mi–Fr 17–23, Sa 16–23, So, Feiertage 12–22 Uhr. Im einfachen, aber idyllischen Gasthaus werden typisch hessische Spezialitäten und Äppelwoi aus eigener Herstellung serviert.

Anfahrt
mit dem PKW
Ab A5 (von der Abfahrt Bensheim oder Heppenheim), über die B47: Lindenfels liegt zwischen Bensheim und Michelstadt, über Heppenheim und Fürth die B460 nehmen.

Go Green
Mit der Bahn bis Bensheim Hbf, von dort verkehren Busse auf der B47 bis Lindenfels.

Faszination Fachwerk

Fachwerkhäuser bestimmen bis heute noch viele historische Ortsbilder der Region zwischen Rhein und Neckar.

Das Prinzip des Fachwerks beruht auf der Skelettbauweise, wobei das tragende Gerüst aus Holz besteht. Das Stützwerk wird aus senkrechten, waagrechten und schrägen Konstruktionselementen gebildet. Beim Holzfachwerk werden die dazwischen liegenden Gefache mit Lehmgeflecht, mit beworfenen Stecken oder mit Bruch- und Ziegelsteinen gefüllt. Der Rahmen besteht aus waagrechten Trägern, Schwellen (unten) und Rähm (oben), sowie senkrechten Stützen – je nach Größe als Ständer, Stiele oder Pfosten bezeichnet. Zur Stabilisierung dieses Rahmens werden schräg verlaufende Streben oder Bänder eingesetzt.

Bauformen: Grundsätzlich lassen sich zwei Arten der Verzimmerung unterscheiden: der ältere mittelalterliche Ständerbau (auch Geschossbau oder Säulenbau genannt, z. B. an der Rückseite des Salzhauses in Mosbach), bei dem die Wandständer von der Schwelle bis zum Traufrähm durchgehen, und der jüngere ab etwa 1600 gebräuchliche Rähmbau (auch Stockwerksbau genannt), bei dem jedes Stockwerk als in sich geschlossenes Modul hergestellt und diese Module übereinander gestapelt werden. Der Begriff Stockwerk leitet sich unmittelbar aus dieser Architektur her. Im Spätmittelalter zeigen sich häufig Überstände der oberen Stockwerke, die durch spezielle Eckstützen, sogenannte Knaggen, verstärkt wurden. Möglicherweise sollte dadurch der

Fachwerk am Palm'schen Haus in Mosbach

Wohn- und Nutzraum in den oberen Etagen erweitert werden, da die Grundflächen - und damit das Erdgeschoss - in den Stadtzentren eher klein bemessen waren.

Konstruktionsformen: Bis zum Beginn des 16. Jahrhunderts war im deutschen Südwesten verblattetes Fachwerk die Regel. Von Verblattung spricht man, wenn Streben und Ständer jeweils so tief eingeschnitten sind, dass sie an der Fassade auf der gleichen Ebene übereinander zu liegen kommen. Diese statisch offene und sich teils als instabil erweisende Konstruktionsart wird auch als „alemannisch" bezeichnet (z. B. das Palmsche Haus in Mosbach). Demgegenüber bezeichnet man die jüngere Konstruktionsart traditionell als „fränkisches Fachwerk". Die dort angewandte Technik der Verzapfung schuf ein insgesamt elastischeres Holzskelett. An der Schnittfläche eines der zu verbindenden Hölzer wurde ein Zapfen herausgeschnitzt, der dann wie ein Keil in den Schlitz des anderen Holzes kam.

Schmuckformen: Mit der Zeit entwickelte sich das sichtbare Traggerüst zu einer Fläche für Schmuckformen und dekorative Elemente. Eigene Reliefs, Muster und Inschriften kennzeichnen das Fachwerk je nach Region. Das sogenannte fränkische Fachwerk ist für die Bauten an Rhein und Neckar charakteristisch. Typischer Schmuck der Felder ist dabei etwa das geschweifte Andreaskreuz, auch als Feuerbock bekannt. Rosetten, Rauten, Schnitzwerk an Pfosten und Ständern sowie Putzintarsien sind Teil dieses reichhaltigen Formenrepertoires, das um 1600 seinen Höhepunkt erreicht hatte.

Unter dem Motto „Fachwerk verbindet" haben sich inzwischen fast 100 Fachwerkstädte zusammengeschlossen, um sich gemeinsam zu präsentieren. Die Deutsche Fachwerkstraße verbindet aber nicht nur einmalige Landschaften, geschichtsträchtige Schauplätze und liebevoll restaurierte Denkmale, sondern vor allem auch die Menschen, die darin leben und arbeiten. Infos unter www.deutsche-fachwerkstrasse.de

Das älteste Fachwerkhaus von Bensheim, der Walderdorffer Hof von 1395

Rheinland-Pfalz

12

Alzey –
Residenz der Pfalzgrafen bei Rhein

Eingebettet in das „Land der 1.000 Hügel" liegt Rheinhessens heimliche Hauptstadt Alzey. Die kleine, sorgfältig restaurierte Innenstadt präsentiert sich als Idyll aus schmalen Gässchen, blumengeschmückten Plätzen und prachtvollen Fachwerkhäusern. Das imposante Schloss diente den wittelsbachischen Pfalzgrafen und Kurfürsten jahrhundertelang als Nebenresidenz und war ein beliebter Aufenthaltsort.

Burg- und Stadtgeschichte

Alzeys Geschichte reicht lange zurück. Entlang der 400 v. Chr. errichteten keltischen Siedlung *Altiaia* entstand an der Kreuzung der Straßen Worms-Bingen sowie Mainz-Metz der römische *vicus Altianiensis*. Nach der Zerstörung durch die Alamannen errichtete Kaiser Valentinian (321–375) um 365 ein befestigtes Kastell, das zu dem 437 durch die Hunnen zerstörten Burgunderreich König Gunthers (Nibelungenlied) zählte. Um den im 6. Jahrhundert am heutigen Obermarkt erbauten, königlich-fränkischen Salhof bildete sich die nächste Siedlung, auf die der heutige Ort zurückgeführt werden kann. Die Burg in Alzey entstand, nachdem die Staufer in den Besitz des Reichsgutes in Alzey gekommen waren, also frühestens nach dem Jahr 1125. Der Staufer Herzog Friedrich II. (1105–1147) wurde zur bestimmenden Kraft in dem alten Krongut, das aus dem – vielleicht zu dieser Zeit schon befestigten – pfalzgräflichen Hof und einem umfangreichen Güterkomplex bestand. Zur ersten Bauphase der Burg gibt es keine Befunde oder archäologische Quellen. Wahrscheinlich ließ erst Friedrichs Sohn, Pfalzgraf Konrad (1134–

1195), eine erste Burg errichten. Nach Konrads Tod gelangte der sicherlich bescheidene Bau im Zuge der Heirat seiner Tochter Agnes mit Heinrich dem Langen zunächst an die Welfen und schließlich 1214, nachdem Welfen an dem fern liegenden Besitz kein Interesse hatten, in den Besitz des wittelsbachischen Pfalzgrafen Ludwig I. (1173–1231). Unter den Wittelsbachern ging der Bau einer Burg oder Ausbau einer bestehenden Anlage weiter. 1278 wird erstmals ein *castrum* erwähnt, spätestens jetzt muss es einen größeren Bau gegeben haben. Die Burg gelangte als erbliches Lehen in die Hände von Truchsessen, die als Lehnsmänner des Pfalzgrafen eingesetzt waren. Diese nutzten ihre Position äußerst selbstbewusst, betrachteten die Lehnsburg immer mehr als ihren Eigenbesitz und versuchten, sich einen eigenen Herrschaftsbereich zwischen Rhein und Donnersberg aufzubauen. Pfalzgraf Ludwig II. (1229–1294) ging zielstrebig daran, die allzu stolz agierenden Herren mit rechtmäßigen Mitteln aus ihrem Machtzentrum zu verdrängen. Diese Bemühungen gipfelten 1277 in der Verleihung der Stadtrechte durch König Rudolf von Habsburg (1218–1291). Die Stadt war keine freie Reichsstadt, dem Pfalzgrafen blieben seine Hoheitsrechte vorbehalten. 1305 kauften Pfalzgraf Rudolf I. (1274–1319) und sein Bruder die letzten Lehensansprüche der noch verbliebenen Truchsesse auf.

Um die Mitte des 14. Jahrhunderts brach eine Blütezeit an: Durch Alzeyer

Teile der mittelalterlichen Stadtbefestigung in Alzey

Der Pferdebrunnen am Rossmarkt von Alzey

Gebiet verliefen bedeutende Reise- und Handelswege, auf den pfalzgräflichen Ländereien wurden viele landwirtschaftliche Produkte erwirtschaftet und Zehntabgaben sowie Pachten stapelten sich in den Speichern der Stadt. Die häufige Anwesenheit der Pfalzgrafen und der damit verbundene Ausbau der Burg zu einem Schloss belegen, dass Alzey zum Herrschaftsmittelpunkt für die verstreut liegenden Besitzungen im linksrheinischen Gebiet wurde. Die Herrscher besaßen in Alzey neben dem Schloss einen pfalzgräflichen Hof auf dem Gelände des heutigen Obermarktes. Hielten sich frühere Pfalzgrafen eher unregelmäßig in der Stadt auf, so änderte sich das unter Pfalzgraf Ruprecht

II. (1325–1398), auch Herzog von Alzey genannt (*dux in Altzeya*), unter dessen Regierung der Ort fast schon den Rang einer Hauptresidenz erreichte. Sein Sohn Ruprecht III. (1352–1410), der 1400 als Ruprecht I. den deutschen Königsthron bestieg, besuchte die Stadt häufig. Kurfürst Friedrich I. (1425–1476) bestimmte den Ort 1460 zur Oberamtsstadt und der schlossartige Ausbau der Burg setzte ein: Aus dieser Epoche stammen die Schlossscheune (Kästrich 10, 1468), ein steinerner Wehrgang, die westliche Vorburg mit unterem Schlosstor und der Schlosskeller sowie das kreisrunde Geschützbollwerk an der südwestlichen Ecke (1476). Zwischen 1460 und 1470 wurde die Burg um eine tonnengewölbte Durchfahrt mit runden Flankierungstürmen und um eine Brücke über den Stadtgraben ergänzt. Sein Nachfolger Pfalzgraf Philipp (1448–1508) ließ am nördlichen Saal weiterbauen sowie die Wendeltreppe zwischen Nordflügel und Torturm errichten. Es kamen ferner der östliche Wehrgang und die gequaderte Schutzmauer vor der Ringmauer hinzu. An der Westseite des Berings entstand damals jene Kapelle, von der heute nur noch zwei Gewölbeansätze und ein Säulenfuß erhalten sind. Philipps Sohn, Kurfürst Ludwig V. (1478–1544), ließ die Kriegszerstörungen des Jahres 1504 (Landshuter Erbfolgekrieg) beseitigen, die Verteidigungsanlagen verstärken und den Sitz des Oberamtes ausbauen. Das Schloss wurde zu einem repräsentativen Gebäude umgewandelt, in Quellen als „Neuwenschloss" bezeichnet. Der Nordflügel erhielt eine Erweiterung nach Osten und zwei Erker. 1538 waren das Vorwerk und die oberen Geschosse des Torturms erfolgreich umgebaut. Die Residenz war auch für Friedrich II. (1482–1556) bedeutend: Der südliche Renaissance-Wohnbau (1546 oder 1549), der

repräsentative Treppenturm im Nordflügel (1549) und ein Schlossweiher wurden vollendet. Als in Heidelberg die Pest ausbrach, lebte der Hof eine Zeit lang in Alzey. Erst nachdem die Linie Pfalz-Simmern die Heidelberger Kurwürde (1559) erlangt hatte, sank die Bedeutung der Residenz. Weder Kurfürst Friedrich III. (1515–1576) oder Johann Casimir (1543–1583) haben hier ihre Spuren hinterlassen. Kurfürst Friedrich IV. (1574–1610) und sein Hof zogen von April bis August 1601 aufgrund umfangreicher Arbeiten am Schloss in Heidelberg erneut nach Alzey. Seinem Nachfolger, Kurfürst Friedrich V. (1596–1632) maß Alzey keine große Bedeutung bei. Erst als Friedrich V. 1619 mit seinem „böhmischen Abenteuer" einen Krieg heraufbeschwor, erinnerte man sich an die alte Residenz und prüfte sie auf ihre Wehrtauglichkeit. Doch eine Bestandsaufnahme der Wehrgebäude brachte den völlig veralteten Zustand der Verteidigungsanlagen zum Vorschein. Der Niedergang durch den 30-jährigen Krieg (1618–1648), verbunden mit Pest und Hungersnöten, setzte ein. Spätere Kurfürsten machten immer nur kurz in Alzey Halt. Kurfürst Carl II. (1651–1685) verpachtete schließlich 1683 die Schlossanlage. Die Zerstörung des Schlosses im Oktober 1689 durch die Franzosen besiegelte endgültig das Schicksal der einstigen pfalzgräflichen Residenz. Stadt und Schloss wurden fast vollständig vernichtet. Zu Beginn des 20. Jahrhunderts entstand die Burgruine in historistischem Glanz wieder neu. Seitdem wird sie als Amtsgericht genutzt und beherbergt ein Internat.

Bis zur Französischen Revolution war Alzey pfälzische Oberamtsstadt, nach 1835 hessische Kreisstadt. 1870 brachte der Bau der Eisenbahn neuen wirtschaftlichen Aufschwung. Heute präsentiert sich die rheinland-pfälzische

Stadt als modernes Handels- und Einkaufzentrum für die Umgebung.

Stadtrundgang

Das historische Zentrum Alzeys kann bequem zu Fuß erschlossen werden. Die Hauptsehenswürdigkeiten konzentrieren sich zwischen dem Fischmarkt mit dem Alten Rathaus, dem malerischen Rossmarkt und dem Obermarkt. Als Ausgangspunkt für einen Rundgang (Faltblatt in der Touristeninformation) bietet sich der Parkplatz „Zentrum", Ostdeutsche Straße, an. Gegenüber befindet sich ein Teilstück der restaurierten **Stadtmauer** (13. Jahrhundert) mit dem Taubenturm. Vor der Stadtmauer erinnert ein Denkmal an den Alzeyer **Rebenzüchter Georg Scheu** (1879–1949), aus dessen Züchtungen bedeutende Rebsorten wie die nach ihm benannte Scheurebe, aber auch die Huxel- oder Siegerrebe hervorgingen. Am Wall, der nach kurzer Zeit erreicht ist, liegt die 1728/29 erbaute „**Kleine Kirche**". Der einfache barocke Saalbau, ausgestattet mit einer Orgel der Orgelbauerfamilie Stumm von 1737 (vgl. Flörsheim-Dalsheim), diente den Lutheranern als Gotteshaus. Am Ende der Amtsgasse verläuft die Schlossgasse. Das heutige „Hotel am Schloss" wurde Ende des 17. Jahrhunderts als **kurpfälzisches Kellereigebäude** und Zugang zum Schlossbezirk errichtet. Von hier führte eine Zugbrücke über einen Graben zum **Schloss**, einst Nebenresidenz und Sitz der Oberamtsverwaltung (ausführliche Beschreibung unter Geschichte der Stadt). Besonders malerisch präsentiert sich die Schlossgasse an der Ecke zur Amtsgasse. An der Straßenecke steht das älteste Fachwerkhaus der Stadt (1579, Erweiterungen aus dem 18. Jahrhundert). In der Schlossgasse Nr. 11 steht das **Burggrafiat**, ein schlichter, barocker Drei-Flügel-Bau von 1700, der als Sitz des kurpfälzi-

schen Oberamtes Alzey diente, nachdem das Schloss ab 1683 an mehrere Herren verpachtet wurde. Gegenüber öffnet sich ein kleiner Platz vor einem um 1850 in klassizistischen Formen errichteten Gutshof, der heute als **Weingut der Stadt Alzey** dient. Am Ende der Schlossgasse liegt der **Rossmarkt**, bis heute der pulsierende Mittelpunkt Alzeys. Vor den prächtigen Häusern des 17. und frühen 18. Jahrhunderts mit reichem Schmuckfachwerk erhebt sich seit 1985 der liebenswerte Rossmarktbrunnen des Neustadter Künstlers Gernot Rumpf (* 1941) und erinnert an den einst hier abgehaltenen Pferdemarkt. Am nahegelegenen **Fischmarkt** wohnten früher Handwerker und Händler, auch boten hier die Rheinfischer ihre Waren an. Das **Alte Rathaus** im Renaissancestil von 1586 mit seinem polygonalen Treppenturm beherrscht bis heute den Platz. Zu jeder vollen Stunde ertönen 23 Glocken zum Glockenspiel und im Turm erscheint der Spielmann Volker von Alzey aus der Nibelungensage. Neben seiner Tür befindet sich die 54 cm lange Elle, an der die Tuchhändler früher Maß nehmen mussten. In westlicher bzw. östlicher Richtung wird der Fischmarkt von zwei repräsentativen Fachwerkhäusern des 17. und 18. Jahrhunderts eingerahmt, darunter das „**Deutsche Haus**" (1699). Hier steht unter dem Fachwerkerker der 1902 errichtete „**Volker Brunnen**". Der in der Mitte des Platzes gelegene, erst im Jahr 1986 bei der Umgestaltung wiederentdeckte und neu aufgemauerte **Fischmarktbrunnen** wird heute durch eine von dem Mainzer Künstler Karlheinz Oswald (* 1958) geschaffene Brunnenfigur, einer ausdrucksstarken Undine, geziert. Nur wenige Schritte führen von hier zum **Obermarkt**, dem ehemaligen Marktplatz für Vieh-, Frucht- und Jahrmärkte. Der Platz war im Mittelalter Teil

Das im 19. Jahrhundert neu errichtete Schloss von Alzey

eines fränkischen, später des pfalzgräflichen Hofes. An der Südseite begrenzt die spätmittelalterliche **Nikolaikirche** das Areal. Die heutige evangelische Pfarrkirche entstand wahrscheinlich aus der Kapelle des königlichen Salhofes und wurde 1449 mit der Vollendung des Kirchturms fertiggestellt, der – von überall sichtbar – als Wahrzeichen Alzeys gilt. Aufgrund der schweren Zerstörungen im Pfälzischen Erbfolgekrieg 1689, aber auch im Zweiten Weltkrieg bietet die dreischiffige Halle einen gewaltigen, allerdings auch aufgrund der verlorenen Ausstattung etwas nüchternen Eindruck. Einige der Grabplatten stammen aus dem im 16. Jahrhundert aufgelösten Zisterzienserinnenkloster Weida, unweit von Alzey in Dautenheim gelegen. Höchst qualitätsvoll ist die um 1430 entstandene Grablegungsgruppe aus Sandstein, eine der frühesten monumentalen Darstellungen dieser Art. Die elegante Architektur des durchfensterten Chores wird von einem großen vertikalen Zug bestimmt. Er wurde 1476 begonnen und gehört in den Umkreis des Bildhauers Madern Gertheners (1360–1430), einem der wichtigsten Künstler der Spätgotik am Mittelrhein. Vermutlich war der aus Alzey stammende, spätgotische Baumeister Nikolaus Eseler (1410–1483) federführend am Bau beteiligt. Vom Obermarkt geht es weiter durch die Augustinerstraße zum „**Atzel**", einer Straße, die in ein Viertel mit typischer kleinbürgerlicher Altstadtbebauung des 18. und 19. Jahrhunderts führt. Auch in der nach der Durchquerung des Viertels erreichten Spießgasse, deren Name möglicherweise von einer den Obermarkt begrenzenden Palisade herrührt, stehen viele bau- und kunstgeschichtlich wertvolle Häuser. Die Spießgasse führt erneut zum Rossmarkt, der in die Antoniterstraße abzweigt. An Haus Nr. 17 erinnert der gotische Torbogen des **Antoniter-**

klosters an die einst blühende mittelalterliche Klosterkultur Alzeys. Innerhalb der Stadtmauer lagen im Mittelalter neben dem Antoniterkloster auch ein Augustiner- und Franziskanerkloster, vor den Toren des Ortes gab es vier weitere Klöster. Das heutige **Museum der Stadt Alzey** (Antoniterstraße 41) wurde im 16. Jahrhundert als Hospitalgebäude errichtet. Aus der Bauzeit stammen noch der seitlich vorgelagerte Treppenturm und die Fenstergewände. Nach Zerstörung im Pfälzer Erbfolgekrieg 1689 wurde das Hospital 1747/48 in barocker Manier mit einem geräumigen Mansarddach wiederaufgebaut. Die Abteilungen des Museums umfassen die Stadtgeschichte, Volkskunde, Vor- und Frühgeschichte und Geologie-Paläontologie. Die römische Geschichte wird ergänzt durch Jupitersäulen und Altäre in der Steinhalle. Vom Museum aus ist der Ausgangspunkt des kleinen Rundgangs rasch wieder erreicht.

info

Adressen und Auskunft
Tourist-Information Alzeyer Land, Antoniterstr. 41, 55232 Alzey, Tel. 06731-499364, www.alzeyer-land.de

Museum
Museum der Stadt Alzey,
Antoniterstr. 41, 55232 Alzey, Tel. 06731-498896, www.museum-alzey.de, offen Di–So 10–12, 14–16:30 Uhr, Mo geschlossen, Eintritt frei

Essen und Trinken
Rund um den Rossmarkt gibt es viele kleine Lokale und Cafés.

Hotel am Schloss,
Restaurant und Weinstrube, Amtsgasse 39, 55232 Alzey, Tel. 06731-94224, www.hotelamschloss-alzey.de, offen Di–So 11:30–14, 18–22 Uhr, Mo Ruhetag

Anfahrt
mit dem PKW
Alzey liegt am Kreuz der Autobahnen A63 (Mainz /Kaiserslautern) und A61 (Koblenz/Worms)

Go Green
Es bestehen Direktverbindungen nach Mainz (35 Minuten mit Regionalexpress), nach Bingen und Worms, nach Kirchheimbolanden, weitere Haltepunkte: Alzey Süd (nach Worms), Alzey West (nach Kirchheimbolanden), nächster IC/ICE-Halt (regelmäßige Bedienung) Mainz

Armsheim – auf den Spuren der Wittelsbacherlinie Pfalz-Zweibrücken

Das im Herzen des rheinhessischen Hügellands gelegene Armsheim blickt auf eine lange und wechselvolle Vergangenheit zurück. Noch heute verbreitet die mächtige gotische Kirche mittelalterliches Flair, während schöne Häuser aus verschiedenen Epochen den historischen Ortskern der liebenswerten Weinbaugemeinde prägen.

Geschichte

Die Hoheit über das 775 erstmals erwähnte Armsheim übte zunächst das Erzstift Mainz aus. Der Erzbischof übertrug das Recht im Dorf und der Vogtei an Adlige, ab 1354 an die Grafen von Veldenz, die Herrscher über die Grafschaft Veldenz. Im 14. Jahrhundert erhielt der Ort die Stadtrechte. Der ohne männliche Nachkommen gebliebene Graf Friedrich III. von Veldenz (1360–1444) vererbte dem Wittelsbacher Ludwig I. von Pfalz-Zweibrücken, genannt der Schwarze (1424–1489), die Grafschaft Veldenz samt Armsheim. Ludwigs Eltern waren Friedrichs III. Tochter Anna (1390–1439) und Pfalzgraf Stefan von Pfalz-Simmern-Zweibrücken (1385–1459), ein Sohn des deutschen Königs Ruprecht I. von der Pfalz (1352–1410) aus dem Hause Wittelsbach. Unter den Herzögen von Pfalz-Zweibrücken, der dynastisch erfolgreichsten wittelsbachischen Linie, die bis 1918 in München regierte, wurde Armsheim als Stützpunkt mit Wasserburg und umfangreicher Ortsbefestigung ausgebaut.

Die vorhandenen Spannungen um die Vorherrschaft im Oberrheinraum entluden sich im 15. Jahrhundert in vielen heftigen Fehden, an denen sich auch Ludwig I. beteiligte. Es gelang ihm nicht, die territoriale Ausdehnung seines Herrschaftsgebiets zu sichern, im Gegenteil: Er verlor weite Teile davon. Nach einem Streit zwischen ihm und seinem Vetter, dem Kurfürsten und Pfalzgrafen Friedrich I. (1425–1476), fiel Armsheim als Pfand an den Letztgenannten. Die Auseinandersetzung flammte 1470 erneut auf und nach kurzer Zeit ließ der Kurfürst alle Befestigungen und Tore der Stadt niederreißen und bemächtigte sich des Ortes. Dies war insofern beachtlich, als Armsheim unter Ludwig I. als eine der am besten befestigten Städte im Nahegau galt. 1471 folgten der Friedensschluss und der Übergang an die Kurpfalz. Das Jahr 1504 markierte schließlich den Niedergang, denn im Landshuter Erbfolgekrieg wurde Armsheim fast völlig niedergebrannt, entfestigt und sank zum Dorf herab, das bis zum Untergang der Kurpfalz Ende des 18. Jahrhunderts zum Oberamt Alzey gehörte. Der 30-jährige Krieg (1618–1648) entvölkerte viele rheinhessische Dörfer, darunter auch Armsheim. Von 1792 bis 1814 war der Ort französisch und gehörte zum Departement Mont Tonnere (Donnersberg). Mit dem Wiener Kongress 1814/15 wurde die gesamte Region dem Großherzogtum Hessen(-Darmstadt) als Provinz Hessen bei Rhein (daher der Name Rheinhessen) zugeschlagen. Die heutige Gemeinde besteht seit 1969 aus den Orts-

Blick auf die Wallfahrtskirche in Armsheim

teilen Armsheim und Schimsheim und liegt in Rheinland-Pfalz.

Ehemalige Wallfahrtskirche zum Heiligen Blut – Wahrzeichen des Ortes
Als bedeutendste Sehenswürdigkeit des Ortes gilt die ehemalige Wallfahrtskirche zum Heiligen Blut (heute evangelische Pfarrkirche), eine der schöns-

ten Dorfkirchen Rheinhessens. Die Blutreliquie der Kirche war Ziel einer überregionalen Wallfahrt und 1431 Anlass zur Errichtung des Baus, der zu den bedeutenden gotischen Bauwerken am Mittelrhein zählt. In diesem Gotteshaus spiegelt sich nicht nur die Größe Armsheims als Wallfahrtsort, es handelt sich hierbei zugleich um das älteste bauliche Zeugnis der Wittelsbacherlinie Pfalz-Zweibrücken. Die Kirche wurde unter Pfarrer Konrad Odenkemmer sowie dem Mainzer Erzbischof Konrad (1380–1434) geplant und errichtet. Unterstützung leisteten dabei Graf Friedrich III. von Veldenz sowie sein Schwiegersohn, Pfalzgraf Stefan.

Zuerst wurde der 14 m hohe und aufwendige Chor der Kirche erbaut, quasi als Schrein zur Aufbewahrung der verehrten Heilig-Blut-Reliquie. Zwischen 1450 bis 1460 kam das dreischiffige Langhaus hinzu, dessen Seitenschiffe fast die Höhe des Mittelschiffs besitzen. Ab 1471 entstand der 72 m hohe Turm. Die Grafen von Veldenz und ihre Erben hatten im 15. Jahrhundert die Stadtbefestigung verstärkt und den Kirchturm gleich in das Mauersystem einbezogen, zumal er nahe an der Stadtmauer stand. Der zu Beginn des 16. Jahrhunderts fertiggestellte Gebäudeteil ist dreifach gegliedert: Auf den wuchtigen, quadratischen Unterbau mit Bogenfries und einem begehbaren Umgang folgt ein achteckiger, durch schlanke Fenster gegliederter Aufbau. Vielfältige Wasserspeier, Fialen, aber auch das feine Maßwerk der Galeriebrüstung zeichnen diesen Turmbereich aus. Im mittleren Geschoss lagen vermutlich Archiv und Schatzkammer der Stadt. Der spitz zulaufende, elegante Turmabschluss ragt weithin sichtbar empor. Verschiedene Baumeister werden mit dem Gotteshaus in Verbindung gebracht, ohne dass deren Einbindung eindeutig belegt werden kann. Aufgrund baulicher Parallelen mit dem Turm der Heiliggeistkirche in Heidelberg könnte dessen Baumeister Nikolaus Eseler (1410–1483) auch in Armsheim tätig gewesen sein. Der über das kurze und niedrige Langhaus aufragende Chor zeigt Verwandtschaft zu den Bauten Madern Gertheners (1360–

Bauinschrift oberhalb des Hauptportals von 1431

1430), „der Stadt Franckenfurd Werkmeister" (St. Leonhard in Frankfurt, der Westchor der Katharinenkirche in Oppenheim). Eine Bauinschrift oberhalb des südlich gelegenen Hauptportals berichtet von der Grundsteinlegung 1431 am „Vorabend von Christi Himmelfahrt". Das darüber befindliche Relief, das einen Engel mit Kelch und ein Korporale (Leinentuch, auf das der Kelch gestellt wird) zeigt, verweisen auf die Widmung der Kirche als eine des heiligen Blutes Christi. Seitlich der Vorhalle befindet sich seit dem Abbruch der alten Rathausfassade im 19. Jahrhundert die eiserne Elle, das Normalmaß. Ihre Länge ist eine Kurpfälzer „Elle", nach heutigem Maß 55,5 cm. Eine Elle entsprach zwei „Schuh" oder „Fuß". Wer sich betrogen glaubte (beim Kauf), konnte sich hier vergewissern, ob die Maße

Der Kellerbrunnen von 1618

hier aufbewahrte Heilig-Blut-Reliquie verweisen erneut Engel mit Kelch und Korporale im Schlussstein. Kräftige Rundpfeiler tragen das im 15. Jahrhundert reich bemalte Kreuzrippengewölbe des hallenartigen Kirchenschiffs. Im Jahre 1556 brachte die Reformation die Zerstörung der gotischen Inneneinrichtung der Kirche und das Ende der Wallfahrt. Neben dem Kanzelfuß (um 1500) mit Evangelistensymbolen und den die *Arma Christi* tragenden Engeln (Chor) überdauerten nur das Wappen der Familie von Hohenburg im Chor und einige Grabplatten diese Zeit. Darunter hervorzuheben sind die Platte Konrads von Odenkemmer (Chor), der während der Erbauung Inhaber der Pfarrstelle war, sowie die in Zweitverwendung im Langhaus aufgestellten Platten des Sybold von Löwenstein (+ 1433), dem Vertreter des Grafen von Veldenz, und seiner Gemahlin Margarete von Heppenheim (+ 1451). Die übrige Innenausstattung entstammt dem 16. bis 21. Jahrhundert. Besonders erwähnenswert ist die barocke Orgel des virtuosen Orgelbauers Johann Michael Stumm (1683–1747) aus dem Hunsrück von 1739 (vgl. Flörsheim-Dalsheim). Das noch im Original erhaltene Instrument von charakteristischer Klangfarbe steht im Mittelpunkt des jährlichen Armsheimer Orgelsommers (vier Sonntage im Juni/Juli). Im Zuge von Renovierungsarbeiten gestaltete der Frankfurter Glaskünstler Otto Linnemann (1876–1961) 1914 einige zerstörte Fenster mit heilsgeschichtlichen Szenen neu. 2006–2008 kamen weitere Fenster des Künstlers Hans Gottfried von Stockhausen (1920–2010) hinzu, darunter das figürlich gestaltete der „Seligpreisungen".

Der alte Ortskern

Im alten Ortskern von Armsheim hat sich überwiegend historische Bausubstanz ab dem 18. Jahrhundert erhalten.

stimmten. An der Kirche sind Mauerreste der Friedhofsbefestigung – überwiegend Spolien der Spätgotik ausgestellt.

Im Inneren dominiert der von sechs Fenstern erhellte gotische Ostchor mit seinem schönen Sterngewölbe. Auf die

Eine 1354 bereits erwähnte Wasserburg in Armsheim diente den Grafen von Veldenz und ihrer Nachfolger als Verwaltungssitz. Im Zuge der Belagerung der Stadt durch Friedrich I. wurde die Burg fast vollkommen zerstört. Das in der Bahnhofsstraße 18 befindliche **Schloss**, möglicherweise Adelssitz der Familie von Heppenheim, wurde an der Stelle der Burganlage der Grafen von Veldenz am Ende des 16. Jahrhundert erbaut. In der Bahnhofsstraße 17 steht ein jetzt als **Rathaus** dienendes Fachwerkgehöft aus dem Jahre 1750. 1618 datiert der **Kellerbrunnen**, dessen Name darauf verweist, dass sich in seiner Nähe die „Kellerei" befand, der Amtssitz des Verwalters des herrschaftlichen Grundbesitzes, an den die Abgaben zu entrichten waren. Erhalten haben sich ebenso

Teile der **Stadtmauer** zwischen Kirchhof und Neugasse, der Bielgraben sowie unterirdische Gänge. Drei **Torwärterhäuser** belegen die Ausdehnung des Ortes in diesen Jahrzehnten. Ein bedeutendes Wohnhaus aus der Zeit um 1600, ein ehemaliger **Hof des Klosters Rosenthal** bei Göllheim/Pfalz, steht im Ortsteil Schimsheim, das ebenfalls zur Kurpfalz gehörte. Der berühmte Sohn Armsheims ist Johannes Schnitzer, der 1450 hier geborene Kartograph des ersten nördlich der Alpen gedruckten Weltatlasses. Auf seiner berühmten Weltkarte, Teil des sogenannten Ulmer Atlas nach der *Cosmographia* von Claudius Ptolemäus (90–175 n. Chr.), hat er sich 1482 selbst mit den Worten verewigt: *In Sculptum est per Johanne[m] Schnitzer de Armßheim.*

Adressen und Auskunft
Verkehrsverein Wörrstadt e. V.
Zum Römergrund 2–6
55286 Wörrstadt
Tel. 06732-601203
www.herzliches-rheinhessen.de

Museen und Sehenswertes
Evangelische Pfarrkirche
Zum Heiligen Blut Christi
Bahnhofstr. 3
55288 Armsheim
www-kirche-armsheim.de
offen für Besichtigungen
Sa-So, 11–18 Uhr
Armsheimer Orgelsommer:
aktuelle Termine unter
www.kirche-armsheim.de

In Armsheim besteht ein bereits mit vielen Preisen ausgezeichnetes privates Puppenmuseum, das nach Voranmeldung besucht werden

kann: Dr. Ursula Sauer,
Auf der Kennelwiese,
55288 Armsheim, Tel. 06734-507

Anfahrt
mit dem PKW
Ab A63 Frankfurt/Mainz – Kaiserlautern (Abfahrt Bornheim): durch Bornheim, Monsheim nach Armsheim
Ab A61 aus der Richtung Koblenz (Abfahrt Gau-Bickelheim): durch Gau-Bickelheim und Wallertheim Richtung Flonheim nach Armsheim
Ab A61 aus der Richtung Ludwigshafen (Abfahrt Bornheim): durch Bornheim und Flonheim nach Armsheim

Go Green
Regionalbahnen aus Bingen, Worms, Alzey, Mainz fahren den Bahnhof Armsheim an.

14

Edenkoben – Schloss Ludwigshöhe – Sommersitz der Wittelsbacher im „Garten Deutschlands – der blühenden Pfalz"

„Pfalz, dich lieb ich", schrieb der spätere bayerische König Ludwig I. (1786–1868) bereits 1809 und ließ sich an einem idyllischen Platz am Rand des Pfälzerwaldes westlich von Edenkoben eine traumhaft schöne Sommerresidenz errichten. Das Schloss der Wittelsbacher krönt einen Hügelrücken, von dem sich ein besonders reizvoller Blick über die Rheinebene bietet, bei guter Sicht bis zum Odenwald und sogar bis zum Schwarzwald.

Geschichte
Nach Napoleons (1769–1821) Sturz wurden Grenzen und Staaten Europas durch den Wiener Kongress neu definiert und die Region der heutigen Pfalz fiel an Bayern. Damit regierten zwischen 1816 und 1918 die bayerischen Könige auch die linksrheinische Pfalz. Der erste dieser Herrscher, Maximilian I. Joseph (1756–1825), stammte aus der Zweibrücker Linie des Adelsgeschlechts der Wittelsbacher, die nachfolgenden Könige und Regenten des bayerischen Königsreichs waren ausnahmslos seine Nachkommen. Unter und mit den Wittelsbacher Königen formte sich das Land zu dem, was es heute ist. Die bayerische Zeit prägt bis heute mit vielen Bauten die Pfalz.

Zu den schönsten Gebäuden dieser Epoche zählt das Schloss Ludwigshöhe, das bereits vom Erbauer König Ludwig I. liebevoll „Villa" genannt wurde. Diesen, in Straßburg geboren und durch Jugenderinnerungen in Zweibrücken und Mannheim geprägt, verband zeitlebens eine sentimentale Liebe zu seiner Pfalz, überbaut von der schwärmerischen Idee eines großen vereinten Deutschlands. Nicht zuletzt daher war Ludwig I. Kaiser Napoleon und vielen Politikern seiner Ära verdächtig, aber das Volk verehrte ihn. Die Pfälzer feierten ihn sehr, vor allem als er 1829 seine erste Reise als König in den „bayerischen Rheinkreis" unternahm. Ihn drängte danach, in seiner geliebten Pfalz einen Wohnsitz zu haben, dort, wie er selbst ausdrückte: „wo nahezu sechs Jahrhunderte meine Ahnen in ununterbrochener Folge herrschten, wo ich erzogen bin, da sog ich Deutschheit ein, mich liebten die Bewohner". 1843 stand sein Entschluss fest, „eine Villa italienischer Art, nur für die schönen Jahreszeiten bestimmt und in des Königreichs mildestem Teil" zu errichten und er erwarb das dafür benötigte Grundstück zu Füßen der Rietburg von den Gemeinden Edenkoben und Rhodt.

Im Jahr 1846 folgten die Grundsteinlegung und der Baubeginn nach Plänen des Architekten Friedrich Wilhelm von Gärtner (1791–1847). Die Arbeiten verzögerten sich immer wieder und wurden zeitweise sogar eingestellt, wegen der Lola-Montez-Affäre des Herrschers und seiner Abdankung 1848, aber auch schon 1847 wegen des Todes

Blick von der „Villastraße" auf Edenkoben

des Architekten. Zudem konnte Ludwig die Fertigstellung nicht mehr aus der Staatskasse bezahlen, sondern musste sie privat finanzieren. Erst 1852 kam es unter der Aufsicht von Gärtners Nachfolger Leo von Klenze (1784–1864) zur Vollendung des Vorhabens. Zum Gebäudeensemble gehörten neben dem Königsbau (Schloss) ein Kavaliersbau sowie ein Marstall, beide etwas abseits gelegen und im Gegensatz zur „Villa" heute verändert bzw. überbaut. Bei der Bauplanung wurde Rücksicht auf die Hanglage genommen und im Schloss waren alle zur Entstehungszeit verfügbaren Bequemlichkeiten vorgesehen. Die Anlage umfasst 62 Räume von unterschiedlichster Größe und Ausstattung, darunter auch Wirtschaftsbereiche, eine große Küche, aber auch einen Festsaal. Auffällig ist das Fehlen eines Gartens oder Parks, was jedoch dem ausdrücklichen Wunsch des Erbauers entsprach. Für ihn war „ein besonderer Garten überflüssig, alles Land ringsumher ist, soweit das Auge reicht, ein großer Garten." Weinberge, Felder und Wald reichen immer noch unmittelbar an das Bauensemble heran.

Bis kurz vor seinem Tod 1868 weilte Ludwig I. immerhin achtmal in seiner geliebten Sommerresidenz, die bis heute als ein Symbol der Zusammengehörigkeit von Bayern und der Pfalz betrachtet wird. Auch danach blieb das Anwesen im Besitz der Wittelsbacher, von denen manch einer gerne hier Station machte. Im Krieg von 1870/71 und im Ersten Weltkrieg dienten neben dem Kavaliersbau und den Dienstwohnungen auch Teile des Schlosses als Lazarett. Nach 1918 gelangte die „Villa" an

EXTRA Genuss

Die Esskastanie – des südlichen Klimas bester Zeuge

Die Edelkastanie, ein Charakterbaum der Vorderpfalz, prägt nicht nur die Landschaft, in der sich das Gebirge aus der sanft geschwungenen Ebene des Oberrheingrabens erhebt. Die essbaren Maronen bereichern auch die Küchenzettel, etwa im Herbst als Genuss zu neuem Wein. Das zähe, feste Holz fand früher im Weinbau Verwendung, einerseits zur Herstellung von Fässern und andererseits im Kammertbau, d. h. der gestützten Reberziehung, die schon von den Römern praktiziert wurde. Esskastanien finden hier beste klimatische Bedingungen vor und sind wohl schon vor der Ankunft der Römer heimisch gewesen. Ihr Vorkommen hat in vielen Flurnamen (am Käschdebusch, Keschdeberg, Kastanienwald) Niederschlag gefunden. Seit 1658, zehn Jahre nach dem Ende des 30-jährigen Krieges (1618–1648), ist eine Edenkobener Weinlage als Kastaniengarten benannt. Der Bayernkönig Ludwig I. schrieb begeistert: „Welch milde Luft weht da', daß mit süßen Früchten bedeckte Kastanienbäume meine Villa umgeben, ist südlichen Klimas bester Zeuge" und ließ in Edenkoben tausende von Edelkastanien rund um seine Sommerresidenz anpflanzen. Die Kastanie bereichert zudem den Pfälzer Festkalender, so wird am zweiten Wochenende im Oktober in der Ferienregion Edenkoben der Wein- und Kastanienmarkt bei der Villa Ludwigshöhe gefeiert. Weitere Infos zu Festen und Aktionen unter: www.keschdeweg.de

Der Speisesaal in der Villa Ludwigshöhe

den Wittelsbacher Ausgleichsfond, die übrigen Gebäude erhielt der Pfälzische Kriegerverband zur Miete. Größere Zerstörungen am Königsbau folgten erst am Ende des Zweiten Weltkrieges durch die amerikanische und französische Besatzung. Bis 1947 war zudem hier ein Kinderheim eingerichtet. Nahezu das gesamte Mobiliar verschwand und die Wandmalereien nahmen großen Schaden. Nach der Instandsetzung und Neuausstattung des Baus durch Kronprinz Rupprecht (1869–1955), einem Sohn des letzten bayerischen Königs Ludwig III. (1845–1921), kaufte schließlich 1975 das Land Rheinland-Pfalz den einst königlich-bayerischen Sommersitz. Seit 1980 ist das Gebäude renoviert und der Öffentlichkeit zugänglich. Die Räumlichkeiten können nicht nur während der Öffnungszeiten des Museums besucht werden, sondern sind auch Austragungsort vieler Konzerte, u. a. aus der Reihe „Villa Musica", mit der das Land Rheinland-Pfalz und der SWR die junge Elite der Kammermusik fördert.

Rundgang

Der Klassizismus mit seinen Rückbezügen auf die Antike dominierte Kunst, Architektur und Geistesleben des späten 18. und frühen 19. Jahrhunderts. König Ludwig I. war diesem Stil regelrecht verfallen, seine Liebe zu Italien und Griechenland zeigt sich auch in der Gestaltung der Sommerresidenz in Edenkoben. Das eigentliche Schloss besteht aus vier Flügeln, die als geschlossenes, schlichtes Rechteck einen schattigen Innenhof umschließen. Nur die Schauseite zur Rheinebene hin ist aufwändiger gestaltet. Sie wird geprägt von einer doppelstöckigen, antik anmutenden

EXTRA Wissen

War Lederstrumpf ein Deutscher?

James F. Cooper (1789–1851) schrieb ab 1823 fünf Erzählungen über die Land-
nahme der Weißen und die Vertreibung der Indianer in Nordamerika. Inspiriert
wurde er dazu womöglich durch den aus Edenkoben stammenden Auswanderer Johann Adam Hartmann(1748–1836), der 1764 per Schiff nach Amerika
reiste, um Trapper zu werden. Er lebte zunächst als Jäger und Fallensteller im
oberen Mohawktal, später erwarb er sich Verdienste durch die Teilnahme am
amerikanischen Unabhängigkeitskrieg. Hartmanns Leben als Waldläufer gilt als
Vorbild für Coopers Geschichten um Natty Bumppo, den „Lederstrumpf".
Schöne Illustrationen von Max Slevogt, 1909 veröffentlicht, setzen die Ereignisse, von denen der Autor detailliert berichtet, fantasievoll und drastisch in
Szene. Der 1990 in Edenkoben errichtete Lederstrumpfbrunnen (Am goldenen
Eck) mit Skulpturen des Bildhauers Gernot Rumpf (*1941) greift das Thema der
Erzählungen auf. Die Figuren zeigen den „Lederstrumpf", einen Hund mit erleg-
tem Truthahn, den Indianer Chingachgook, zwei Biber und den Künstler Max
Slevogt, der das Geschehen skizziert. Cooper lebte wie Hartmann im Bundes-
staat New York und kannte sicherlich dessen Biographie.

Säulenloggia im Zentrum, die die westlichen Stirnseiten der beiden Längsflügel
miteinander verbindet. Hier erinnert die
Gestaltung an römische Portikusvillen.
Die Satteldächer sind extrem abgeflacht,
wie es für die südländische Bauweise typisch ist. Nicht ein für Schlösser üblicher,
monumentaler Eingang führt ins Innere,
sondern eine Durchfahrt leitet in den Innenhof. Darunter konnten die Kutschen
halten und den Passagieren war es
möglich, auch bei schlechtem Wetter
trockenen Fußes auszusteigen und
nach wenigen Schritten das Treppenhaus zu erreichen. Im Erdgeschoss befindet sich zur Bergseite hin eine geräumige Küche mit alter Ausstattung. Der
prächtige Ofen verdient besondere Beachtung, ist doch seine Gebrauchsan-
weisung zuzüglich einer „Belehrung" ei-
gens auf einer Kachel eingebrannt. Zur

*Die pompejanisch gestalteten Wände
des Schlosses*

Rheinebene ausgerichtet liegen die
Prunkräume, hinter der Kolonnade der
große Speisesaal mit Wandmalereien im
Pompejanischen Stil, daneben das sogenannte Gesellschaftszimmer. Beide
Räumlichkeiten sind unübersehbar auf
die Landschaft bezogen. Große Fenster
ermöglichen es, immer wieder den Blick
zu den Reben und in die weite Landschaft schweifen zu lassen. Die aus wert-
vollem Holzmosaik bestehenden Fuß-
böden imitieren die kunstvollen Motive
der Steinmosaikböden italienischer Villen. Wand- und Deckenmalereien
ahmen den Stil der Malereien von Pom-
peji nach und stammen von Joseph
Anton Schwarzmann (1806–1890),
einem Mitarbeiter des Künstlers Johann
von Schraudolph (1808–1879), der den
Speyerer Dom ausmalte. Zwischen Bildern mit mythologischen Szenen und
tanzenden Satyrn und Bacchantinnen
hat der Maler Ansichten von Pfälzer Burgen eingestreut. Sie erinnern an die
Ausstattung des fast zeitgleich entstan-

EXTRA unterwegs mit Kindern

Ein luftiger Ausflug mit der Rietburgbahn

Seit 1954 bringt die 1. Pfälzische Sesselbahn ihre Gäste von Schloss Ludwigshöhe hinauf zur Ruine der Rietburg, die sich in 550 m Höhe über der Villa auf einem Bergkegel erhebt. Lautlos gleiten die Doppelsessel durch eine Schneise im Wald und nach und nach öffnet sich der prachtvolle Blick auf das Edenkobener Tal. Die großzügige Aussichtsterrasse der ehemaligen Raubritterburg ermöglicht bei gutem Wetter einen grandiosen Panoramablick über die gesamte Rheinebene. Die Sesselbahn ist von Mitte März bis Mitte November täglich in Betrieb. Im Sommer gibt es an verschiedenen Samstagen Lampionfahrten. Infos: www.rietburgbahn-edenkoben.de, Villastraße 66, 67480 Edenkoben, Tel. 06323–1800.

denen „Pompejanums", das Ludwig I. durch den Architekten Gärtner in Aschaffenburg erstellen ließ. Im Gegensatz zur Ludwigshöhe war dieser Bau jedoch von Anfang an dazu gedacht, Kunstliebhabern die antike Kultur nahezubringen.

Die Möbel in der Edenkobener Residenz gehören nur zum geringen Teil zur ursprünglichen Ausstattung. Kronprinz Rupprecht ließ viele davon aus der Münchner Residenz zur Wiederausstattung bringen. Eine umfangreiche Gemäldesammlung gibt Einblicke in das Umfeld Ludwigs I. und der Wittelsbacher. Einige davon können als Wittelsbacher Erinnerungsbilder bezeichnet werden, zeigen sie doch Schwetzingen und Heidelberg, die alten Residenzen der rechtsrheinischen Pfalz. Im Obergeschoss befanden sich die ehemaligen Wohnräume des Königspaares. Heute beherbergt ein Teil dieses Stockwerks die „Slevogt-Galerie". Den Kern der Sammlung bilden Gemälde aus dem Nachlass des in Bayern geborenen Malers Max Slevogt (1868–1932), des großen Vertreters des deutschen Impressionismus. Als Maler wurde er zwar in Berlin berühmt, aber seine schönsten Bilder entstanden in der Pfalz. Jeden

Sommer verbrachte er mit seiner Familie in Neukastel bei Leinsweiler. In seinen Gemälden feiert er die Pfalz als irdisches Paradies und öffnete so als einer der Ersten einem internationalen Publikum die Augen für die Pracht dieser Landschaft.

Ein Besuch der Ludwigshöhe ist nur im Zusammenhang mit einer Führung möglich, die in den Sommermonaten zu jeder vollen Stunde stattfinden.

Edenkoben

Das Andenken an König Ludwig I. wird in Edenkoben hochgehalten. Er schuf den finanziellen Grundstock für die neue **katholische Stadtpfarrkirche**, die das Patrozinium des hl. Ludwig trägt. Sie wurde 1888–1890 als große Hallenkirche in neugotischen Formen erbaut und ersetzte die kleine, alte Pfarrkirche, die im baulichen Kontext des ehemaligen Schwesternhauses steht. Ferner finanzierte der König den Bau eines neuen Krankenhauses „Ludwigsstift", heute ein Altersheim. Um dem Herrscher eine gute Anbindung an seinen Sommersitz zu ermöglichen, entstand 1855 der Bahnanschluss inklusive eines pompösen „Königs"-Bahnhofes, der leider im Zweiten Weltkrieg zerstört wurde. Ein **Denkmal für König Ludwig**, 1890 geschaffen durch den Frankenthaler Bildhauer Philipp Perron (1840–1907), steht auf dem **Ludwigsplatz** vor der **evangelischen Kirche**. Diese, ein rechteckiger Saalbau von 1739/40, wurde an einen Turm von 1438 angebaut. Von den Nachfolgern Ludwigs I. genoss nur sein Sohn Prinzregent Luitpold (1821–1912) vergleichbares Ansehen, wie eine Luitpoldstraße und drei **Luitpolddenkmäler** belegen (der sogenannte Luitpoldhain an der K64 gelegen, mit einem findlingsartigen Inschriftenstein um 1891, ebenfalls an der K64 gelegen das Luitpolddenkmal, eine kleine Anlage mit einer Granitstele von 1911, sowie der Luitpoldbrunnen beim Schloss Ludwigshöhe von 1911).

Die Geschichte der Stadt Edenkoben beginnt weit vor der Ära König Ludwig I. Der 769 erstmals genannte Ort war seit dem späten Mittelalter eine kurpfälzische Enklave im Gebiet des Hochstifts von Speyer. Die Stadtrechte wurden erst 1818 verliehen. Zahlreiche Wohnhäuser des 16. bis 18. Jahrhunderts stehen vor allem in der **Klosterstraße**. Diese führt zum ehemaligen **Zisterzi-**

Denkmal König Ludwigs I.
auf dem Ludwigsplatz

enserkloster Heilsbruck (Klosterstraße 170), das 1260 in Harthausen bei Speyer gegründet und 1262 nach Edenkoben verlegt wurde. 1560 kam es zur Aufhebung des Klosters, zu Beginn des 19. Jahrhunderts folgte der Abbruch der Kirche. Nur wenige Bauteile, darunter ein schlanker Treppenturm aus dem 16. Jahrhundert, sind vom Kloster erhalten geblieben. Seit Beginn des 19. Jahrhunderts wechselten die Pächter und Besitzer der Anlage mehrmals. 1898 erwarb eine Kaufmannsfamilie das Kloster, deren Nachkommen heute dort ein Weingut betreiben.

Rhodt unter der Rietburg

Die malerische Weinbaugemeinde Rhodt ist zu Fuß durch die Weinberge von der Ludwigshöhe aus schnell erreicht. Auch hier erinnert vieles an den Erbauer der „Villa" und seine Familie. Ludwig I. hatte im Oktober 1810 die protestantische sächsische Prinzessin Therese (1792–1854) geheiratet, ganz entgegen der Politik und Tradition. Das Paar weilte gerne in Schloss Ludwigshöhe. Sonntags fuhr der König nach Edenkoben in die katholische Kirche, die Königin dagegen nach Rhodt in die evangelische. Bis ins frühe 17. Jahrhundert gehörte Rhodt zu Württemberg, danach zur Markgrafschaft Baden-Durlach. Die zwischen 1720 und 1722 erbaute evangelische **Pfarrkirche** hatte die Dreifaltigkeitskirche in Speyer zum Vorbild. Der von Pilastern gegliederte Bau wird von einem spätgotischen Westturm ergänzt, der als einziger Bauteil den Pfälzischen Erbfolgekrieg überdauerte. Die gotischen Verzierungen am Turmportal verweisen auf die gotische Kirche von Meisenheim, die gleichzeitig als Grablege der Wittelsbacher Herzöge von Zweibrücken entstand. Im Innern befindet sich bis heute der Betstuhl von Königin Therese. Wenn diese zum Gottesdienst kam, wurden Teppiche ausgelegt, von der Hofkutsche bis zu ihrem Sitz gegenüber der Kanzel, der mit der Initiale „T" und der Königskrone sowie mit weißblauen Draperien verziert war. Ergänzt wurde der Stuhl durch ein halbes Dutzend blausamten gepolsterter Stühle. Die romantische Straße in Rhodt, die zur Villa Ludwigshöhe führt, eine der schönsten und meistfotografierten in der Pfalz, wurde ihr zu Ehren **„Theresienstraße"** genannt. Hier gedeihen vor den warmen Hauswänden Feigen und Reben. Typische Dreiseit-Höfe mit alten Torbögen der Renaissance- und Barockzeit säumen den Weg.

Adressen und Auskunft
Tourist-Information
Urlaubsregion Edenkoben
Poststr. 23
67480 Edenkoben
Tel. 06323-959222
www.garten-eden-pfalz.de
www.edenkoben.de

Museen und Sehenswertes
Schloss Villa Ludwigshöhe
Führungen und Gemäldesammlung,
Di–So, 10–18 (Okt–März nur bis 17)
Uhr

*Museum für Weinbau-
und Stadtgeschichte*
Weinstraße 107
67480 Edenkoben
Tel. 06323-81514
www.museum-edenkoben.de
offen April–Okt, Fr 16–19, Sa 15–18,
So 14–17, Nov–März So 14–17 Uhr.

Weinlehrpfad
Beginn Villastr./Ecke Weinstraße
67480 Edenkoben

*Künstlerhaus Edenkoben
der Stiftung Rheinland-Pfalz
für Kultur*
Klosterstr. 181
67480 Edenkoben
Tel. 06323-2325
www.kuenstlerhaus-edenkoben.de.

Hier begegnen sich Leser, Kunstinteressierte, Vertreter literarischer Vereinigungen und Freunde der südpfälzischen Landschaft.

Ende Mai: Owwergässer Winzerkerwe, Ende August: Schlossfest Villa Ludwigshöhe, Mitte Oktober: Wein- und Kastanienmarkt

Essen und Trinken
König Ludwig Keller
Rustikaler Biergarten mit Blick
in die Rheinebene und einem
Gewölbekeller
Ludwigsplatz 10
67480 Edenkoben
Tel. 06323-7474
www.koenig-ludwig-keller.de
offen April–Okt, Mo–Fr ab 17,
Sa–So ab 11 Uhr.

Anfahrt
mit dem PKW
Ab A65 (Abfahrt Edenkoben): über
die L507, L512 (Deutsche Weinstraße).

Go Green
Bahnhof Neustadt/Weinstraße (IC/
EC-Haltepunkt), Umsteigemöglichkeit bis zur Bahnstation Edenkoben,
mit dem Bus des Weinstraßen-Verkehrs (WNL) in Richtung Landau,
Haltestelle Edenkoben.

15

Flörsheim-Dalsheim – zwei kurpfälzische Dörfer unter den Wittelsbachern

Das Doppeldorf Flörsheim-Dalsheim im Süden Rheinhessens hält den Rekord im Guiness-Buch als Deutschlands meist- und höchstdekorierte Weinbaugemeinde. Doch nicht nur für Weinkenner gibt es hier viel zu entdecken: Unter den Wittelsbachern wurde die vollständig erhaltene Fleckenmauer um Dalsheim errichtet, ein einzigartiges Denkmal dieser Epoche.

Geschichte

Bereits die Römer siedelten in der Region von Flörsheim-Dalsheim, die sie *Civitas Vangionum* (davon abgeleitet ist die Bezeichnung Wonnegau) nannten. Danach ließen sich hier fränkische Krieger nieder. 766 wurde Dalsheim unter dem Namen *Dagolsheim* erstmals erwähnt. Der Name des 768 erwähnten Ortsteils Niederflörsheim geht zurück auf die „Flersheimer", eine der bedeutendsten Familien der Dorfgeschichte. In Dalsheim übten die Familien von Bolanden und von Leiningen die Gerichtsbarkeit im Namen des Kaisers und der Pfalzgrafen aus. 1395 schlossen Pfalzgraf Ruprecht II. (1325–1398) und Graf Friedrich von Leiningen (+ 1397) einen Vertrag, worin Letzterer seinen Ansprüchen an dem Ort entsagte. Daraufhin wurde Friedrich mit einem Viertel des Dorfes belehnt. Als diese Linie 1467 im Mannesstamm ausstarb, fiel der vierte Teil ebenfalls an die Kurpfalz.

Das Domstift in Worms, das die uneingeschränkte Orts- und Gerichtsherrschaft über Nieder-Flörsheim ausübte, war die ständigen Querelen mit dem Ortsadel leid und unterstellte um 1400 die Hälfte seines Dorfes unter die Aufsicht des pfalzgräflichen Burggrafen in Alzey. Im Alzeyer Saal und Lagerbuch von 1429 heißt es „Niederflersheim das Dorf und Gericht sind halb meines Herren des Pfalzgrafen", das heißt des Pfalzgrafen Ruprecht III. (1352–1410), des späteren König Ruprecht I. Während die eine Ortshälfte unter dem Schutz der Kurpfalz stand, gehörte die andere Hälfte von Nieder-Flörsheim dem Stift (Worms-) Neuhausen. Nach dessen Auflösung durch Kurfürst Friedrich III. (1515–1576) 1566 kam auch diese Hälfte von Nieder-Flörsheim zur Pfalz. Bis Ende des 18. Jahrhunderts übernahm die Kurpfalz die uneingeschränkte Herrschaft im Ort.

Im Bauernkrieg fand sich 1525 ein Haufen Bauern, 7.000 bis 8.000 Mann stark, zu Dalsheim ein, wo sie lustig zechend gedroht hatten, „den Pfalzgraf mit allen seinem Zeuge und wer ihnen vorkäme, zu erschlagen." Die Kriege des 17. Jahrhunderts brachten große Not über beide Dörfer. Im Pfälzischen Erbfolgekrieg 1689 brannten die Orte nieder. Weitere Zerstörungen folgten im Zusammenhang mit der französischen Revolution Ende des 18. Jahrhunderts. Aus diesem Grund haben sich neben den romanischen Kirchtürmen sowie der Fleckenmauer nur wenige steinerne Zeitzeugen vor 1600 erhalten. Der Wiederaufbau setzte um 1800 ein. Im 19. Jahrhundert folgte mit der Errichtung von Möbelfabriken und dem Anschluss an die Bahn die Industrialisierung. 1816 bis 1919 waren die Orte der

Blick auf die Fleckenmauer von Dalsheim

Provinz Rheinhessen des Großherzogtums Hessen zugehörig und nachfolgend bis 1945 des Volksstaates Hessen. Nach dem Zweiten Weltkrieg wurde die Region Rheinland-Pfalz zugeordnet. 1968 erfolgte im Zuge der Verwaltungsreform der Zusammenschluss von Nieder-Flörsheim und Dalsheim zur heutigen Gemeinde Flörsheim-Dalsheim.

Dalsheim

Die berühmte **Fleckenmauer** umschließt das Dorf Dalsheim. Ihr Name leitet sich vom Wort „Fleck", d. h. der Bezeichnung für eine kleine Ortschaft ab, die meist Marktrecht hatte bzw. den Mittelpunkt einer Region bildete. Das nahezu vollständig erhaltene Bauwerk wurde im 14. Jahrhundert durch die

 EXTRA Feste und Feiern

Das Fleckenmauerfest –
„Hebt die Gläser voller Freude und stoßt miteinander an"
Alle vier Jahre findet im September im Ortsteil Dalsheim das Fleckenmauerfest statt. Neben einem vielfältigen Programm mit mittelalterlichen Darbietungen, Gesang und Theater locken auf dem historischen Markt zahlreiche Handwerker-, Essens- und Getränkestände viele Besucher in das Weindorf. Reisen Sie das nächste Mal doch einfach mit ins Mittelalter! Info unter www.fleckenmauer.de.

Leininger Grafen angelegt und im 15. Jahrhundert ausgebaut. Die heutige Anlage, deren Kern zwischen 1470 und 1490 entstand, weist in ihrem weiten Bering (1.150 m lang, teils bis zu 10 m hoch) noch sieben halbrunde Wehr- und Tortürme auf. Sie bestand ursprünglich aus einer Wehrmauer, Wall und Graben. Erhalten blieb die Wehrmauer aus Kalksteinmauerwerk. Der Wall wurde eingeebnet und Häuser direkt an der Befestigung errichtet. Durch die dichte Bebauung ist es heute nur noch an wenigen Stellen möglich, die Mauer in ihrer Gesamtheit zu erfassen. Am sogenannten Obertor verläuft ein kompletter Wehrgang, unterbaut mit Arkaden, die auf Abschnittssäulen ruhen. Südlich der Oberpforte steht ein Rundturm mit gemauertem Kegeldach.

Die Auswirkungen der Reformation zeigen sich in Dalsheim an seinen drei Kirchen. Von dem Platz „Auf dem Römer" blickt man auf die katholische Kirche St. Peter und Paul sowie auf das danebenstehende evangelische Pfarrhaus und die ehemals evangelische Kirche (Oberkirche), die heute als Gemeindezentrum genutzt wird. Rund 100 m weiter steht das katholische Pfarrhaus und daneben, durch einen Garten verbunden, die heutige evangelische Kirche (Unterkirche).

Die katholische **Kirche St. Peter und Paul** besteht aus einem dreiachsigen, barocken Saal von 1780 und einem Erweiterungsbau, der an einen dreiseitig geschlossenen, gotischen Chor anschließt. Bemerkenswert ist der an der Nordseite des Schiffes angefügte, fünfgeschossige Glockenturm der Romanik (1200), der 1887 wegen Baufälligkeit abgetragen und mit altem Material wieder neu errichtet wurde. Er ist der verbliebene Rest der ersten Kirche, die hier stand. Während seine Gliederung durch

Mittelalterliche Stadtbefestigung

Blendnischen, mehrfach gekuppelten Blendarkaden und flankierenden Säulchen zum Originalbestand zählen, gehören die fünfteiligen Arkaden unter dem Zeltdach in die Zeit der Wiedererrichtung. Die Ausstattung stammt überwiegend aus dem 18. Jahrhundert.

Von der katholischen Kirche geht der Blick zum ehemaligen evangelischen Gotteshaus (**Oberkirche**/Sommerkirche), ursprünglich eine mittelalterliche Marienkapelle. Nach der pfälzischen Kirchenteilung bauten die Reformierten 1708 auf dem Fundament der im Pfälzischen Erbfolgekrieg zerstören Marienkapelle ihre Saalkirche auf. Der alte romanische Turm erhielt ein weiteres Stockwerk mit barocker Haube. Die einheitlich frühklassizistische Ausstattung von 1787 hat sich erhalten, wurde aber beim Umbau zum heutigen evangelischen Gemeindezentrum 1978–1979

EXTRA Genuss

Rheinhessen – dynamische Winzer, spannende Weine

Mit 26.400 Hektar ist Rheinhessen die größte Weinbauregion, die fast ein Viertel der deutschen Reben einnimmt. Jahrelang wurden mit den Sorten Müller-Thurgau und Silvaner sowie durch Neuzüchtungen mit hohem Ertrag große Mengen oft „langweiliger" Weine hergestellt. Heute gibt es hier viele preisgekrönte Winzer, die alle Vorurteile widerlegen. Aushängeschild sind die ausgezeichneten Weingüter von Flörsheim-Dalsheim. Schauen Sie doch mal vorbei. Das mehrfach prämierte Weingut Hatzfelder Hof der Familie Obenauer ist einer von 40 ausgezeichneten Betrieben des Ortes, die Sie erwarten. Infos unter: www. hatzfelder-hof.de; Alzeyer Str 17–21, 67592 Flörsheim-Dalsheim, Tel. 06243-226.

versetzt und ergänzt. Die weitere Innenrenovierung erfolgte im Jahr 2007 und die der Außenfassade 2010.

30 Jahre nach der Erbauung der oberen Kirche folgte 1738 die Errichtung der lutherischen Kirche (**Unterkirche**/Winterkirche) einschließlich eines Pfarr- und Schulhauses. Zwar gab es in Dalsheim und Niederflörsheim seit 1706 lutherische Pfarrer, doch fanden die Gottesdienste privat statt. Nach langen Jahren des Spendensammelns konnte 1742 der Neubau, eine einfache Saalkirche, geweiht werden. Heute dient der Bau der evangelischen Gemeinde als Pfarrkirche. Im ausgehenden 20. Jahrhundert wurde die Kirche innen renoviert.

Der „Trullo", ein typisches Weinberghäuschen Rheinhessens

Nieder-Flörsheim

Die Herren von „Flersheim" scheinen aus der Ministerialität des Wormser Bischofs hervorgegangen zu sein. Im 15. Jahrhundert konnten sie sich aus der Abhängigkeit des Wormser Domstifts lösen. Um diese Zeit oder kurz darauf errichteten sie einen repräsentativen **Wohnturm** im Dorf (Alzeyer Straße 25). Das heute dreigeschossige Bauwerk mit seinen ein Meter dicken Mauern trägt auf einem Fenstersims die Jahreszahl 1596. Ein Spitzbogenfenster sowie die Balkenlager zwischen den ersten drei Stockwerken gehören zur ersten Bauphase (14./15. Jahrhundert). In der Alzeyer Straße sind noch einige sehr gut erhaltene Häuser mit rheinfränkischem Fachwerk vorhanden. **Reste einer jüdischen Synagoge** stehen neben dem evangelischen Gemeindehaus. Im Erdgeschoss des **Rathauses** befindet sich eine dem hl. Johannes geweihte Kapelle, die 1705 als Oratorium errichtet wurde.

Flörsheim-Dalsheim und seine Orgeln
In dem kleinen Hunsrückdorf Sulzbach erblickte 1683 Johannes Michael Stumm das Licht der Welt. Nach einer Lehre als Schmied folgten Wanderjahre, in denen er den berühmten Orgelbauer Andreas Silbermann traf. Diese Begegnung änderte sein Leben, er machte eine Lehre als Orgelbauer und eröffnete 1714 seine Werkstatt. Seine Instrumente erlangten schon bald einen hervorragenden Ruf, weit über den Hunsrück hinaus. Über sieben Generationen hinweg schuf die Familie mehr als 50 Kirchenorgeln. Gleich drei Orgeln der Orgelbauerfamilie Stumm haben sich in Flörsheim-Dalsheim erhalten. Eine Stumm-Orgel ist in der evangelischen Kirche in Nieder-Flörsheim, zwei weitere in der katholischen und evangelischen Kirche in Dalsheim zu bewundern. Sie wurden von der dritten Generation der Stumms errichtet, als der Orgelbau nach den Kriegen des 17. Jahrhunderts erneut in Blüte stand.

Adressen und Auskunft
Tourist-Info der
Verbandsgemeinde Monsheim
Anhäuser Mühle
Alzeyer Str. 15
67590 Monsheim
Tel. 06243-1809-16
www.vg-monsheim-tourismus.de
Mo–Fr 8–12, Di–Do 14–16,
Mo 14–18, Fr bis 12:30 Uhr.

Führungen
Unter www.kultur-im-rebenmeer.de gibt es viele Angebote für die Region um Flörsheim-Dalsheim, etwa GPS-Touren zum Download, Gästeführungen im Gewand und spezielle Tourenangebote mit dem Elektrofahrrad.

Museen und Sehenswertes
Öffentliche Führungen zur Fleckenmauer, von Mai–Okt., Sa 17 Uhr, ab Treffpunkt auf dem „Römer" im Ortsteil Dalsheim.
www.floersheim-dalsheim.de

Essen und Trinken
Gutschänken einiger Weingüter servieren Rheinhessische Köstlichkeiten, z. B. Gutsschänke Schmitt, Weedenplatz 1, 67592 Flörsheim-Dalsheim, offen Feb.–Juni, Sep.–Dez., Fr–Sa ab 18, So ab 19 Uhr.

Anfahrt
mit dem PKW
Ab A61 (Abfahrt Worms-Nord/ Mörstadt oder Monsheim): Flörsheim-Dalsheim liegt im südlichen Rheinhessen des Landes Rheinland-Pfalz im Kreis Alzey-Worms nur etwa 6 km von den Abfahrten an der B271.

Go Green
Der Rheinland-Pfalz-Takt der Deutschen Bundesbahn führt auf der Strecke Worms-Alzey/Bingen mit der Bahn nach Flörsheim-Dalsheim. Der Name des Bahnhofs lautet Niederflörsheim-Dalsheim.

16

Veldenzstadt Lauterecken – Residenz einer wittelsbachischen Nebenlinie

Das im beschaulichen Nordpfälzer Bergland gelegene Lauterecken war einst Residenz der Grafen von Veldenz, einer Nebenlinie der Wittelsbacher. Wenige Reste des prächtigen Schlosses und der Veldenzturm, das Wahrzeichen des Ortes, blieben als alte Zeugen erhalten.

Geschichte

Das Glantal ist seit der Steinzeit besiedelt. Die Kleinstadt Lauterecken, am Zusammenfluss von Glan und Lauter, dürfte sich aus einer bereits um das Jahr 1000 existierenden Siedlung entwickelt haben. Am Kreuzungspunkt alter Straßen erbauten Wildgrafen im 11./12. Jahrhundert eine Wasserburg. Die weitere Geschichte des Ortes ist eng mit der Entwicklung der Grafschaft Veldenz verbunden, die im frühen 12. Jahrhun-

dert von Gerlach I. (1112–1146), einem Abkömmling der Nahegaugrafen, gegründet wurde. Die neue Grafschaft umfasste kein geschlossenes Herrschaftsgebiet. Sie bestand aus seinem kleinen Eigenbesitz und aus Lehen der Hochstifte Verdun (hierzu gehörte Lauterecken) und Worms, des Erzstifts Mainz sowie aus Vogteirechten. Als Lehensherren vergrößerten die Grafen von Veldenz die Wasserburg. Der dabei entstandene Ort wurde um 1349 mit Stadtrechten ausgestattet. Danach entstand die Festungsanlage mit drei Toren und fünf Türmen entlang einer mächtigen Wehrmauer. 1393 begründete Friedrich III. von Veldenz (1396–1444) das Amt Lauterecken. Im Jahr 1444 gelangte die Grafschaft durch die Vermählung Annas von Veldenz (1390–1439),

 EXTRA aktiv

Draisinenfahrt durchs Glantal
Züge verkehren nicht mehr am historischen Bahnhof (Bahnhofstraße 1) in Lauterecken, er ist stattdessen heute einer von drei Mietstationen einer Draisinen-Strecke. Draisinen (Schienenfahrräder) können nicht nur hier, sondern auch in Altenglan und Staudernheim gemietet werden (www.draisinentour.de). Ausgelegt ist das Gefährt für fünf Personen, zwei davon müssen die Pedale treten, um auf der alten Glantalbahnstrecke vorwärts zu kommen. An geraden Tagen geht die Tour über 20 bzw. 40 km von Staudernheim oder Lauterecken nach Altenglan, an ungeraden umgekehrt. Feste Haltestellen (ca. alle 2 km) erlauben es, die Draisinen von der Schiene zu heben, um die Umgebung zu erkunden. Die Rückfahrt erfolgt privat oder mit öffentlichen Verkehrsmitteln. Info Touristinformation Pfälzer-Bergland „hin & weg", Bahnhofstr. 67, 66869 Kusel, Tel. 06381-424270.

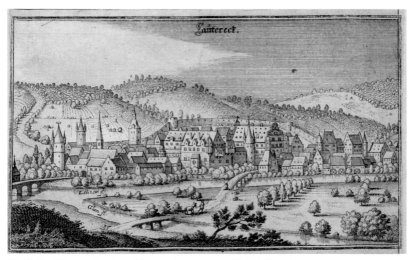

Matthäus Merians Stadtansicht von Lauterecken, 17. Jahrhundert

der einzigen Erbin Friedrichs III., mit Stefan von Pfalz-Simmern-Zweibrücken (1385–1459), an die Pfalzgrafschaft Pfalz-Zweibrücken und Lauterecken wurde wittelsbachisch. Im 16. Jahrhundert führte Pfalzgraf Ludwig II. von Pfalz-Zweibrücken (1502–1532) im Herzogtum Zweibrücken die Reformation ein. Die Bürger von Lauterecken bekannten sich jetzt zum lutherischen Glauben. Nach dem Tode Ludwigs II. 1532 übernahm sein jüngerer Bruder Ruprecht von Pfalz-Veldenz (1506–1544) die Vormundschaft über den noch unmündigen Sohn und Erben Ludwigs, den späteren Herzog Wolfgang von Pfalz-Zweibrücken (1526–1569). Aus Dankbarkeit stiftete dieser 1543 seinem Onkel Ruprecht eine eigene Pfalzgrafschaft, die aus den Ämtern Veldenz und Lauterecken, dem Gericht Jettenbach und dem Remigiusberg bestand. Lauterecken wurde zur Residenz der Nebenlinie Pfalz-Veldenz (auch Veldenz-Lauterecken, später Veldenz-Lauterecken-Lützelstein). Das neue Fürstentum bestand 151 Jahre und fiel erst nach dem Erlöschen der Linie im Mannesstamme wie-

der an die Hauptlinie Zweibrücken zurück. Ruprecht, der auf dem Remigiusberg lebte, erhob Lauterecken zur Residenzstadt und gab den Bau des repräsentativen Schlosses in Auftrag. Als er 1544 starb, hinterließ er seinen Sohn Georg Johannes I. von Veldenz-Lauterecken (1543–1592). Pfalzgraf Georg „Hans" und seine schwedische Gemahlin Anna von Wasa (1545–1610), Tochter des Schwedenkönigs Gustav Wasa (1496–1560), waren das bedeutendste Fürstenpaar dieser Linie. 1566 gelang es Georg Johannes I. die Grafschaft zu erweitern, unter anderem um Lützelstein (La Petite Pierre) im Elsass, wohin er später den Sitz seiner Residenz verlegte. Lauterecken litt wie alle Orte der Glangegend unter den Kriegen des 17. Jahrhunderts, v. a. dem 30-jährigen (1618–1648) und den Kriegen des französischen Königs Ludwig XIV. (1638–1715), im Zuge derer die Residenz zerstört wurde. Da Lauterecken im strengen Sinne immer noch ein Besitz des Bistums Verdun war, wurde im Zuge der Eroberungskriege des Letztgenannten die Forderung erhoben, die Stadt mit

Der Residenzturm

Frankreich wiederzuvereinigen. Als sich Pfalzgraf Leopold-Ludwig von Pfalz-Veldenz (1625–1694) widersetzte, musste er die Grafschaft verlassen. Mit seinem Tod 1694 erlosch die Linie Pfalz-Veldenz, da ihn keiner seiner Söhne überlebte. Der Erbprinz Gustav Philipp (1651 in Lauterecken geboren) wurde noch zu Lebzeiten des Vaters im Turm des Schlosses Lauterecken gefangen gesetzt und 1679 auf der Flucht erschossen. Die Ursachen seiner Gefangennahme bleiben spekulativ, möglicherweise trat er vom lutherischen zum

katholischen Glauben über und wurde in der Folge von seinem Vater eingesperrt. Die verwaiste Grafschaft sollte an Pfalz-Zweibrücken zurückfallen, doch es folgten heftige Auseinandersetzungen mit der Kurpfalz um das pfalz-veldenzsche Erbe. 1733 fiel schließlich der größte Teil, einschließlich Lauterecken, an die Kurpfalz. Auf dem Wiener Kongress 1815 wurde Lauterecken dem Königreich Bayern zugesprochen. Die Loslösung von Bayern erfolgte nach dem Zweiten Weltkrieg durch die Länderneuordnung. Lauterecken, heute in Rheinland-Pfalz, ist seit 1972 Sitz einer Verbandsgemeinde im Landkreis Kusel.

Rundgang

Kleine Gassen, verwunschene Ecken, alte Gemäuer und die Lauter, die durch einen kleinen Park plätschert, zeigen seit dem Beginn der Kernstadtsanierung ein ganz neues Bild von Lauterecken. Im Zentrum steht der ehemalige **Residenzturm** am Veldenzplatz. Die Geschichte der vermutlich bereits im 11. Jahrhundert erbauten Talburg mit Wassergraben und ihr genaues Aussehen sind weitgehend unbekannt. Nachdem die Grafen von Veldenz Lehnsherren geworden waren, vergrößerten sie die ursprüngliche Anlage. Im Zuge der Altstadtsanierung wurde der vermutliche Verlauf des Wassergrabens durch einen Grünstreifen angedeutet. Die im Bauernkrieg zerstörte Burg entstand 1535/1538 neu als Schloss im Renaissancestil. Südlich davon wurde ab 1570 das neue Schloss erbaut. Die umfangreichen aber heute zerstörten Gebäude sind durch Matthäus Merians Stadtansicht aus dem 17. Jahrhundert in ihrer Größe und Pracht gut dokumentiert. Vor einigen Jahren erwarb die Stadt Lauterecken die verbliebenen baulichen Reste aus Privatbesitz. Heute beherbergt der Veldenzturm ein Standesamt und eine Ausstellung mit Gemälden zu den Grafen von Pfalz-Veldenz (Kopien nach Originalen).

Vom ehemaligen Schloss zeugen Spolien, so ein **Renaissance-Torbogen** in der Schlossgasse. Gemusterte Quadersteine unterbrechen den Rundbogen auf Doppelpilastern. In der verschlossenen Öffnung ist ein barocker Türrahmen eingemauert. Unter dem Haus am Veldenzplatz 1 befindet sich ein spätgotischer Keller mit Kreuzgewölben. Die **evangelische Pfarrkirche**, ein einfacher neugotischer Saalbau mit eingezogenem Chor und schlankem Westturm, entstand zwischen 1865/66 anstelle der Vorgängerkirche. Dieser 1725 errichtete Bau diente bis

zum Bau der katholischen Kirche beiden Konfessionen als Gotteshaus. Die 1853 erbaute **katholische Pfarrkirche** ist ein einfacher Saal mit eingezogenem Chor und einem quadratisch übergiebeltem Westturm. Zu den ältesten Brücken der Pfalz zählt die fünfbogige **Steinbrücke** (17. Jahrhundert) über die Lauter. Sie steht an der Stelle eines zeitlich weit zurückreichenden Bachübergangs. Eine 1705 erlassene Bachordnung beschreibt sie mit fünf Bögen über vier Pfeilern. Der fünfte Pfeiler soll anlässlich der Herstellung des Mühlkanals entstanden sein und dürfte daher mit dem Umbau der Rheingrafenmühle um 1738 in Zusammenhang stehen.

Adressen und Auskunft
Stadthaus
Hauptstr. 49
67742 Lauterecken
Tel. 06382-1300
www.lauterecken.de
Stadtführungen oder Laternenwanderungen durch Lauterecken, Besichtigungen und Führungen durch das Veldenzschloss: Beigeordneter Günter Lüers, Tel. 06382-8805, mobil 0160-7417769

Essen und Trinken
Restaurant, Café,
Weinstube „Lauterecker Toskana"
Friedhofweg 3c
67742 Lauterecken
Tel. 06382-4030024
www.lauterecker-toskana.de
offen Mi–So 11:30–23 Uhr

Hotel Pfälzer Hof
Hauptstr. 12
67742 Lauterecken
Tel. 06382-7338

www.pfaelzer-hof.de
offen Mo–So ab 17 Uhr, Do Ruhetag

Anfahrt
mit dem PKW
Ab A6 (Abfahrt Kasierslautern Mitte): entlang der B270 32 km bis Lauterecken.
Ab A63 (Abfahrt Wörrstadt): entlang der B420 54 km bis Lauterecken.
Ab A62 (Abfahrt Kusel): entlang der B420 24 km bis Lauterecken.

Go Green
Zwischen Lauterecken und Bad Sobernheim/Staudernheim verkehrt die ORN-RegioLinie 260. In Bad Sobernheim bzw. Staudernheim besteht Zuganschluss von/nach Mainz, Bad Kreuznach, und Saarbrücken. In Lauterecken besteht Zuganschluss von/nach Kaiserslautern und Busanschluss von/nach Kusel (RegioLinie 539). Während der Draisinensaison werden am Wochenende zusätzliche Schnellbusse eingesetzt.

Meisenheim am Glan – eine Kleinstadt mit großer Vergangenheit

Das idyllische Örtchen Meisenheim, malerisch am Rande des Nordpfälzer Berglandes gelegen, ist eine der wenigen pfälzischen Städte, die von kriegerischen Auseinandersetzungen weitgehend verschont blieben. Die unter Denkmalschutz stehende, pittoreske Altstadt begeistert die Besucher bis heute durch ihre Vielzahl historischer Bauten aus unterschiedlichsten Epochen und Stilen.

Stadtgeschichte
Ausgrabungen belegen, dass bereits die Römer und Franken an der Flussbiegung des Glans, einen Nebenfluss der Nahe, siedelten. Der Ort Meisenheim wurde erstmalig 1154 in einer Urkunde des Klosters Disibodenberg erwähnt. Unter der Herrschaft der Grafen von Veldenz, die Meisenheim als ihren Hauptort auserwählt hatten, erhielt Graf Georg I. von Veldenz (1298–1347) von König Ludwig IV. dem Bayern (1281–1347), Pfalzgraf bei Rhein, auf dem Reichstag zu Speyer 1315 die Stadtrechte für seine *villa dicta Meysinheim* verliehen. Die Blütezeit der Stadt setzte schließlich ein, als 1444, nach dem Tod des letzten Veldenzers Friedrich III. (1396–1444), die Wittelsbacher mit den Herzögen von Pfalz-Zweibrücken das Erbe antraten. Pfalzgraf Stefan von Pfalz-Simmern-Zweibrücken (1385–1459) vereinigte die Grafschaft mit dem 1410 neu geschaffenen Herzogtum Zweibrücken. Meisenheim wurde in den Folgejahren bisweilen eine ernst zu nehmende Konkurrenz zur Hauptstadt Zweibrücken. 1459 begann Stefans Sohn, Herzog und Pfalzgraf Ludwig I. von Pfalz-Zweibrücken (1424–1489) mit dem Neubau des Schlosses anstelle der alten Grafenburg,

1479 folgte die Schlosskirche. Zunächst unterhielten die Herzöge in Meisenheim und Zweibrücken Wohnsitze, bevor sie die Hauptresidenz schrittweise nach Zweibrücken verlegten. Danach dienten ihnen die Schlossbauten als Sommersitz. Unter ihrer Herrschaft erstarkte der Handel in der Region und Meisenheim wurde zum Mittelpunkt des Glantals. Als Verwaltungssitz eines Oberamtes der mit dem schwedischen Herrscherhaus liierten Zweibrücker Dynastie erfuhr Meisenheim, vor allem unter Herzog Wolfgang von Pfalz-Zweibrücken (1526–1569), erhebliche Begünstigungen. Die Blüte der kleinen Residenzstatt fiel zusammen mit der Gründungszeit des Erzbergbaus im Pfalz-Zweibrücker Fürstentum. Besonders der Silber-Bergbau, den Herzog Wolfgang etablierte, war von überregionaler Bedeutung. Von 1538 bis 1571 gab es in Meisenheim, neben den damaligen Münzstätten in Wachenheim, Veldenz und Niederolm, eine Münzprägestätte, die anschließend nach Bergzabern verlegt wurde. Zudem legte der überzeugte Protestant mit einer Kirchenordnung den Grundstock für eine evangelische Landeskirche und begründete die Errichtung einer Lateinschule. Die Glanzzeit der Stadt im 16. Jahrhundert lässt sich bis heute an den erhaltenen Bauwerken ablesen. Dass dieses Städtchen sein Erbe an Bauwerken aller Art seit der Gotik unversehrt bewahren konnte, verdankt es der Pfalzgräfin und zeitweiligen Administratorin von Pfalz-

Die Schlosskirche,
das prächtigste Bauwerk Meisenheims

Der Boos von Waldeck'sche Hof in der Obergasse

Zweibrücken Charlotte Friederike (1653–1712), die einen französischen General dazu bewegte, als 1689 im Pfälzischen Erbfolgekrieg alle Stadtwehren und Burgsitze von den Franzosen eingeäschert wurden, seine sengende Hand nicht an Meisenheim zu legen. Unter der Herrschaft des aufgeklärten Herzogs Christian IV. von Pfalz-Zweibrücken (1722–1775) erlebte die Stadt im 18. Jahrhundert erneut eine wirtschaftliche Blüte. Erst mit dem Einmarsch der französischen Revolutionstruppen 1793 ging die Zeit der Ruhe und des Wohlstands endgültig zu Ende. 1798 gelangte die Kleinstadt als Kantonsort ins französische Saar-Département und war damit von der Pfalz abgeschnitten. Mit den Beschlüssen des Wiener Kongresses von 1814/15 verlor sie ihr Hinterland. Die Flüsse Glan und Nahe wurden gleichsam zur Grenze, die südlichen Gebiete kamen zur Pfalz, damals Teil des Königreiches Bayern, und die nördlichen Gebiete wurden Preußen, Coburg und Oldenburg zugeschlagen. Meisenheim, seit 1816 Verwaltungssitz des gleichnamigen Oberamtes, gehörte bis 1866 zur kleinen Landgrafschaft Hessen-Homburg. Nach dem verlorenen Preußisch-Deutschen Krieg 1866 fiel Hessen-Homburg im gleichen Jahr einschließlich des Oberamtes Meisenheim an Preußen, als kleinster Kreis im Staate. Dieser wurde schließlich 1932 zugunsten des Landkreises Bad Kreuznach aufgelöst. Mit den bayerischen Gebieten in seiner direkten Nachbarschaft wurde Meisenheim erst mit der Bildung des Landes Rheinland-Pfalz nach dem Zweiten Weltkrieg wiedervereinigt.

Stadtrundgang

Mit seinem mittelalterlichen Erscheinungsbild zählt Meisenheim zu den äußerst entdeckenswerten deutschen

Kleinstädten. Ob alte Fachwerkhäuser, prächtige Adelshöfe, historische Plätze, das imposanteste Wahrzeichen Meisenheims, die spätgotische Schlosskirche, oder ein Gang durch „das Rothenburg an der Glan" entführt in vergangene Zeiten. Guter Ausgangspunkt dafür ist der Parkplatz „An der Bleiche" (hinter der Sparkasse Rhein-Nahe), von dem die Altstadt in wenigen Minuten erreicht ist. Die Touristeninformation hält einen Faltplan inklusive der Beschreibung der wichtigsten Gebäude kostenlos bereit.

Die wehrhafte **Stadtmauer** mit dem **Bürgerturm** ist das erste Ziel. Ihre Errichtung erfolgte im Zusammenhang mit der Stadtrechtsverleihung 1315. Der Turm aus dem frühen 14. Jahrhundert diente einst neben der Verteidigung als Schuldgefängnis, sofern ein Schuldner nicht zahlen oder keinen sicheren Bürgen stellen konnte. Von hier aus geht es zum **Rapportierplatz**, dessen Name daran erinnert, dass hier die Bürgerwehr zum Rapport zusammen kam. Die Figur auf dem Brunnen von 1938 schuf der Kreuznacher Bildhauer Emil Cauer d. J. (1867–1946). Sie zeigt einen Knaben mit zwei Meisen in den Händen. Eine Meise ziert auch das Wappen der Stadt, deren Namen von einem hypothetischen Gründer *Meiso* abgeleitet wird. Der wehrhafte Turm des **Untertors**, dem einzigen noch erhaltenen Turm, der nach der Stadterhebung errichtet wurde, begrenzt den Platz am anderen Ende. Der Weg durch das Tor führt direkt zu einer Glanbrücke, von der sich ein malerischer Blick bietet. Innerhalb der Stadtmauer geht es durch die Untergasse zum **Thayn'schen Haus** (Nr. 54), dem prächtigsten Fachwerkbau des Ortes. 1570/80, als der Silberbergbau und die Münze Wohlstand in die Stadt brachten, wurde es für den Berghauptmann von Thayn erbaut. Beiderseits der Untergasse zweigen Zunftgassen ab, nach den Gewerben der Schmiede, Wagner und Gerber (Lauer) benannt, und gestatten immer wieder interessante Einblicke ins Gefüge der Bauten und Innenhöfe oder führen zu den noch an manchen Stellen vorhandenen Resten der alten Befestigung. Den sich nach rechts öffnenden Marktplatz beherrscht die langgestreckte, zweigeschossige **Markthalle** (um 1550/1560). Sie ist im Erdgeschoss als offene Säulenhalle mit zehn toskanischen Säulen gestaltet. Das Obergeschoss besteht aus einer geschlossenen Fachwerk-

 # EXTRA Genuss

Das Weinland Nahe

Das 4.590 Hektar umfassende Weinbaugebiet Nahe hat sich mittlerweile zur Spitzenweinregion entwickelt. Erstklassische mineralische Rieslinge und Burgunder wachsen an den Steilhängen des Glantals. Das Weingut im historischen Boos von Waldeck'schen Hof bietet neben Wein auch feine Brände aus Früchten des Nahe-Glan-Gebiets an. In einzigartigen Räumlichkeiten werden kulinarische Weinproben und Weinseminare veranstaltet. Infos unter: Boos von Waldeck'sche Hofkellerei und Hofbrennerei, Obergasse 26, 55590 Meisenheim, Tel. 06753-124841, www.boos-von-waldeck.de, Weinproben u. Verkostung nach Vereinbarung, Weinverkauf Di–Fr 13–18, Sa 10–17 Uhr, Führung mit Verkostung Di–Sa 14, 16:30 Uhr.

EXTRA Wissen

**Reisen mit der Postkutsche –
die herzogliche Pfalz-Zweibrücker Posthalterey**

Reisen wie in längst vergangenen Tagen mit der Postkutsche durch die Landschaft des Glantals: Verschiedene Touren, von einem halben bis zu drei Tagen, führen von Meisenheim sogar bis nach Zweibrücken. Sollten Sie nicht so viel Zeit mitbringen, dann entscheiden Sie sich für eine sonntägliche Kutschentour durch die Altstadt von Meisenheim. Die Fahrten finden bei ausreichenden Anmeldungen statt. Infos und Termine unter: www.glantal-events.de, Veranstalter: Herzoglich Pfalz-Zweibrücker Posthalterey, 67744 Kappeln, Tel.: 06753-964826.

fassade. 1764 erfolgte ein Umbau zu Wachtstube, Gefängnis und Wohnung. Sehr schön ist die **Mohren-Apotheke** am Markt 2, ein Bau des 16. Jahrhunderts mit einem zweigeschossigen Runderker. Seit dem 17. Jahrhundert wird hier eine Apotheke betrieben. Das **Rathaus** in der Untergasse belegt den großen Wohlstand der Stadt zu Beginn des 16. Jahrhunderts. Baumeister und Steinmetz Philipp von Gmünd (1482–1523), einer der wichtigsten Künstler der Spätgotik am Mittelrhein, bewies mit diesem schmucken spätgotischen Bau um 1508 sein Können. Die große Halle im Erdgeschoss mit sechs Rundpfeilern wurde als Frucht-Markthalle genutzt und diente als Aufbewahrungsort für Bürgerwaffen und Feuerhaken, Leitern und Ledereimer. Die Ratsstube befand sich im Obergeschoss, ab 1528 auch eine Wirtschaft. 1611 erhielt das Gebäude einen Dachreiter, von wo aus vermutlich Feueralarm gegeben wurde. Ein weiterer Anbau erfolgte 1934 in der Rathausgasse, nachdem das Nachbar-Anwesen „Affenstein" erworben worden war. Nach Umbauten zwischen 1991 bis 1994 sind hier heute das Bürgermeisterzimmer, ein Sitzungssaal, eine Altentagesstätte und die Stadtbücherei untergebracht. Bemerkenswert sind die drei Rathausportale, deren spitzbogigen Öffnungen um 1765 prächtige Barocktü-

ren eingepasst wurden. Diese Arbeiten stammen aus der Werkstatt des Johann Christoph Schmidt (1695 - 1722), der als „Türenschmidt" und Begründer des sogenannten „Meisenheimer Barockes" ein beachtliches Werk hinterließ, von dem im Ort noch etliche Haustüren zeugen. Gegenüber dem Rathaus mündet die Mühlgasse ein und führt zum Rest des **Münzturms** am Glanufer (am Wehr). Das mit hübschem Fachwerk versehene **Lettermann'sche Haus** in der Untergasse 16 stammt aus dem 17. Jahrhundert und ist Sitz der Touristeninformation. Am Ende, dort wo die Untergasse leicht ansteigend in die Amtsgasse mündet, steht das ansehnliche **Gelbe Haus**. Bereits 1321 übertrugen die Veldenzer die Pfarrkirche samt Diensten und Einkünften den Johannitern von Herren-Sulzbach. Danach verlegten die Leute vom *Orden Sente Johannis des heiligen Spitalis von Jerusalem über mer* ihre Komturei nach Meisenheim und richteten sich gleich unterhalb der Kirche ein, wo heute das Gelbe Haus und das benachbarte Gotische Haus (Untergasse 2, 14./13. Jahrhundert) als baulich höchst stimmungsvolles Ensemble stehen. Das 1497 erbaute Gelbe Haus diente bis 1532 der Johanniterkommende (Niederlassung des Ordens) als Unterkunft. Später waren hier die herrschaftliche Landschreiberei und eine Lateinschule untergebracht. Im 17. Jahrhundert wurde ein überdachter Steg zum Schlossplatz hin errichtet. Die hübsch bebaute Amtsgasse wird durch die mächtige Schlosskirche beherrscht.

Schlosskirche

Das prächtigste Bauwerk Meisenheims ist seine Schlosskirche, ein wahres Prunkstück der Spätgotik und zugleich der bedeutendste Bau dieser Epoche im Nahegebiet. Das Wahrzeichen der Stadt birgt so manchen Schatz, wie zum Beispiel die Grablege der Herzöge von Pfalz-Zweibrücken.

Die Schlosskirche steht auf den Grundmauern eines für 1269 belegten, sicherlich aber noch erheblich älteren Gotteshauses. Die heutige Kirche entstand ab 1479 im Auftrag des Pfalzgrafen Ludwig I. von Pfalz-Zweibrücken durch den aus Frankfurt stammenden Baumeister Philipp von Gmünd (vgl. Alexanderkirche Zweibrücken). An der 1504 im Beisein von Pfalzgraf Alexander von Pfalz-Zweibrücken (1462–1514) geweihten Hof-, Grab- und Pfarrkirche, aber auch Ordenskirche der Johanniter, gingen die Arbeiten noch 20 Jahre weiter. Mit der Einführung der Reformation 1532 kam es zur Versteigerung des spätgotischen Inventars. 1794 diente sie als Heumagazin, aus dem Gestühl wurde Brennholz und die Ephitaphien verkamen zu Schießscheiben. Preußische Baumeister des 19. Jahrhunderts brachten neugotische Verschönerungen an. Aus dem 20. Jahrhundert stammen die sieben Chorfenster (1968), die der Münchner Künstler Helmut Ammann (1907–2001) mit Szenen aus dem Alten und Neuen Testament entwarf. Aus der Erbauungszeit haben sich nur die schönen schmiedeeisernen Gitter der Grabkapelle und Reliefbilder der vier Kirchenväter als Rest einer Steinkanzel erhalten. Von der barocken Ausstattung des Philipp Heinrich Hellermann (1725–1806) sind die reich geschnitzte Kanzel aus Eichenholz und Nussbaumfurnieren der Jahre 1766 bis 1770, sind die 1967 verkürzte Empore und die für Orgelkonzerte beliebte 2-manualige Stumm-Orgel (vgl. Flörsheim-Dalsheim) von 1767 erhalten geblieben.

Die dreischiffige Hallenkirche besteht aus fünf Jochen und hat einen prachtvoll ausgebildeten, 52 m hohen Turm mit fialenbekrönten Strebepfeilern. Er trägt einen durchbrochenen Turmhelm mit zierlicher, vierseitiger Laterne und einer Galerie. Der quadratische, lichtlose Vorchor wird von einer Grabkapelle und einer zweigeschossigen Sakristei flankiert. Das Mittelschiff ist etwas höher als die Seitenschiffe ausgebildet. Die Stern- (Mittelschiff, nördliches Seitenschiff) und Netzgewölbe (südliches Seitenschiff) ruhen auf Rundpfeilern mit achteckigem Sockel und Kämpfer. Im Vorchor und Chorpolygon gibt es weitere reiche Sterngewölbe.

Grabkapelle der Wittelsbacher

In der südlichen Chorkapelle, die noch vor der eigentlichen Kirche fertiggestellt wurde, finden sich zahlreiche Gräber von Mitgliedern des Hauses Pfalz-Zweibrücken und verwandter Linien vom 15. bis ins 17. Jahrhundert. Dieser Raum erfuhr als Ort der Erbbegräbnisse eine vorrangige Ausgestaltung. Besonders beachtenswert ist das kompliziert aufgebaute Deckengewölbe, das aus übereinanderliegenden, steinernen Rippengeflechten besteht. Die Schlusssteine der sich überkreuzenden Rippen tragen Bilder von Maria, eine Kreuzigungsgruppe, Evangelistensymbole und Wappen. Jeden Morgen sollte sich hier der Komtur mit Ordensrittern zum Gebet einfinden. Bemerkenswert sind vor allem die Renaissance-Epitaphien, insbesondere das von Herzog Wolfgang

(† 1569) und Anna von Hessen († 1591). Das 6 m hohe Werk, dessen Hauptteil die detailgetreuen Figuren der Verstorbenen zeigt, wird dem in der Renaissance an linksrheinischen Fürstenhöfen beliebten Johann von Trarbach (1530–1586, vgl. Simmern) zugeschrieben. Eine Inschrift preist die Tugenden und Taten Herzog Wolfgangs (Einführung der reinen evangelischen Lehr in gefahrvoller Zeit, Errichtung von Schulen) und lobt seine rühmliche Rolle in der Reichspolitik (Kriegsdienst für Kaiser Maximilian II. gegen die Türken auf eigene Kosten, er brachte den um des Glaubens willen Bedrängten Hilfe und dem gepeinigten Reich Frieden). Ein wesentlich schlichteres Epitaph erinnert an eine Tochter des Paares. Der berühmteste unter den hier Bestatteten dürfte Carl I., Pfalzgraf und Herzog von Pfalz-Zweibrücken-Birkenfeld (1560–1600) sein, Sohn von Wolfgang und Anna, Begründer der Birkenfelder Linie. Einer seiner Nachfahren war Maximilian IV. Joseph von Pfalz-Zweibrücken-Birkenfeld-Bischweiler (1756–1825). Als Maximilian I. wurde er 1806 der erste König des Königreichs Bayern und begründete damit die Wittelsbacher Königslinie, die bis 1918 in Bayern herrschte. Carls Prunkgrab, eine Schöpfung des Bildhauers Michael Henckhell (Schaffenszeit um 1660/1602) aus Bergzabern, zeigt den Herzog breitbeinig und den Feldherrnstab in die Hüfte gestützt in einer barocken Muschelnische. Ein Großteil der Grabmäler stammt aus der Epoche Herzog Wolfgangs, aber auch spätere Werke orientieren sich noch an deren Stil, etwa das 1721 hergestellte Epitaph für Pfalzgräfin Charlotte Friederike, der Retterin Meisenheims. Die steinerne Bodenplatte mit dem Metallwappen des Hauses Pfalz-Zweibrücken markiert den Zugang zur Gruft und wurde 1896 auf Wunsch Kaiser Wilhelms II. (1859–1941) und des bayerischen Prinz-

regenten Luitpold (1821–1912) in den Boden eingelassen. Seit der Zeit des Herzog und Pfalzgrafs Ludwig I. von Pfalz-Zweibrücken werden hier die Gebeine der Toten aufbewahrt. Zuvor diente die Stephansgruft unter dem Mittelschiff als Grabstätte. An beiden Orten sind 44 Angehörige des Hauses Wittelsbach bestattet. Die 1988 wiederentdeckte Grabplatte der 1439 verstorbenen Anna von Veldenz (1390–1439), Ehefrau von Stefan I. von Pfalz-Simmern-Zweibrücken, die aus dem Vorgängerbau der Kirche stammt, ist heute an der Wand vor dem Gittertor zur herzoglichen Grabkapelle zu sehen. Einige andere, sehr fein gearbeitete Grabplatten stammen von Angehörigen der Familie Boos von Waldeck. Die vermögenden Freiherren spielten am Herzogshof eine große Rolle und besaßen in Meisenheim ein großes Anwesen.

Die Schlosskirche bildet zusammen mit dem **Herzog-Wolfgang-Haus** den einzigen erhaltenen Rest des ehemaligen Schlosses. Das der Kirche benachbarte Haus entstand 1614 auf Überresten des um 1200 begründeten Schlosses als Witwensitz für die Zweibrücker Pfalzgräfinnen und erhielt 1825 einen neugotischen Anbau. Es diente danach als Sommer-Residenz des hessen-homburgischen Landgrafenpaares Friedrich VI. (1820–1829) und Elisabeth (1770–1840), einer englischen Prinzessin. Ihre Wappen erinnern an die Zeit, als sie sich hier aufhielten und über dem Glanufer einen prächtigen Garten anlegen ließen. Zwischen 1869 und 1932 war der Bau Sitz des Landratsamtes des Kreises Meisenheim. Heute befindet sich hier eine Heilpädagogische Einrichtung der Kreuznacher Diakonie. Von der Amtsgasse zweigt rechts die geschichtsträchtige

Fachwerkhäuser am Klenkertor

Kirchenordnung von Herzog Wolfgang,
Ausgabe von 1570

Obergasse ab, im Mittelalter das Zentrum des gesellschaftlichen Lebens, denn der Adel siedelte hier ebenso wie die Hofprediger. Hier dominieren große Adelshöfe mit großen, von Nebengebäuden umgebenen Höfen. Die massiven Wohnhäuser, meist mit einen Treppenturm an der Hofseite versehen, entstanden innerhalb weniger Jahrzehnte nach 1500 fast gleichzeitig, als sich Adlige aus dem Hunsrück in das durch die Zweibrücker Schirmherren geförderte Zentrum drängten. An der Weggabelung Obergasse/Luisengässchen steht ein Fachwerk-Doppelhaus von 1580, dessen nördliche Hälfte zweistöckig, die südliche dreistöckig ist. Der im Volksmund übliche Name „**Ritterherberge**", in den Archivunterlagen nicht nachweisbar, rührt wohl daher, dass sich hier einst Angehörige einheimischer Ritterfamilien trafen und zechten. Eventuell diente die Ritterherberge zur Übernachtung von auswärtigen Adeligen in der Stadt. Von hier bietet sich der bekannte Blick auf den Turm der Schlosskirche. Der **Fürstenwärther Hof** (Nr. 8) aus dem 16. Jahrhundert mit einer Fassade von 1855,

gehörte 1711–1853 den Herren von Fürstenwärther, Nachkommen des Herzogs Friedrich Ludwig von Pfalz-Zweibrücken und seiner Gattin, der Glöckner-Tochter Maria Hepp. Sie wurden 1711 in den Stand von Freiherren erhoben. Das Wappen über der Balkontür zeigt links von Fürstenwärther (Frau mit Dreifaltigkeitsblume auf Turm) und rechts von Kellenbach (Löwe). Das sogenannte **Inspektoren Haus** (Nr. 19) mit Sichtfachwerk und Treppenturm mit achteckigem Grundriss wurde um 1600 als Privathaus erbaut. Später kam es in den Besitz der herrschaftlichen Regierung und diente nach 1727 der lutherischen Gemeinde als Pastorat. Gegenüber erhebt sich am Abgang der Marktgasse die **ehemalige lutherische Christianskirche**, 1761 bis 1771 nach Plänen des herrschaftlichen Landbaudirektors Philipp Heinrich Hellermann erbaut, unterstützt durch Christian IV. von Pfalz-Zweibrücken. Der einfache, rechteckige Saalbau mit Rundbogenfenstern und Walmdach, heute ein Gemeindehaus, diente den Lutheranern bis zur Kirchenunion 1836 als Gotteshaus. Am Ende der Obergasse steht der **Boos von Waldeck'sche Hof** (Nr. 26), der schönste und älteste Adelshof der Altstadt mit über 800-jähriger Geschichte. Im Mittelalter war er Lehenshof der Grafen von Veldenz, bzw. der Herzöge von Pfalz-Zweibrücken. Urkundlich gesichert ist 1422 die Übertragung an die aus dem Rheinland stammende Adelsfamilie Boos von Waldeck und Monfort. Diese Familie, die über Jahrhunderte den Herzögen von Pfalz-Zweibrücken diente, hielt den Hof bis 1806. Nach Jahren des Verfalls endete 2009 die liebevolle Renovierung und heute wird das sehenswerte Anwesen als Verkaufsstelle und Veranstaltungshaus des Weingutes Klostermühle Odernheim genutzt. Die Rückseite des Gebäudes besitzt noch den Charakter des 16. Jahrhunderts mit einem runden Treppenturm. Die Straßenfront dagegen ist geprägt durch einen Umbau von 1822. Von der Amtsgasse führt rechts das Klenkertor ab. Hier steht die **katholische Pfarrkirche St. Antonius von Padua**, ein dreiseitig geschlossener Saalbau (1685) in schlichtem Barockstil, einst Gotteshaus einer kleinen Niederlassung des Kölner Franziskanerkapitels. Der Turm im Barockstil kam 1902 hinzu. Gegenüber erinnert ein prächtiger Fachwerkbau an eine bemerkenswerte Epoche: Im **Gasthof Engel** (Klenkertor 6) wickelte in den Jahren 1714 bis 1718 der polnische Exilmonarch Stanislas Leszczyński (1677–1766) bei oftmaligen Aufenthalten zu Meisenheim seine Geschäfte ab.

Adressen und Auskunft
Touristeninformation
Untergasse 16 (April–Okt.)
Obertor 13 (Verwaltung, ganzjährig)
55590 Meisenheim
Tel. 06753-12123
www.meisenheim.de

Sehenswertes
Evangelische Schlosskirche
Schlossplatz
55590 Meisenheim
geführte Besichtigungen im Rahmen von Stadtführungen, in der Sommersaison So, Feiertage 14:30 Uhr, Treffpunkt vor der Schlosskirche am Schlossplatz.

HKM Events GmbH & Co. KG bietet Kanu-Paddel-Touren auf dem Glan an. Infos unter:
Am Wehr 1
55590 Meisenheim
Tel. 0171-2321749
www.hkm-meisenheim.de

Essen und Trinken
Meisenheim bietet eine vielseitige Gastronomie: Viele Restaurants, Bistros sowie gemütliche Cafés sind in der Altstadt anzutreffen.

Café im Landhotel am Wasserrad
Am Wehr 2
55590 Meisenheim
Tel. 06753-3036
www.hotel-am-wasserrad.de
offen Mo–Sa 8–19, So, Feiertag 10–19 Uhr, Torten und Kuchen aus eigener Herstellung nach traditionellen Rezepten, warme und kalte Speisen.

Anfahrt
mit dem PKW
Ab A61 aus nördlicher und südlicher Richtung (Abfahrt Bad Kreuznach), von der B41 Richtung Bad Sobernheim bis Meisenheim fahren
Ab A1 und A62 aus westlicher Richtung (Abfahrt Idar-Oberstein).

Go Green
Mit Regionalbahnen aus Saarbrücken, Kaiserslautern, Worms, Mainz und Koblenz. Von Bad Sobernheim aus mit den Bussen der RegioLinie 260. Fahrplaninfos unter www.rnn.info, RNN-Tageskarten gibt es für Familien- und Kleingruppen.

Neustadt an der Weinstraße und seine Stiftskirche – eine bedeutende Grablege der Wittelsbacher und ihre „heimliche Hauptstadt"

Neustadt an der Weinstraße liegt im Herzen der Pfalz. Die liebevoll restaurierten Fachwerkhäuser der Altstadt, ihre verwinkelten Gassen locken viele Besucher an.

Geschichte

Das Gründungsgebiet Neustadts am Ausgang des Speyerbachtals gehörte zum Speyergau und war salisches Hausgut. Als Reichslehen kam es an die Bischöfe von Speyer. Die *nova civitas* entstand vermutlich Ende des 11., zu Beginn des 12. Jahrhunderts an einer zuvor unbesiedelten Stelle in der Gemarkung des bereits 774 urkundlich erwähnten Dorfes Winzingen. Ein Gründungsdatum ist nicht überliefert, möglicherweise geht der Ort auf Pfalzgraf Konrad (1156–1195), wahrscheinlicher jedoch auf Pfalzgraf Ludwig den Kelheimer (1214–1228) zurück, die damit ihre territorialpolitischen Ansprüche sicherten. Nachdem König Ludwig IV. (1281–1347) 1319 den Söhnen seines Bruders Rudolf I. (1274–1319), nämlich Rudolf II. (1306–1353) und Ruprecht I. (1309–1390) als Erben die Kurpfalz übergeben hatte und im Hausvertrag von Pavia 1329 die Pfalz von Bayern getrennt worden war, kam Neustadt unter die Herrschaft der Kurfürsten und Pfalzgrafen. Sie wählten Neustadt, das kirchlich zum Domstift Speyer gehörte und seit 1318 als bi-

schöfliches Lehen an die Kurfürsten vergeben wurde, zu ihrer Residenz. Auf Pfalzgraf Ruprecht I. aus dem Hause Wittelsbach, von Kaiser Karl IV. (1316–1378) 1356 mit der Kurwürde versehen, die von nun an fest mit der Person des jeweiligen Pfalzgrafen verbunden war, geht die Gründung eines Kollegiatstifts (1356) und der Bau der Stiftskirche zurück. Das jahrhundertealte Wahrzeichen der Stadt sollte, so der Wille seines Erbauers, als Begräbnisstätte der kurfürstlichen Familie dienen. Als Sitz eines Oberamtes war Neustadt, das 1275 von König Rudolf I. von Habsburg (1218–1291) das Stadtrechtsprivileg verliehen bekam, bis zum Ende der Kurpfalz (1803) ein Verwaltungsmittelpunkt des kurfürstlichen Herrschaftsgebietes und zeitweilig auch Nebenresidenz zu Heidelberg. Nach Auseinandersetzungen im Bauernkrieg stieg Neustadt im Zuge der Reformation in der zweiten Hälfte des 16. Jahrhunderts zum Zentrum calvinistischen Denkens auf; eine calvinistische Universität und die sogenannte Neustadter Bibel waren das Ergebnis. Von den Zerstörungen des Pfälzischen Erbfolgekriegs blieb der Ort verschont. Die Napoleonischen Kriege brachten das Ende der Kurpfalz und Neustadt wurde ab 1797 für knapp zwei Jahrzehnte Französisch. 1816 gelangte die Stadt zusammen mit der linksrheinischen Pfalz an das bis 1918 von den Wittelsbachern regierte Bayern, bis sie nach dem Zweiten Weltkrieg an das neu gegründete Bundesland Rheinland-Pfalz kam.

Blick auf den Turm der Stiftskirche von der Metzgergasse aus

Fresko eines wappentragenden Engels an der Decke der evangelischen Stiftskirche, um 1420

Stadtrundgang

Neustadts historische Altstadt mit dem größten Fachwerkbestand der Pfalz ist zu Fuß leicht zu entdecken. In der in Bahnhofsnähe gelegen Touristeninformation gibt es kostenlose Stadtpläne mit Empfehlungen für einen Rundgang. Einige Besonderheiten sind im Folgenden beschrieben, beginnend mit der **Stiftskirche** am Markplatz, einem bedeutenden Memorialbau des Hauses Wittelsbach.

Bereits Kurfürst Rudolf II. beabsichtigte die alte Neustadter Pfarrkirche St. Ägidius zur Hauskirche der Wittelsbacher auszubauen und in ein Kollegiatstift umzuwandeln. Sein Tod 1353 verhinderte dies und er wurde noch in der Vorgängerkirche des heutigen Baus begraben. Der Amtsnachfolger Ruprecht I. führte die Wünsche seines Bruders aus und erhob 1356 zum Gedenken an seine Familie die alte Pfarrkirche in den Rang einer Kollegiatstiftskirche. Zunächst sollten 10, später bis zu 14 Stiftskanoniker als Weltgeistliche unter der Leitung eines

Dekans den Angehörigen der Wittelsbacher gedenken. Ruprecht I. veranlasste zudem 1368 die Grundsteinlegung zum Chor einer größeren Kirche, um dem gewachsenen Platzbedarf Rechnung zu tragen. 1566 hob Kurfürst Friedrich III. (1515–1576) das Stift auf und überließ die Kirche den Reformierten, welche das Inventar der Kirche samt Reliquienschatz zerstörten. Von nun an wurde die Kirche mal der einen, mal der anderen Konfession zugewiesen, je nach Gesinnung des Kurfürsten. Nachdem der katholische Gottesdienst in der Kurpfalz wieder erlaubt war, verwalteten ab 1700 die Jesuiten die katholische Pfarrei. Im Zuge der Religionsdeklaration 1705 erhielten die Katholiken den Chor der alten Stiftskirche, während die Protestanten das größere Langhaus mit den Türmen zugesprochen bekamen. Die beiden Teile der Kirche wurden mit der heute noch existierenden Mauer getrennt. Der Chor diente bis 1862 als katholische Pfarrkirche. Da dieser Bereich für die wachsende Gemeinde schon lange zu klein geworden war, finanzierte der Wittelsbacher König Ludwig I. von Bayern (1786–1868) den Neustadter Katholiken die benachbarte neugotische Marienkirche als neue Pfarrkirche. Der König wünschte beim Neubau jedoch, dass die altehrwürdige Stiftskirche – wenn auch nur noch Filialkirche – weiterhin als Gedenkstätte seines Hauses dienen und für das Herrschergeschlecht Wittelsbach darin Gottesdienste abgehalten werden sollen. Derzeit werden an zwei Sonntagen im Jahr feierliche „Wittelsbachermessen" mit Gräbersegnung als Stiftmessen abgehalten. Das Langhaus dient bis heute als evangelische Pfarrkirche.

Der 1368 begonnene Neubau der Stiftskirche wurde nach und nach über dem Altbau errichtet, um so lange wie möglich Räume für Gottesdienste zur Verfügung zu haben. Zunächst kam ein Chor (vermutliche Weihe 1383) östlich hinter dem Chor der alten Pfarrkirche dazu. Zeitgleich entstand im Westen nach und nach vor der alten Kirche die Doppelturmfassade mit einer Vorhalle. Das anschließend begonnene, dreischiffige Langhaus stellt die Verbindung zwischen Chor und Türmen dar. 1489 wurde der Bau mit den letzten Turmgeschossen vollendet. Außen beeindruckt das Gotteshaus vor allem durch die aufwendige Ausführung des reich verzierten Stifts- und Pfarrchores, dem ein schlichtes Langhaus mit Vorhalle und Doppelturmfassade folgt. Bemerkenswert sind die zwei von Anfang an geplanten kapellenartigen Anbauten an das Chorpolygon, die dem Chor eine Kreuzform verleihen und als Erweiterung des Langchores der oberrheinischen Bettelordensgotik anzusehen sind.

Katholische Kirche (Chor)

Der katholische Chor ist durch eine Tür vom Kartoffelmarkt aus zugänglich, die erst nach der Kirchenteilung eingebaut wurde. Zuvor war hier der Eingang zur Sakristei, über der sich der Kapitelsaal befindet. Vom Lettner, der einst Stiftsvom Pfarrchor trennte, hat sich ebenso wenig erhalten wie vom ursprünglichen Figurenschmuck. Der reich gestaltete Stiftschor (Kreuzrippengewölbe mit Laubwerkkapitellen) wird durch einen Triumphbogen vom einfacher gestalteten Pfarrchor getrennt. Beachtenswert sind die Konsolplastiken an den Zugängen zur Seitenkapelle mit Tieren und Blattmasken. An den Seitenwänden sind die Konsolen abgekragt, da sich darunter das Gestühl der Stiftsherren befand. Die Bedeutung der Bauherren zeigt sich in der Helmzier der pfälzischen Wittelsbacher im Schlussstein direkt über dem Altar und dem kurpfälzischen Wappenschild im folgenden Joch. Auch die Größe der in den Kappen des Chorgewölbes aufgemalten Stifterpaare hebt deutlich den Sinn des Chores als Seelenheilstiftung der frühen pfälzischen Wittelsbacher hervor. Auf der Nordseite sieht man Kurfürst Ruprecht III. (1352–1410), den späteren König Ruprecht I., und seine Gemahlin Elisabeth von Hohenzollern (1358–1411). Elisabeth, Tochter des Burggrafen von Nürnberg, starb 1411 und wurde in der Heiliggeistkirche in Heidelberg bestattet, wo bis heute ihre Figur auf dem Doppelgrabmal des Königspaares zu sehen ist. Auf der anderen Seite ist Ludwig III. (1378–1436) dargestellt, Sohn und Nachfolger König Ruprechts III., der, nachdem die Königswürde 1410 auf den Luxemburger Sigismund übergegangen war, die Rolle als Stellvertreter des Königs im Reich innehatte und zugleich Reichsrichter war. Neben ihm ist seine Gemahlin Blanca von England (1392–1409), Tochter des englischen Königs Heinrich IV., dargestellt. Seine Heirat mit der erst zehnjährigen Blanca fand 1402 im Kölner Dom

Das Casimirianum, die ehemalige Universität Neustadts

statt, doch bereits 1409 verstarb die junge Frau in Hagenau an Fieber und wurde daraufhin als letzte der Wittelsbacher in der Stiftskirche beerdigt. Die Malerei im Chorschluss stellt Christus als Weltenrichter zwischen dem Auferstandenen, Maria und Johannes sowie Engeln dar. In der südlichen Seitenkapelle des Chores befindet sich eine Gnadenstuhl-Darstellung aus der gleichen Zeit. Die Malereien beauftragte Ludwig III. wahrscheinlich kurz nach 1410, dem Todesjahr seines Vaters. Sie sind im sogenannten „weichen Stil", der von 1380 bis 1420 üblich war, gestaltet. Die jetzigen Fenster sind, ebenso wie die Figuren der Kirchengründer Rudolf II. und Ruprecht I., eine Stiftung des Hauses Wittelsbach von 1905.

Unter der Empore sind seit der Wiederentdeckung 1906 Grabplatten der pfälzischen Wittelsbacher zu sehen: Pfalzgraf Rudolf II. († 1353) und seine zweite Ehefrau Margaretha von Sizilien-Aragon († 1377), ferner die Grabplatten von Ruprecht I. († 1390) und seiner Gemahlin Beatrix von Berg († 1395) sowie Blanca von England († 1409). Weitere Platten gehören zu Hans von Venningen (gest. 1444), der zwischen 1422 und 1444 oberster Beamter der Kurfürsten in der Neustadter Amtsverwaltung war und dessen Wappen in der Vorhalle in einem Schlussstein zu sehen ist, sowie zu dem Rittmeister Hansjerg Rodi († 1632), einem Offizier der Neustadter Reiterkompanie während des 30-jährigen Krieges (1618–1648). Die Jesuiten ließen um 1740 den prächtigen barocken Hochaltar im Chor fertigen, der mit seiner oberen Gloriole dem des Petersdomes in Rom nachempfunden ist. Sie begannen wieder offiziell für die Verstorbenen des Hauses Wittelsbach zu beten, wozu die Stiftskirche eigentlich errichtet worden war und ließen die alten Wittelsbacher Gräber instandsetzen. Aus dieser Zeit existiert zudem eine neue Gebets- und Messverpflichtung für Kurfürst Johann Wilhelm von der Pfalz (1658–1716).

Evangelische Kirche (Langhaus)

Das Innere der evangelischen Kirche ist im Vergleich zum katholischen Teil einfach gehalten, sowohl im Bau als auch in der heutigen Ausstattung. Die Arkaden zwischen Haupt- und Seitenschiff stützen sich auf mächtige Rundpfeiler mit flachen Ringkapitellen. Das Gewölbe ruht auf einfachen Konsolen. Der dreijochige Emporenunterbau entspricht in seiner Gliederung den Jochen der Vorhalle. Das oberhalb der 1970 eingeweihten Orgel befindliche große Maßwerkfenster beleuchtet den Innenraum. Aus der Erbauungszeit der Kirche blieben erhalten: die Kanzel aus dem frühen 15. Jahrhundert, die bei der Innenrenovierung 1928 in den Altarraum versetzt wurde, sowie ein Teil eines Chorgestühls mit vier Sitzen, das durch geschnitztes Rankenwerk, Wappen sowie kleinen Figuren in unterschiedlicher Tracht verziert ist. Die Miserikordien (Stützen) an den Unterseiten der Klappsitze, die den Stiftsherren langes Stehen während der Messen erleichtern sollten, sind mit Narren- und Frauenköpfen geschmückt. Das vermutlich von Eitel von Sickingen,

Vogt auf der Burg Winzingen, 1485 in Auftrag gegebene Werk ist neben einigen Sitzen in Deidesheim das einzige erhaltene mittelalterliche Chorgestühl in der Pfalz. Die Tafel links vom Eingang entstand 1617 anlässlich der Jahrhundertfeier zur Reformation und zeigt das Wappen von Kurfürst Friedrich V. (1596–1632) und seiner Gemahlin Elisabeth Stuart (1596–1662), einer Tochter Jakobs I. von Schottland (1566–1625) und einer Enkelin Maria Stuarts (1542–1587). Die Trennwand des Langhauses ziert seit 1928/29 ein spätexpressionistisches Mosaik des auferstandenen Christus nach einem Entwurf des Karlsruher Malers August Babberger (1885–1936). Die nördlichen Glasmalereien der Fenster, gleichfalls nach einem Entwurf von Babberger, stellen Kurfürst Ottheinrich (1502–1559) dar, unter dessen nur dreijähriger Regentschaft die Pfalz evangelisch wurde, König Gustav Adolf von Schweden (1594–1632), der den Reformierten in Deutschland im 30-jährigen Krieg beistand, und Pfalzgraf Johann Casimir von Pfalz-Simmern (1543–1592), der 1578 mit dem Casimirianum die erste reformierte Hochschule gründete. Auf der Südseite befindet sich in der Mitte Martin Luther (1483–1546), eingerahmt von den Gelehrten der Neustadter Hochschule: Zacharias Ursinus (1534–1583), dem Mitverfasser des Heidelberger Katechismus, und David Pareus (1548–1622), dem Herausgeber der Neustadter Bibel. Das Kreuz an der Nordseite im Pfarrchor ist ein Werk von Otto Kallenbach (1911–1952) aus Trippstadt und wurde von einem Neustadter Bürger aus Dankbarkeit über die Rückkehr seiner Söhne aus dem Zweiten Weltkrieg gestiftet. 2012/2013 wurden bei Renovierungsarbeiten Malereien im Langhaus-Gewölbe freigelegt. Äußerst beachtenswert sind die vier wappentragenden Engel, die den Schlussstein mit dem Wappen des Kurfürsten Ludwig III. umgeben und der Frauen gedenken, die in seinem Leben eine wichtige Rolle spielten. Es handelt sich um die kaum noch erkennbaren Wappen seiner Großmutter Beatrix von Sizilien-Aragon (1326–1365), seiner Mutter Elisabeth von Hohenzollern-Nürnberg, seiner ersten Ehefrau Blanca von England und schließlich das seiner zweiten Gattin Mechtild von Savoyen-Achaia (1390–1438). Ludwig III. hatte die bereits 1365 verstorbene Großmutter nie kennengelernt, aber ihr Name findet sich in den Gebetsverpflichtungen der Kirche. Er ehelichte 1417 seine zweite Frau Mechthild, in dieser Zeit könnten die Malereien entstanden sein. Sie nahm am Ende der Regierungszeit Ludwigs, als er bereits durch Krankheit gezeichnet war, eine wichtige Rolle am kurpfälzischen Hof ein. Die wieder entdeckten Gemälde belegen zusammen mit den Malereien im katholischen Teil der Kirche, welche illustren Beziehungen die Wittelsbacher zum europäischen Hochadel unterhielten und verweisen auf die Bedeutung der Pfalzgrafschaft um die Wende vom 14. zum 15. Jahrhundert.

In der ehemaligen Stiftskirche ruhen die beiden Wittelsbacher Kurfürsten Rudolf II. und sein Bruder Ruprecht I. sowie die Kurfürstinnen Margarethe von Sizilien-Aragon (zweite Ehefrau von Kurfürst Ruprecht II.), Beatrix von Berg (zweite Ehefrau von Kurfürst Ruprecht I.) und Blanca, Prinzessin von England und Gemahlin von Kurfürst Ludwig III. Insgesamt enthält das älteste Seelbuch des Neustadter Liebfrauenstiftes Gebets- bzw. Messverpflichtungen für 12 Mitglieder des Hauses Wittelsbach:

· Herzog Ludwig II. von Bayern, Pfalzgraf bei Rhein († 1294),
· Herzog Rudolf I. von Oberbayern und Pfalzgraf bei Rhein († 1319),

· Kurfürst Rudolf II. von der Pfalz († 1353, in der Kirche begraben),
· Kurfürstin Beatrix geb. von Sizilien-Aragon († 1365),
· Kurfürstin Elisabeth, geb. von Namur († 1382; 1. Gemahlin von Ruprecht I.),
· Kurfürst Ruprecht I. von der Pfalz († 1390, in der Kirche begraben),
· Kurfürstin Beatrix geb. von Berg († 1395; in der Kirche begraben),
· Kurfürst Ruprecht II. von der Pfalz († 1398),
· Kurfürstin Blanca, Prinzessin von England († 1409, Gemahlin von Ludwig III.; in der Kirche begraben),
· Ruprecht III., deutscher König und Kurfürst von der Pfalz († 1410),
· Königin und Kurfürstin Elisabeth geb. von Hohenzollern-Nürnberg († 1411, Gemahlin von Ruprecht III.),
· Kurfürst Friedrich I. von der Pfalz († 1476), Stammvater und Begründer der Wittelsbacher Seitenlinie der Fürsten zu Löwenstein.

Am **Marktplatz**, dem historischen Zentrum Neustadts, liegen weitere Sehenswürdigkeiten. Das barocke **Rathaus** (Marktplatz 1) entstand 1729 als Jesuitenkolleg. Die schlichte Vierflügelanlage war bis zur Auflösung des Kollegs 1773 zweistöckig. Erst mit der Umnutzung als Rathaus ab 1838 erhielt der Bau ein weiteres Stockwerk. Vor dem Haus wacht ein Bronzelöwe (1978), das Wappentier der Stadt, ein Entwurf des Bildhauers Gernot Rumpf (*1941). Das **Scheffelhaus** am Marktplatz 4 ist als „das Giebelhaus, das jeder kennt" bekannt. So besang der populäre Schriftsteller Victor von Scheffel (1826–1886) das älteste Haus am Markt von 1580, in dem er häufig die Gastfreundschaft des Besitzers Witter genoss. Der im 19. Jahrhundert teilweise veränderte Renaissancebau diente im Vormärz als Sammelpunkt der Aufständischen und war Sitz der Buch-

EXTRA mit Kindern

Elwetrische – ein Fabeltier aus der Pfalz

Der Elwetritsche-Brunnen (1978) am Klemmhof von Gernot Rumpf ist einem Fabeltier gewidmet, das in der Pfalz „seit Jahrhunderten sein Unwesen treibt". Ein weiteres sitzt am Brunnen des Marktplatzes und hat das Büro des Oberbürgermeisters fest im Blick. Fangen kann man das scheue Tier nur mit Hilfe eines Sacks in der nächtlichen Dunkelheit des Waldes. Die Fänger, bewaffnet mit einem Jutesack, einer Stalllaterne und einem Schoppen Wein, stellen sich an einer vorher vereinbarten Stelle auf. Die Treiber jagen die Elwetritsche mit Geschrei aus ihren Behausungen im Unterholz. Die Fänger müssen nun versuchen, mit Gurr- und Balzrufen die Elwetritsche in den großen Sack zu locken. Auf diese Weise hat schon so mancher Fänger bis zum Morgengrauen gegurrt und geträllert, weil er sich nicht getraut hat, ohne Beute zurück zu kehren. Die übrigen Mitglieder der Jagdgesellschaft saßen inzwischen schon wieder zechend im Wirtshaus. Die in der Pfalz als Elwetritsche bezeichnete Tierart, ist in Bayern als Wolpertinger oder in Thüringen als Rasselbock bekannt. In der Oberpfalz kommt das Fabelwesen unter dem Namen „Ebatrietscherl" vereinzelt vor; womöglich wurde es hier im Spätmittelalter von den Söhnen der Pfälzer Kurfürsten eingeführt, als diese in Amberg weilten.

Der Elwetrische-Brunnen

handlung Kennel für „revolutionäre Literatur". Die ehemalige **kurfürstliche Vizedomei** (Marktplatz 8) diente dem Viztum, dem Stellvertreter des Herrn, das heißt dem ranghöchsten Vertreter des Kurfürsten in Neustadt, einst als Wohnsitz. Das langgestreckte Straßenfront des Barockhauses von 1737 wird von einem Torbogen in reicher Pilastergliederung unterbrochen. An dieser Seite des Platzes führt die schmale **Metzgergasse** zur Kunigundenstraße. Hier haben sich viele alte Fachwerkhäuser erhalten, die liebevoll restauriert wurden. Die **Kunigundenstraße** ist nach der Retterin Neustadts im pfälzischen Erbfolgekrieg benannt. Durch die Liebe der Bürgerstochter zum französischen General de Werth (1591–1652) wurde die Stadt 1689 vor der Zerstörung bewahrt. Zurück geht es zur Stiftskirche, hinter der sich ein weiterer Platz öffnet. Den **Kartoffelmarkt** beherrscht der 1973 errichte Brunnen in Form eines Lebensbaumes, dessen Stamm Adam und Eva bilden. Der Baum, nach einem Entwurf von Gernot Rumpf, spendet Wasser, das zur Quelle, welcher der Baum entwächst, zurückfließt. Gegenüber dem Hauptportal der evangelischen Stiftskirche führt die Rathausstraße zum **Haus des Weines** (Nr. 6) einer Verkaufsstelle für Neustadter Weine. Das gesamte Bauwerk (Steinhäuser Hof oder Kuby'scher Hof) mit seinem malerischen Innenhof ist vermutlich der älteste erhaltene pfälzische Patrizierhof. Dendrochonologische Untersuchungen ergaben als Entstehungsdatum des ersten Gebäudes das Jahr 1276. Das heute aus sieben Häusern bestehende Anwesen wurde mehrfach erweitert. Am Ende der Rathausstraße erhebt sich auf der gegenüberliegenden Straßenseite das **Otto-Dill-Museum**. Die Ausstellung erlaubt, die künstlerische Entwicklung des bekannten Neustadter Malers (1884–1957)

nachzuvollziehen – von den Anfängen bis zu seinem Spätwerk, als er sich wieder stärker dem Impressionismus verpflichtet fühlte. Vom Museum aus führt die Ludwigsstraße ins Tal. Dort liegt direkt am Speyerbach das **Casimirianum**, die von Pfalzgraf Johann Casimir 1579 gegründete Hochschule für die Reformierten. Nach dem Tode des calvinistischen Kurfürsten Friedrich III. 1576 setzte sein Sohn und Nachfolger Ludwig VI. (1539–1583) in seinem Herrschaftsbereich kompromisslos das lutherische Bekenntnis durch. Auch an der Universität Heidelberg mussten alle Professoren und Studenten die im Jahr 1577 beschlossene Konkordienformel unterschreiben, mit der sie dem reformierten Bekenntnis abschworen. Als Ausweichuniversität für diejenigen, welche die Unterschrift verweigerten und daher von der Heidelberger Universität ausgeschlossen waren, schuf Johann Casimir, welcher – im Gegensatz zu seinem kurfürstlichen älteren Bruder Ludwig VI. – der reformierten Kirche angehörte, diese Gegenuniversität. Zahlreiche calvinistische Gelehrte fanden sich hier zusammen, darunter Zacharias Ursinus, der 1563 den Heidelberger Katechismus herausgegeben hatte. Nachdem die reformierte Neustadter Hochschule wieder nach Heidelberg zurückverlegt worden war, verließen nach nur acht Jahren die letzten Professoren und Studenten das Casimirianum. Der älteste Gebäudeteil wurde 1475 als Augustinerinnenkloster erbaut, war danach von Beginen bewohnt und nach der Auflösung der Hochschule 1585 als Gymnasium geführt. Heute nutzt die evangelische Gemeinde das Haus. Hinter dem Casimirianum ragt der Turm der katholischen **Marienkirche** empor. Die

*Das Scheffelhaus
am historischen Marktplatz*

Gar lustig ist die Jägerei allhier auf grüner Heid – Jägersmann Johann Casimir

„Der Jäger aus Kurpfalz, der reitet durch den grünen Wald und schießt das Wild einher, gleich wie es ihm gefällt…". Hinter dem passionierten Jäger, dem durch dieses Lied ein Denkmal gesetzt wurde, verbirgt sich wohl Pfalzgraf Johann Casimir von Pfalz-Simmern (1543–1592). Er gelangte durch Erbvertrag in den Besitz des Fürstentums Pfalz-Lautern mit Kaiserslautern und Frankenthal, später auch mit Neustadt, das zunächst bei der Heidelberger Kurlinie bleiben sollte. Seine Passion war die Jagd: Zwischen 1582 und 1589 erlegte er laut einer Gedenktafel am Rathaus von Elmstein 236 Hirsche. Der „Jäger" lebte in Kaiserslautern und Neustadt, ein weiteres Schloss unterhielt er in Friedelsheim. Die große Renaissanceanlage entstand ab 1575 und wurde durch die Kriege des 17. Jahrhunderts fast restlos zerstört. Obwohl Johann Casimir als der wahrscheinlichste Jäger aus Kurpfalz gilt, gibt es noch einen anderen Kandidaten: Friedrich Wilhelm Utsch aus Bad Sobernheim.

Jäger mit erlegtem Hirsch. Modell von Johann Wilhelm Lanz und Johann Friedrich Lück, 1758/59, Frankenthaler Porzellan, Reiss-Engelhorn-Museen Mannheim

neugotische Kirche entstand zwischen 1860 und 1862. Von der neugotischen Ausstattung haben sich die Altäre erhalten. Den Altar im linken Seitenschiff schmückt ein Gemälde (1887) von Johann Schraudolph (1808–1879) mit der Anbetung des Kindes. Der Maler erlebte seinen künstlerischen Durchbruch durch die Ausmalung des Speyerer Doms.

Adressen und Auskunft

Tourist Information, Hetzelplatz 1, 67433 Neustadt an der Weinstraße, Tel. 06321-92680, Servicenummer außerhalb der Geschäftszeiten: 0170-3196991, www.neustadt.de

Museen und Sehenswertes

Eisenbahnmuseum Neustadt,
Schillerstr. 3, 67403 Neustadt, Tel. 06321-30390, www.eisenbahnmuseum-neustadt.de, offen Di-Fr 10-12, Sa, So, Feiertage 10-16 Uhr, im Winter geschlossen, Zeiten im Internet. Das in einem Lokschuppen stilgerecht untergebrachte Museum zeigt vor allem Schienenfahrzeuge aus Süddeutschland, darunter viele Raritäten.

Otto-Dill-Museum,
Bachgängel 8, 67433 Neustadt an der Weinstraße, Tel. 06321-398321, www.otto-dill-museum.de, offen Mi, Fr 14-17, Sa, So 11-17 Uhr

Stadtmuseum Villa Böhm,
Villenstraße 16 b (Parkplatz im Innenhof der Villa) oder Parkplatz auf der Festwiese, ca. 5 Min.), 67433 Neustadt an der Weinstraße, Tel. 06321-855540, www.stadtmuseum-neustadt.de, offen Mi, Fr 16-18, Sa, So 11-13/15-18 Uhr, Eintritt frei. Das Museum in den prächtigen Räumen der Villa Böhm bietet mit visuellen Dokumenten und historischen Exponaten einen Streifzug durch die Stadtgeschichte.

Neustadt liegt an der Deutschen Weinstraße, Infos unter www.deutsche-weinstrasse.de Das Deutsche Weinlesefest mit dem größten Winzerfestumzug in Deutschland wird jährlich im Oktober in Neustadt gefeiert.

Essen und Trinken

Scheffelhaus,
Marktplatz 4, 67433 Neustadt / Weinstraße, Tel. 06321-390083, www.scheffelhaus.de, kein Ruhetag Rund um den Marktplatz gibt es viele Cafes und weitere Gastronomiebetriebe.

Anfahrt

mit dem PKW
Ab A65 von Ludwigshafen/Wörth am Rhein (Ausfahrt Neustadt) Von Westen aus Kaiserslautern über die B37 – B 39, in Nord-Süd Richtung auf der Deutschen Weinstraße.

Go Green
Mit dem IC aus Saarbrücken, Stuttgart, Frankfurt/M., Regionalverkehr aus Karlsruhe, Grünstadt, Wissembourg (F), S-Bahn aus Heidelberg/Mannheim und Kaiserslautern/Homburg.

Pfalzgrafenstein – eine unzerstörte Zollburg der Wittelsbacher

Inmitten des Rheins, gegenüber der am rechten Ufer liegenden Stadt Kaub, erhebt sich auf einer kleinen Felseninsel ein ansehnliches Kastell. Das einzigartige Bauwerk „ein steinernes Schiff, ewig auf dem Rhein schwimmend, ewig angesichts der Pfalzgrafenstadt vor Anker liegend" (Victor Hugo 1802–1885) schirmt mit seinem „Bug" Wasserfluten und Eis ab.

Geschichte

Die vielen Burgen im Mittelrheintal zeugen von den Gebietsansprüchen entlang des Rheins und den damit verbundenen Kämpfen um den Rheinzoll. Ab dem 12. Jahrhundert erhoben die Burgherren für sich und im Auftrag der Bischöfe von den Handelsschiffen für deren Ladung Gebühren. Die Inhaber der Zollstationen nutzten den vor allem ab dem 13. Jahrhundert zunehmenden Schiffsverkehr auf Deutschlands größtem Strom gerne für sich aus und verlangten hohe Weggebühren – allen Klagen der Handelsherren zum Trotz.

Zwischen 1277 und 1291 erwarb Pfalzgraf Ludwig II. (1229–1294) aus dem Hause Wittelsbach den gesamten Besitz Kaub mit der Burg Gutenfels und den lukrativen Zollrechten von den Herren von Falkenstein sowie den Grafen von Spanheim. Diese hatten bereits um 1253 in Kaub den begehrten Rheinzoll eingezogen, der nun in die Kasse der neuen Herren fließen sollte. Ludwig IV. der Bayer (1281–1347) erbte dieses Gebiet, das lange für ihn keine besondere Rolle spielte. Das Jahr 1314 brachte einen Wendepunkt. Ludwig IV. ließ sich in Aachen zum römisch-deutschen König krönen, ein heftig umstrittener Akt, da doch in Bonn gleichzeitig ein

weiterer Herrscher auf den Thron gelangte. Im Kampf um die Anerkennung als König zog Ludwig IV. nach Rom und ließ sich dort zum Kaiser krönen. Als ihm Papst Johannes XXII. (1245–1334) daraufhin immer noch die Anerkennung verweigerte, versuchte er noch mehr durch eine gezielte Politik seine Macht zu festigen.

Dazu nutzte er auch die Erhebung von Rheinzoll in Kaub, was zudem eine äußerst lukrative Einnahmequelle darstellte. Um diese noch wirtschaftlicher nutzen zu können, veranlasste er zwischen August 1326 und Juli 1327 den Bau eines fünfeckigen Turms auf einem Felsen im Rhein. Es gab tatsächlich keine bessere Stelle, um den Fluss zu sperren, als hier, im Engtal von Bacharach, an einer seiner schmalsten Stellen. Die enge Fahrrinne verlief damals im ziemlich schmalen Rheinarm zwischen Kaub und der kleinen Insel und nicht im breiteren Bereich zum Westufer hin. Vom Turm aus konnte der Herrscher das Fahrwasser vor dem rechten Rheinufer kontrollieren lassen. Zweck des Baus inmitten des Rheins war es, die Schiffe zu erspähen und zur Warenkontrolle und Zollentrichtung an der Kauber Zollstelle zum Halten zu zwingen. Doch durch seine überhöhten Zollgebühren hatte sich Ludwig IV. gefährliche Feinde gemacht. 1326/27 entbrannte ein heftiger Streit zwischen ihm und dem Papst. Dreimal forderte dieser die Erzbischöfe von Köln, Trier und Mainz auf, die Exkommunikation Ludwigs zu vollziehen und gegen den Kauber Zoll vorzuge-

Blick auf Kaub und die Burg Gutenfels, im Vordergrund die Zollburg Pfalzgrafenstein

hen – ohne Erfolg. Johannes XXII. belegte Ludwig IV. darauf mit dem Kirchenbann, von dem er bis heute offiziell nicht wieder befreit ist. Das Kirchenoberhaupt begründete diesen Schritt angesichts der Verbrechen Ludwigs „neue und schwere Auflagen" gegenüber den Handelsschiffern geschaffen zu haben und „dass er einen Turm auf der Rheininsel zu erbauen begonnen hat, um die Steuern und Zölle in Zukunft noch härter eintreiben und besser verteidigen zu können." Doch Ludwig IV. war nicht bereit, auf den finanziell so bedeutsamen Rheinzoll zu verzichten. 1329 überließ er den Turm dem Pfalzgrafen Rudolf II. (1306–1353), der die machtpolitischen und wirtschaftlichen Interessen des Königs halten und weiter ausbauen sollte. Dieser veranlasste einen Ausbau der Anlage: Der Zollturm wurde mit einer hohen Ringmauer samt Schießscharten und Wehrgang umgeben. Einzig eine schwere, zusätzlich durch ein Fallgitter gesicherte Holztür ermöglichte den Zutritt. Dazu kamen Ecktürme zum Ausspähen der zollpflichtigen Schiffe. Aus dem Wehrturm war 1342 eine Burg geworden, „Pfalzgrafenstein" oder kurz „Pfalz" genannt. Kaub und eine beiden Burgen stellten den stärksten wehrtechnischen und territorialpolitischen Machtfaktor der rheinisch-wittelsbachischen Pfalzgrafschaft am Mittelrhein dar.

Pfalzgrafenstein ist ein Bauwerk, dessen Kern seit seiner Erbauung bewahrt blieb. Bis heute haben sich der erste Turm und die ab 1329 errichteten Anlagen erhalten, wenn sie auch zum Teil den Erfordernissen unterschiedlicher Epochen angepasst wurden. Nach 1574 erhielt der Turm ein neues Obergeschoss mit Ecktürmen und geschweiftem Satteldach. Der im 17. Jahrhundert angefügte Quadervorbau, der der Anlage ihr schiffsähnliches Aussehen verleiht, sollte Fundament und Mauerwerk dauerhaft vor Hochwasser- und Eisschäden schützen. Im Verlauf des 17. Jahrhunderts kam es zu größeren Umbauarbeiten. 1607 ließ Kurfürst Friedrich IV. von der Pfalz (1574–1610) die Anlage nochmals verstärken. Zusammen mit Burg Gutenfels oberhalb von Kaub bildete sie nun einen regelrechten Sperrriegel im Rhein. Über dem Vorbau wurde eine Bastion errichtet, um die neuen Geschütze unterstellen zu können. Die Ringmauer erhielt zudem einen zweiten Wehrgang. Die Vergrößerung der Erker an den Türmen führte zu einem besseren Blick über den Fluss. Während des Spanischen Erbfolgekriegs (1701–1713) diente Pfalzgrafenstein als Gefängnis für Kriegsgefangene. Aufgrund der Renovierung der maroden Dächer erhielt der Turm 1714 seine heutige barocke Laternenhaube. Berühmt wurde die Bastion im Rhein schließlich in den Freiheitskriegen durch General Blücher (1742–1819). Preußen kämpfte gegen Frankreich. Seit Wochen befand sich Blücher und sein Heer auf dem Marsch gegen Napoleons (1769–1821) Truppen. Dabei überquerten sie mit Tausenden von Soldaten, Pferden und Geschützen in der Januarwoche 1814 auf einer behelfsmäßigen Pontonbrücke den Rhein. Nach nur fünf Tagen konnte die Armee von Bacharach ihren Marsch nach Paris fortsetzen.

Allen historischen Ereignissen zum Trotz: Die „Pfalz" wurde nie belagert, beschossen oder gar geplündert. Die Kriege und Auseinandersetzungen, die um sie herum stattfanden, haben sie nie betroffen. Während der französischen Belagerung 1806 bis 1813 flossen die Zolleinnahmen in die französische Staatskasse, möglicherweise einer der Gründe, warum die Anlage auch diese Epoche unzerstört überdauerte. Nach der Auflösung des Kurstaates fiel die

Feste zunächst an das Herzogtum Nassau und war dann ab 1866 Teil des Preußischen Staates, der 1871 Teil des Deutschen Reiches wurde. Da Preußen die Schifffahrtssteuer aufgehoben hatte, gab es in der Burg auch keine Zollstelle mehr. Sie diente nun als Signalstation für die angewachsene Rheinschifffahrt. Bis heute bietet die seit 1945 zum Bundesland Rheinland-Pfalz gehörende Anlage ein faszinierendes Beispiel mittelalterlicher Baukunst an einem spektakulären Ort. In den letzten Jahren erfolgten aufwendige Renovierungsarbeiten.

Burganlage

Die Zollfeste hat bis heute alle Zeiten überdauert. An der vordersten Spitze der Bastion befindet sich der steinerne kurpfälzische Wappenlöwe mit dem Wittelsbacher Wappen und kündet weithin sichtbar von den Erbauern und langjährigen Eigentümern der Anlage. Der Burgzugang präsentiert sich in seiner mittelalterlichen Form mit einem Fallgatter, das bei Gefahr herabgelassen wurde. Auch die Ablassvorrichtung, die Kette und die steinernen Führungen sind noch vorhanden. In dem Fachwerkbau über dem Eingang lag die Wohnung des Kommandanten. Im Burghof ragt der wuchtige, fünfeckige Turm, der Kernbau der Anlage von 1327, empor. Sein Eingang liegt in der Höhe des dritten Geschosses. Eine Wendeltreppe im Innern verbindet die einzelnen Stockwerke miteinander. Eine Wehrplattform schließt den Bau nach oben hin ab. Das darüber liegende Dach, eine achteckige Haube mit offener Laterne, kam im 18. Jahrhundert hinzu. Den Turm umgibt eine sechseckige Ringmauer, die, 12 m hoch und 2,60 m stark, die gesamte Insel einnimmt. Im Inneren verlaufen zwei Wehrgänge, einer aus der Zeit Ludwigs IV. und ein zweiter aus dem 17. Jahr-

Der kurpfälzische Wappenlöwe hält das wittelsbachische Wappenschild

hundert. Über hofseitig offene Arkaden fügt sich eine hölzerne Galerie mit Schießscharten. Den oberen Abschluss bildet ein überdachter Wehrgang, der ebenfalls mit Schießscharten versehen ist. Alle Ecken der Mauer tragen polygonale Ecktürmchen, davor befinden sich Kampfhäuschen zur Flankendeckung. Die bugförmig gestaltete Spitze umfasst Wohnbauten. Besonders reizvoll ist der Innenhof.

Kaub

So einzigartig die „Pfalz" auch ist, ihre Umgebung ist ebenfalls sehenswert. Ihr gegenüber liegt das reizende Städt-

Aufmaßpläne, erstellt anlässlich der Übergabe des Pfalzgrafensteins von Nassau an Preußen im Oktober 1866 von Ludwig Fuchs

chen Kaub, eingezwängt zwischen dem Ufer des Rheins und steil aufragenden Hängen des Rheinischen Schiefergebirges. Alles, was den Rhein so romantisch erscheinen lässt, ist hier zu finden: Wein, alte Mauern, schönes Fachwerk, Burgen und Kirchen. Schiefergedeckte Häuser drängen sich dicht an dicht. Einzig der hübsche Marktplatz mit der Simultankirche bietet Raum. Im Jahr 983 fand Kaub als *cuba villula* im Besitz des Mainzer Bischofs erstmals Erwähnung. Ende des 13. Jahrhunderts verkauften die Grafen von Falkenstein und Spanheim Ort und Burg an den Pfalzgraf Ludwig II. Die Kurpfalz versuchte nach dem Erwerb, Kaub zu einem wirtschaftlichen Zentrum in der Region auszubauen. König Ludwig IV. verlieh Kaub 1316 die Stadtrechte und eine Stadtbefestigung wurde errichtet. 1504 versuchte Landgraf Wilhelm II. von Hessen (1469–1509) im Zuge des Landshuter Erbfolgekrieges die Stadt zu erobern, aber Kaub widerstand trotz eines Angriffs mit 900 Stein- und 830 Eisenkugeln. Im 30-jährigen Krieg (1618–1648) erlebte die Stadt sechsmal eine wechselnde Besetzung. Bis zum Reichsdeputationshauptschluss 1806 blieb Kaub kurpfälzisch, danach ging die Stadt auf Geheiß Napoleons an das Herzogtum Hessen. 1866 fiel der Ort zu Preußen, nach 1945 erfolgte die Ein-

Kamin- und Herdstelle in der ehemaligen Küche der Kommandantenwohnung

gliederung in das Land Rheinland-Pfalz. Bei einem Spaziergang durch die Stadt **Kaub** mit ihren kleinen Gassen und historischen Gebäuden lassen sich die schönen Winkel am besten entdecken. Von der ehemaligen Stadtbefestigung haben sich fünf **Haupttürme** (der Mainzer Torturm, der Kirchturm, der Dicke Turm oder Diebsturm, der Zollschreiberturm im Innenhof des kurpfälzischen Amtshauses und der Weseler Turm außerhalb des Ortes) sowie ein kleiner **Wehrgang** zwischen dem Alten Rathaus und dem **Mainzer Torturm** (im Kern 13. Jahrhundert, mehrfach verändert) erhalten. Bei Hochwasser wird der arkadenüberdeckte Wehrgang heute noch als Behelfsweg genutzt. In der parallel zum Rhein und seiner hübschen Promenade gelegenen Zollstraße stehen schöne Fachwerkhäuser, etwa die ehemalige **Zollschreiberei** von 1552, bis 1801 ein kurpfälzisches Amtshaus. Daneben glänzt die bereits im 14. Jahrhundert belegte und jüngst renovierte **Kurpfälzische Amtskellerei** (seit 2010 Jugendherberge) mit Kelterhaus, Fruchthaus und Salzspeicher. Das straßenseitige Haupthaus von 1722 war Sitz verschiedener Behörden. Die vorbildliche Instandsetzung hauchte dem über 40 Jahre lang leer stehenden Bau neues Leben ein. Die Kombination von Altbau mit neuer Architektur ist ein ge-

Wenzel Hollar, Handzeichnung von 1636. Nach dieser Vorlage fertigte Matthäus Merian seine bekannte Kaub- und Pfalz-Ansicht

lungenes Beispiel einer Altbausanierung. Das **Alte Rathaus** (Marktstr. 4), ursprünglich von 1603, wurde im Obergeschoss nach dem 30-jährigen Krieg (1618–1648) wieder aufgebaut. Den kleinen Marktplatz ziert ein achteckiger Brunnen. Die am Platz liegende Wehrkirche **St. Trinitatis/St. Nikolaus**, ein Simultanbau, wird seit 1707 von Katholiken und Protestanten gleichsam genutzt, beide Bereiche sind durch eine Mauer voneinander getrennt. Ihr Turm, der älteste Bauteil, stammt aus dem 12. Jahrhundert und war einst Teil der Stadtbefestigung. Das evangelische Langhaus (St. Trinitatis) datiert um 1440, der dazugehörige Chor musste 1771 einem Neubau im Stil des Spätbarocks weichen. Auf das Patrozinium dieses, nun katholischen Kirchenchores verweist ein Nikolausrelief über dem Eingang. Die spätgotische Kauber Madonna, das wertvollste Ausstattungsstück des Baus, ist heute im Hessischen Landesmuseum in Kassel. Eine Replik befindet sich in der Kirche. Das **Blüchermuseum** (Metzgergasse 6) erinnert an die Rheinüberquerung des Feldherrn 1814. Über kleine, enge Gassen geht es zum Schlossweg, der in den Rheinsteig, einem rund 320 km langen Fernwanderweg, und Weinberge übergeht.

Burg Gutenfels

Über dem Ort thront die bemerkenswert gut erhaltende Burg Gutenfels, eine der bedeutendsten Bauten staufischer Wehrarchitektur am Rhein. Die ab 1220 unter den Herren von Bolanden-Falkenstein errichtete Burg Kaub bestand aus einem 35 m hohen quadratischen Burgturm, von einer Ringmauer und einem Zwinger geschützt. 1287 ging der Besitz an die Wittelsbacher über, die ihn ausbauen ließen. Jahrzehnte lang wurde der Bau nicht eingenommen. So scheiterte auch die 39-tägige Belagerung durch Landgraf Wilhelm II. von Hessen von 1504, bei der auch die Stadt und die Burg Pfalzgrafenstein keine Schäden erlitten. Das erfreute den Pfalzgrafen und Kurfürsten Ludwig V. (1478–1544) von der Pfalz, der jener Feste Kaub daraufhin den heute noch gebräuchlichen Namen Gutenfels gab. Als 1793 die französischen Revolutionstruppen anrücken, übergaben die Besitzer die Burg kampflos, um Zerstörungen zu verhindern. 13 Jahre darauf ließ Napoleon die historische Anlage sprengen. 1833 konnte durch Verkauf der Ruine ein Abriss verhindert werden. Unter Einbeziehung der erhaltenen Bausubstanz erfolgte in der zweiten Hälfte des 19. Jahrhunderts der Wiederaufbau im Sinne der Romantik. Seit 2006 ist die Burg in Privatbesitz.

Adressen und Auskunft

Fremdenverkehrsamt,
Schulstr. 12, 56349 Kaub, Tel. 06774-
222, www.kaubamrhein.de
Weitere Infos unter: www.welterbe-
mittelrhein.de,
www.tal-der-loreley.de

Im historischen Barockgebäude befindet sich eine der modernsten Ju-
gendherbergen Deutschlands, ein
guter Anlaufpunkt auch für Wanderer,
Rheinsteig-Jugendherberge, DHJ,
Zollstr. 46, 56349 Kaub, Tel. 06774-91
81890, www.dieJugendherbergen.de

Museen und Sehenswertes

Zollburg Pfalzgrafenstein,
56349 Kaub, Tel. 06774-222, die Perso-
nenfähre fährt mindestens alle 30 Minuten ab dem Fähranleger Kaub,
www.burg-pfalzgrafenstein.de, offen
Jan.–Feb., Sa, So 10–17, März täglich
außer Mo 10-17, April–Okt. täglich
außer Mo 10–18, Nov Sa, So 10–17 Uhr

Burg Gutenfels:
nur Außenbesichtigung möglich

Blüchermuseum,
Metzgergasse 6, 56349 Kaub, derzeit
wegen Sanierungsarbeiten geschlossen, Infos zur Wiedereröffnung beim
Fremdenverkehrsamt zu erfragen.

Erstes Deutsches Motorrollermuseum,
Gartenstr. 62, 56349 Kaub,
ein kleines privates Museum,
www.motorrollermuseum.de, offen
nur nach telefonischer Vereinbarung
unter 0172-2388689

Essen und Trinken

Hotel Restaurant Zum Turm,
Zollstr. 50, 56349 Kaub,
Tel. 0677492200,
www.rhein-hotel-turm.de,
Restaurant offen Mi–Mo 12–14,
17–22 Uhr, Di Ruhetag.
Der im 13. Jahrhundert erbaute Turm
sicherte den Weg nach Mainz.

Eine Auswahl weiterer Lokale gibt es
im Herzen der historischen Altstadt,
zwischen der Rheinpromenade und
der Zollstraße.

Anfahrt

mit dem PKW
Ab A3 (Wiesbaden/Köln) bis Wiesba-
dener Kreuz, dann A66 Richtung Rü-
desheim. Über die B42 Koblenz/
Wiesbaden Richtung Rüdesheim/Ko-
blenz bis Kaub, vom linken Rheinufer
B9 Bingen/Koblenz, dann mit der
Rheinfähre Kaub übersetzen.

Go Green
Zu Fuß über den Rheinsteig von
Wiesbaden-Biebrich am Talrand des
Mittelrheins oder von Bonn über die
Loreley, www.rheinsteig.de. Vom
Wiesbadener Kurhaus bis nach Bonn
führt der Rheinhöhenweg entlang
des Taunus- und Westerwaldrandes.
In Kaub halten Regionalzüge der
Strecke Neuwied/Koblenz/Lahn-
stein/Wiesbaden/Frankfurt. Aus Hes-
sen oder von Mainz mit einer RMV-
Verbundkarte (gilt bis Lorchhausen,
von dort ein DB Ticket, www.rmv.de),
das Rheinland-Pfalz-Ticket gilt bis
Wiesbaden.

20

Das Kloster Pfaffen-Schwabenheim – geprägt durch die Konfessionswechsel der Kurpfalz

„Pfaffen" in Gestalt von Augustiner-Chorherren prägten die Geschichte des Ortes Schwabenheim. Grandioses Zeugnis ihres Wirkens ist der romanische Chor der Klosterkirche aus dem 13. Jahrhundert. Zugleich ist die Geschichte des Klosters untrennbar mit der jüngeren Neuburger Linie der pfälzischen Wittelsbacher verbunden, die eine zweite Blütezeit des Stiftes einleiteten. Die unter ihnen errichtete Anlage gilt als das größte unverändert erhaltene Barockkloster im heutigen Rheinland-Pfalz.

Geschichte

Hedwig von Nellenburg (um 975–† unbek.), aus einem bedeutenden Adelsgeschlecht, mit den Zähringern und Luxemburgern verwandt, gründete unter Mitwirkung ihres Sohnes, Graf Eberhard des Seligen V. von Nellenburg (1015–1079), auf ihrem Besitz im Nahegau um 1040 das Kloster Pfaffen-Schwabenheim und lebte dort bis zu ihrem Tod als Nonne. Die erste Klosterkirche könnte mit der Synode von Mainz 1049 durch Papst Leo IX. (1002–1054) eingeweiht worden sein. Graf Meginhard von Sponheim (1085–1135), dessen Ehefrau eine Enkelin Eberhards war, unterstellte das Kloster 1130 dem Erzbischof von Mainz und besetzte es mit Chorherren. Die Vogtei verblieb in der Hand der Sponheimer Grafen. Die Sponheimer waren seit dem 12. Jahrhundert das führende Geschlecht im linksrheinischen Mosel- und Nahegebiet sowie im Hunsrück. Nach mehreren Herrschaftsteilungen

bildeten sich nach der Mitte des 13. Jahrhunderts die beiden Linien der Vorderen und Hinteren Grafschaft Sponheim aus. Die Klostergeschichte Pfaffen-Schwabenheims ist deutlich geprägt von der historischen Zugehörigkeit zur Vorderen Grafschaft Sponheim (Linie Sponheim-Kreuznach), die sich aus dem Besitz um Kreuznach und im vorderen Hunsrück konstituierte. Das Stift wurde zum Bestattungsort dieser Linie und möglicherweise erfolgte aus diesem Grund ab 1230 bis um 1260 der Neubau der Kirche. Die urkundlichen Nachrichten über die frühe Zeit sind spärlich und geben kaum Auskunft über den Bauverlauf. Um 1248 dürfte jedoch der Chor vollendet gewesen sein. Danach schien der Kirchenbau einige Zeit zum Stillstand gekommen zu sein, denn erst um 1251 wurde unter Propst Conrad die Arbeit wieder aufgenommen. Nach Vollendung des Querhauses erfolgte 1308 die Schlussweihe des unvollendeten Gotteshauses. Ein Langhaus gab es im Mittelalter nicht, da seine Errichtung die finanziellen Möglichkeiten des Klosters überstiegen hätte – schließlich mussten, um die Schulden zu minimieren, um 1300 bereits Besitzungen verkauft werden. Danach etablierten sich Wallfahrten, die in der Barockzeit wiederbelebt wurden und bis heute (15. August) stattfinden. Beginnend mit dem Begräbnis Simons I. († 1264), sind für 1290, 1340

Blick auf den vielgestaltigen romanischen Chor der ehemaligen Klosterkirche

und 1380 Begräbnisse der führenden Vertreter von vier Generationen des Grafenhauses Sponheim-Kreuznach in dem Chorherrenstift bezeugt. Im 14. Jahrhundert verlegten die Grafen ihre Grablege vom Kloster Pfaffenheim-Schwabenheim zur Pfarrkirche Kreuznach. 1437, nachdem die männliche Linie der Grafen von Sponheim ausgestorben war, ging die Vogtei an deren Erben über. Dies waren die Grafen von Veldenz, die Markgrafen von Baden und die Kurfürsten von der Pfalz. Danach setzte allmählich der wirtschaftliche und geistige Niedergang ein. 1468 wurde das nur noch mit fünf Chorherren besetzte Stift durch den Mainzer Erzbischof wegen Unordnung und Zuchtlosigkeit aufgehoben und der Windesheimer Reformkongregation des Augustinerordens in Zwolle/Niederlande unterstellt. Die Vordere Grafschaft Sponheim war durch den Wechsel der Pfälzer Kurfürsten zum Calvinismus vor allem evangelisch-reformiert geprägt. 1557 führte Kurfürst Ottheinrich (1502–1559) die lutherische Lehre ein, unter seinem Nachfolger Kurfürst Friedrich III. (1515–1526) folgte 1563 der reformierte Heidelberger Katechismus und die reformierte Kirchenordnung. In der Grafschaft Sponheim, wo er gemeinsam mit dem katholischen Markgraf von Baden regierte, konnte er das reformierte Dogma erst 1570 durchsetzen. 1566 lösten beide Landesherren das Kloster auf und eine weltliche Schaffnei (Amt zur Verwaltung von Kirchenvermögen) entstand. Die reformierte Gemeinde nutzte die Klosterkirche bis 1697 alleine. Seit dem Pfälzischen Erbfolgekrieg von 1689 bestand die Anlage nur noch als Ruine.

Ende des 17. Jahrhunderts bahnte sich abermals eine Blüte an. Im Zuge der Rekatholisierung der Pfalz unter dem Wittelsbacher Kurfürsten Johann Wilhelm II. von Pfalz-Neuburg (1658–1716) gelangte das Kloster erneut an die Augustiner-Chorherren. Auf Bitten der katholischen Bevölkerung der Umgebung und mit Zustimmung des Kurfürsten kam 1697 der Augustiner-Chorherr Anton Ignaz von Martels (1669–1740) als Probst nach Pfaffen-Schwabenheim. Unter diesem ließ „Jan Wellem" an den verbliebenen Rest der Vorgängerkirche 1712 die barocke Halle anbauen und ab 1723 das Kloster errichten. Ferner sorgte der Kurfürst für eine reiche barocke

EXTRA Feste und Feiern

Klosterfest vor historischer Kulisse

Das jährlich im August von der *Fördergemeinschaft Kirchen, Klosteranlagen und Kulturdenkmäler Pfaffen-Schwabenheim e. V.* ausgerichtete Klosterfest vereint mittelalterliches Treiben und Ritterspiele mit klösterlichem Leben. Ein umfangreiches Programm erwartet die Besucher auf der Wiese hinter der ehemaligen Klosterkirche. Neben der Geschichte des einstigen Augustiner-Chorherrenstifts wird Einblick in das Leben früherer Epochen vermittelt. Der Eintritt ist frei. Spenden und Verkaufserlöse dienen der Renovierung der Klosteranlage. Neben dem Klosterfest veranstaltet die Fördergemeinschaft eigene Konzertprogramme in der Barockkirche. Infos unter: www.foerdergemeinschaft-pfaffen-schwabenheim.de

Romanische Nischenarchitektur im Chor

Ausstattung der Kirche, die sich aufgrund der gut besuchten Wallfahrten bald als zu klein erwies. Nachdem ein Nachfolgebau von 1745 baufällig geworden war, kam es 1762 zur Errichtung der heutigen großen Hallenkirche. Die endgültige Aufhebung des Stifts erfolgte 1802. Die Kirche wurde bis 1908 simultan genutzt, dann zog die evangelische Gemeinde in einen eigenen Kirchenbau. Das Kloster diente zwischen 1811 und 1821 als Altersheim für Geistliche, danach wurde es privatisiert und Wohnungen eingebaut.

Kirche

Die verschiedenen Bauperioden der Kirche lassen sich von außen deutlich wahrnehmen. Im Osten befindet sich der in spätromanischen Formen gehaltene Chor, im Westen das barocke Langhaus. Der Chor besteht aus einem Chorquadrat, daran schließt eine Apsis an. Rundbogenfenster, Lisenen, Rundbogenfriese und Gesimse sowie eine Zwerggalerie gliedern die Fassade und verleihen ihr ein lebhaftes Aussehen. Die beiden mit barocken Hauben bekrönten romanischen Türme rahmen die Apsis ein. Die Verschiedenartigkeit der Vorbilder, an denen sich die mittelrheinischen Baumeister orientierten, findet deutlichen Niederschlag in der Gestaltung des östlichen Außenbaus. Vor allem spiegeln sich hier Vorbilder an Ober- und Niederrhein wider. Der Chor und seine Bauplastik gehören zu den bedeutendsten spätromanischen Sak-

Der von Kurfürst Johann Wilhelm gestiftete Hochaltar

ralbauten am Mittelrhein. Weniger spektakulär ist die Architektur des barocken Langhauses. Das westliche Portal wird von einer neobarocken Figur des hl. Augustinus (1912) bekrönt, nach dessen Regel die Augustiner-Chorherren lebten. Die darüber angebrachte Kartusche erinnert an die Baugeschichte und die erste große Renovierung des Gotteshauses nach der Auflösung des Simultaneums von 1905 bis 1911. Um Kosten zu sparen, wurden einige Teile der Fassade nicht aus Haustein gefertigt, sondern dieser ist lediglich auf den Putz aufgemalt.

Beim Betreten des schlichten Innenraums fällt der Blick zunächst auf den prachtvollen barocken Hochaltar. Er steht im Chor am Übergang zum östlich gelegenen romanischen Bau. Der 1714 im Zuge der barocken Wiedererrichtung der Kirche gearbeitete Altar war ein Geschenk des Kurfürsten Johann Wilhelm, dessen Wappen im Bogen-

scheitel unterhalb des Auszugbildes zu sehen ist. Im Giebel befindet sich eine Darstellung der „Marienkrönung". Das Chorgestühl (1716) wurde von den beiden Landesherren, dem pfälzischen Kurfürsten Johann Wilhelm sowie dem Markgraf von Baden gestiftet. Über den Sitzen der reich mit Akanthusornamenten und Bandwerk verzierten Anlage befinden sich Gemälde von Heiligen, die im Zusammenhang mit dem Orden stehen. Ebenfalls aus dem 18. Jahrhundert stammt die in der Pfalz entstandene Kanzel, deren Korb die Figuren der vier Evangelisten mit ihren Symboltieren schmücken. Auf dem aufwendig ornamentierten Schalldeckel steht Christus als „guter Hirte". Die beiden Beichtstühle im Kirchenschiff sind aus der Zeit um 1770. Das Wallfahrtsbild „Sancta Maria de Pace" (um 1760) ist die Gemäldekopie einer Marienfigur. Das dem Bild zugrunde liegende Original schenkte Maria de' Medici (1575–1642) 1642 dem Kölner Karmel-Kloster. Die Skulptur verbrannte dort 1945. Die Kirchenorgel wurde 1777–1779 für die katholische Kirche in Bingen-Büdesheim gebaut und 1848 von dort angekauft. Sie stammt von dem bekannten Orgelbauer der Mainzer Orgelbauschule Mathäus Heilmann (1744–1816). 80 Prozent ihres barocken Pfeifenbestandes haben sich erhalten. Zwei weitere Figuren des 18. Jahrhunderts im hinteren Teil des Kirchenschiffs zeigen Maria mit dem Jesuskind sowie die hl. Mutter Anna, die Maria das Lesen beibringt.

Ferner gibt es noch einzelne mittelalterliche Ausstattungsstücke, dazu zählen der spätgotische Kruzifix aus dem ersten Viertel des 16. Jahrhunderts sowie zwei schöne Tumbadeckel. Einer gehörte zum Grab von Graf Walram I. von Sponheim (-Kreuznach), gestorben 1380, und der ältere zum Grab des Grafen Johann II. von Sponheim, gestorben 1340.

Detail der Klostergebäude mit Wappenzier

Die Wirkung der Raumgestaltung steigert sich in der Kirche von Westen nach Osten. Architektonischer Höhepunkt ist der Ostchor hinter dem Hochaltar, der heute als Werktagskirche genutzt wird. Das quadratische Chorgeviert mit nur gering eingezogener Apsis ist eines der schönsten Baudenkmäler aus der Zeit des Übergangs der Spätromanik zur Frühgotik in Deutschland. Der Bau wurde um 1230 begonnen und um 1248 fertiggestellt. Die zweigeschossige Apsis zeichnet sich durch eine vielgestaltige Wandgliederung aus, die ein stark plastisches Relief ergibt, da vor die Wand eine Blendarkatur gesetzt wurde, deren Kleeblattform mit denen der Arkaden der Marienkirche in Gelnhausen verglichen werden. Der Wand vorgestellt sind mit Schaftringen versehene Säulen, deren frühgotische Knospen- und Blattkapitelle Blendbögen tragen. Ein zartes Kelchknospenkapitel mit einem eingefügten Männergesicht verdeutlicht

zudem die Übernahme der aus Frankreich kommenden neuen Formen, die von der Romanik zur Gotik überleiten. Der gesamte Chorraum besitzt durch die aufgelockerten Wände und den Reichtum an Dekoration ein prächtiges Aussehen. Hinter dem Altar steht ein steinernes Retabel (um 1220) mit einer Deesisgruppe: Christus, der Erhöhte, thront zwischen Maria und dem Evangelisten Johannes unter einem in die Breite gezogenen Kleeblattbogen. Am Gewölbe des Chorgeviert findet sich ein kurpfälzisches Wappen zur Erinnerung an die Wiederherstellung der Kirche im Jahr 1712.

Nicht öffentlich zugänglich ist die barocke Sakristei der Kirche, deren aufwendige Stukkaturen zwischen 1722 und 1723 von Ma(r)x Greibner, einem Meister der Mainzer Bandlwerkschule, geschaffen wurden. Die meisten seiner Arbeiten sind heute zerstört, doch hier hat sich ein Beispiel erhalten. Urkunden belegen zudem seine Mitarbeit bei der Ausgestaltung des Mannheimer Schlosses.

Von der Klosteranlage haben nur wenige Räume mit Resten ihrer originalen Dekoration überdauert. Dazu gehört das über der Sakristei gelegene Oratorium, in dem die Porträts von sieben Pröpsten, die hier ab 1468 amtierten, sowie ein barockes Bild des hl. Augustinus hängen. Zwei große Fenster öffnen den Raum zum romanischen Ostchor der Kirche, wodurch es alten und kranken Stiftsherren ermöglicht wurde, an den Gebetszeiten und Messen teilzunehmen. In der Klosterkirche wird jeden zweiten Montag im Monat um 20 Uhr die lateinische Complet (Nachtgebet der Stiftsherren) im gregorianischen Choral gesungen. Danach treffen sich Interessierte im Oratorium zu einem geselligen Abend.

Südlich der Kirche befinden sich die verbliebenen Klostergebäude. Die barocke Anlage war nie komplett vollendet. Fertiggestellt wurden zwei Drittel des Ostflügels, sieben Achsen des Westflügels (Mittelrisalit und vier südlich anschließende Achsen) sowie der beide verbindende Südflügel. In einigen Räumen haben sich reich ausgestaltete Stuckdecken erhalten. Teile des Ost- und des Südflügels sind bewohnt, insgesamt gibt es sieben private Eigentümer. Einige Räume stehen als Museum zur Verfügung und können nach vorheriger Absprache besucht werden.

Adressen
Verbandsgemeinde
Verwaltung Bad Kreuznach
Tel. 0671-910
www.vg-badkreuznach.de

Sehenswertes:
Klosterkirche
Fördergemeinschaft Kirchen
Klosteranlagen und Kulturdenkmäler
Pfaffen-Schwabenheim e.V.
Tel. 06701-2757
www.foerdergemeinschaft-
pfaffen-schwabenheim.de

Klostermuseum
nach Absprache, Terminvereinbarung unter Tel. 06701-7144

Anfahrt:
Mit dem PKW
Ab A61 Venlo/Hockenheim (Abfahrt Bad Kreuznach oder Gau Bickelheim), Weiterfahrt Richtung Sprendlingen (B50) und der Beschilderung Richtung Pfaffen-Schwabenheim folgen. In Pfaffen-Schwabenheim weisen Schilder zur Klosterkirche.

Go Green
Von Sprendlingen oder Bad Kreuznach fährt die DB Buslinie 221 Pfaffen-Schwabenheim an.

Simmern – Residenz der Fürsten von Pfalz-Simmern

21

Simmern, auf der Hunsrück-Hochfläche zwischen Nahe, Rhein und Mosel gelegen, bildete bereits im Mittelalter das politische, verwaltungsmäßige und kulturelle Zentrum der Region, das zugleich stark an der Entwicklung Mitteleuropas teilhatte. In der ersten Hälfte des 15. Jahrhunderts war das Fürstentum Pfalz-Simmern eines der wichtigsten Herrschaftsgebiete zwischen Rhein und Mosel.

Geschichte der Stadt und des Hauses Pfalz-Simmern

Simmern, 1072 erstmals urkundlich erwähnt, war bereits seit der Römerzeit besiedelt. Im Jahre 1330 erhob der Wittelsbacher Ludwig IV. der Bayer (1282–1347) die Siedlung und Burg des Raugrafen Georg II. (1309–1350) zur Stadt. Eine Befestigungsanlage mit einer wehrhaften Doppelmauer, Toren und Türmen entstand. 1338 stellte Kurfürst Balduin von Luxemburg, Erzbischof von Trier (1285–1354) den Raugrafen Geldmittel zur Verfügung, um ihre Burg Simmern auszubauen. Gleichzeitig setzte eine allmähliche Auflösung der Grafschaft durch Veräußerungen und Verpfändungen als Folge von Geldnöten ein. Der letzte Raugraf verpfändete Simmern 1358 wegen einer größeren Schuldsumme dem Pfalzgrafen und Kurfürsten Ruprecht I. (1309–1390) unter Vorbehalt des Wiederkaufrechts. Seine Erben überließen ein Jahr darauf Simmern ganz der Kurpfalz. Bestimmend für die Zukunft Simmerns wurde die Teilung der pfälzischen Linie der Wittelsbacher nach dem Tode Kurfürst Ruprechts III. von der Pfalz (1352–1410) im Jahre 1410 in vier Linien, von denen sein Sohn Stefan (1385–

1459) die Linie Pfalz-Simmern-Zweibrücken begründete. Nach dessen Tod 1459 entstanden durch Erbteilung die beiden Territorien Pfalz-Simmern und Pfalz-Zweibrücken: Sein ältester Sohn Friedrich I. (1417–1480) erhielt das Fürstentum Simmern und Anteile der Grafschaft Sponheim (Linie Pfalz-Simmern-[Sponheim]), ein anderer Sohn, Ludwig I. (1424–1489), bekam das Herzogtum Zweibrücken und das Veldenzsche Erbe zugesprochen (Linie Pfalz-Zweibrücken). Zwischen 1459 und 1598 war Simmern Stammsitz der herzoglichen Linie Pfalz-Simmern und wurde zur Residenzstadt. Friedrich I. betrieb den Ausbau des Schlosses zu seiner endgültigen Residenz. Sein Sohn, Johann I. von Pfalz-Simmern-[Sponheim] (1459–1509), kümmerte sich vor allem um die Erweiterung des Schlosses und um die Errichtung der Schlosskirche. Unter dessen Sohn, Pfalzgraf und Herzog Johann II. von Pfalz-Simmern-[Sponheim] (1492–1557), erlebte das Herzogtum Pfalz-Simmern schließlich seine größte Blütezeit und wurde zu einem Zentrum der Renaissance im westdeutschen Raum neben Trier, Mainz und Heidelberg. Johann II. stand mit vielen Wissenschaftlern und Künstlern in Kontakt. Während seiner Regierung schufen bedeutsame Bildhauer kunstvolle Grabmäler in der Stephanskirche. Die von ihm errichtete Lateinschule gilt als eine der ältesten im Land. Obwohl er selbst ein Renaissancefürst war, pflegte er immer noch die Traditionen der spätmittelalterlichen Ritterkultur: Der Herzog ließ als Förderer und Geldgeber im Schloss die erste Druckerei der Stadt errichten, deren bekanntestes Erzeugnis das von Georg Rüxner († 1526?)

verfasste *ThurnierBuch. Von Anfang, Ursachen, Ursprung und Herkommen der Thurnier im heyligen Römischen Reich Teutscher Nation* (1530) war. Außerdem bestätigte er sich selbst als Autor und Künstler. Sebastian Münster (1488–1552) hatte sich bereits 1528 von Heidelberg aus an ihn gewandt, dass dieser eine Beschreibung des Hunsrücks für seine *Cosmographia* beisteuere. Es folgte nicht nur ein Manuskript, sondern auch eine Stadtansicht von Simmern, die er *suis ipsius manibus* gezeichnet hatte. Johann II. regierte äußerst fürsorglich. Als Landesvater bemühte er sich um das Marktprivileg (Martini-Markt und Viehmarkt) für Simmern, das Karl V. (1500–1558) der Stadt schließlich verlieh, und setzte eine Stadtordnung ein. Reichspolitisch betätigte er sich von 1536 bis 1539 als kaiserlicher Kammerrichter und nahm an fünf Reichstagen teil. Sein Sohn, Herzog Friedrich II. Pfalz-Simmern-[Sponheim] (1515–1576), war ein eifriger, überzeugter Anhänger der Reformation und führte diese 1557 ein. Er erbte nach dem Tod des kinderlosen Kurfürsten Ottheinrich (1502–1559) die Kurwürde. Damit folgte die Linie Pfalz-Simmern der erloschenen Hauptlinie der Pfalz mit der Kurwürde nach Heidelberg und aus Herzog Friedrich II. wurde Kurfürst Friedrich III. von der Pfalz, der Fromme. Sein jüngerer Bruder Herzog Reichard von Pfalz-Simmern (1521–1598) regierte an seiner Stelle das Herzogtum Pfalz-Simmern. 1598 fiel es an die Kurpfalz. Pfalz-Simmern wurde 1611 abermals eingerichtet von Kurfürst Friedrich V. (1596–1632) für seinen Bruder Ludwig Philipp (1602–1655), der hier eine neue Nebenlinie gründete. Nach deren Aussterben 1674 (mit dem Tod des Sohnes von Ludwig Philipp) fiel das Gebiet wieder an Kurpfalz zurück.1685 kam es zu einem Wendepunkt: Mit Kurfürst Carl II. (1651–1685), dem letzten protestantisch-reformierten Kurfürsten aus der Linie Pfalz-Simmern und Bruder der Liselotte von der Pfalz, erlosch die Linie Pfalz-Simmern. Das Herzogtum Simmern fiel an die katholische Linie Pfalz-Neuburg. Nach dem Tod des Kurfürsten Carl II. erhob der französische König Ludwig XIV. (1638–1715) Erbansprüche auf Teile des pfälzischen Besitzes, um sein Ziel einer Vergrößerung Frankreichs bis an die Rheingrenze durchzusetzen. Im Verlauf dieses Feldzuges, der als Pfälzischer Erbfolgekrieg bekannt ist, wurde die Kurpfalz 1689 eingenommen und die Hauptstadt Heidelberg zerstört. Auch die Stadt Simmern, die vielen Hugenotten Zuflucht geboten hatte, wurde damals von französischen Truppen in Trümmer gelegt und die Festung gesprengt. Die prachtvolle Stadtanlage, die ein Stich von Merian (1645) sehr gut belegt, existierte nicht mehr. Bis 1794 war Simmern Sitz eines pfälzischen Oberamts. Nach der Eroberung des linksrheinischen Gebiets durch die französischen Revolutionstruppen 1794 bildete Simmern bis 1814 den Hauptort eines Kantons im Department Rhein-Mosel. 1815 fiel die Stadt an Preußen und wurde 1816 Kreisstadt des Kreises Simmern. Seit 1846 gehört der Ort zu Rheinland-Pfalz. Im Zuge der rheinland-pfälzischen Gebietsreform entstand 1969 die Verbandsgemeinde Simmern, zugleich wurde die Stadt zum Sitz des neugebildeten Rhein-Hunsrück-Kreises. Heute ist die Stadt ein Einkaufs- und Handelszentrum, Sitz von Schulen und Krankenhäusern auf der Hochfläche zwischen Nahe, Rhein und Mosel.

Stadtrundgang

Von der einstigen Pracht der 1689 zerstörten Stadt künden noch einige Bauten. Übrig geblieben sind Teile der alten Stadtmauer, ein Eckturm (Bastion am Römerberg), die Stephanskirche sowie ein Pulver- und Gefängnisturm. Am Schloss-

Das neue Schloss in Simmern

platz beginnt der „kulturhistorische Stadtrundweg". Persönlichkeiten und Ereignisse aus der wechselvollen Stadtgeschichte sowie historische Gebäude und ihre Besonderheiten werden hier ausführlich vorgestellt. Zum gut ausgeschilderten und beschriebenen Weg gibt es zusätzlich eine Begleitbroschüre, die kostenlos im Internet zum Download bereit steht (www.simmern.de/de/kultur_kulturellebesonderheiten_stadtrundweg.html). Ausgehend vom Schlossplatz werden im Folgenden einzelne Bauwerke der Ära Pfalz-Simmern erläutert. Die mittelalterliche Burg in Simmern ließ Herzog Friedrich I. zur Residenz der Herzöge von Pfalz-Simmern ausbauen. Das darauf entstandene „Alte Schloss" war ein einfacher Rechteckbau. Zur Schlossanlage gehörte das „Rote Haus". Hier befanden sich die aufgrund eines kaiserlichen Privilegs bereits von Herzog Stefan eingerichtete Münze, die 1598 geschlossen wurde, und die von Herzog Johann II. eingerichtete Druckerei. Nach der Zerstörung des „Alten Schlosses" 1689 im Pfälzischen Erbfolgekrieg wurde 1708 bis 1712 das **„Neue Schloss"** (Schlossplatz) erbaut, das eigentlich nur noch ein Verwaltungsgebäude für das Oberamt Simmern darstellte. Der schlichte klassizistische Bau besteht aus einem Haupthaus mit zwei vorgezogenen Seitenflügeln. Ursprünglich war die Anlage zu beiden Seiten von einem Weiher umgeben. Nachdem im Jahre 1802 Napoleon (1769–1821) das Schloss der Stadt schenkte, fand es Verwendung als Gericht, später als Schule, Garnison, Arresthaus und Dienstwohnung. Derzeit befinden sich im Gebäude ein Festsaal, das Fotoarchiv der Stadt und der Verbandsgemeinde, die städtische Bücherei, ein Trauzimmer sowie das Hunsrück-Museum. In dessen Stadt- und Regionalgeschichtlicher Sammlung werden Funde aus der Zeit des Herzogtums vorgestellt. Darunter befinden sich Waffen und Schmuck aus der Fürstengruft der Stephanskirche, ferner druckgeschichtliche bedeutsame Werke aus der

Simmern in der Stadtansicht von Matthäus Merian, 17. Jahrhundert

Ära Herzog Johanns II. Erwähnenswert ist ferner die Kunstsammlung des bekannten Hunsrücker Malers und Bildhauers Friedrich Karl Ströher (1876–1925), einem Künstler an der Wende vom 19. zum 20. Jahrhundert. Vom Schloss führt die Zeughausstraße zur Klostergasse. Hier steht katholische **Josefskirche**. 1685, nach dem Aussterben der protestantischen Pfalz-Simmerner Kurfürstenlinie kam in Heidelberg die katholische Linie Pfalz-Neuburg an die Macht und gewährt Religionsfreiheit. Ein Jahr später wurden in Simmern wieder regelmäßig katholische Gottesdienste in einer Scheune abgehalten, ab 1689 stand dafür die evangelische Stephanskirche zur Verfügung. Aufgrund der Errichtung des „Neuen Schlosses" wurde das Anliegen, eine katholische Kirche zu erbauen, zunächst zurückgestellt. Auf Geheiß des Kurfürsten Carl Theodor (1724–1799) entstand nach Plänen des Heidelberger Baumeisters Johann Jakob Rischer (1662–1755) schließlich ab 1749 die heutige Barockkirche, ein Saalbau mit rund angefügtem Chor. Die Längsseite zur

Straße gliedern ionische Pilaster. Eine zweigeschossige Vorhalle leitete ins Innere. Das Gotteshaus besitzt eine reiche Ausstattung der Erbauungszeit. Die Decke ziert eine „Anbetung des Kindes" des Mannheimer Hofmalers Francesco Bernhardini von 1754. Dem Mannheimer Hofbildhauer Paul Egell (1691–1752) werden der Aufsatz des Hochaltares sowie die Christusfigur zugeschrieben. Die Orgel von 1753 stammt aus der Werkstatt der Brüder Stumm (vgl. Flörsheim-Dalsheim). Der spätgotische hl. Stefan über dem Portal zur Sakristei (um 1500) kam aus der Schlosskirche, heute ev. Stephanskirche, und ist eines der wenigen Ausstattungsstücke, das die Zerstörung der Stadt 1689 überdauert hat. Über die Klostergasse geht es zum alten Marktplatz (Buttermarkt). Die hier abzweigende Marktstraße führt direkt zur Kirche, dem kunsthistorischen Höhepunkt der Stadtbesichtigung. In der Stadtmitte von Simmern hält die evangelische **Stephanskirche**, ein bedeutendes Bauwerk der Spätgotik, die Erinnerung an die Wittelsbacher lebendig. Den

Grundstein zum Bau der dreischiffigen, spätgotischen Hallenkirche legte Herzog Johann I. im Jahr 1486. An den langgestreckten Chor sind an der Nordseite Turm und Sakristei, an der Südseite die Grabkapelle der Fürsten von Simmern angebaut. Das Aussehen des Turms bestimmen Veränderungen von 1716. Die Orgel aus dem Jahre 1782 ist die größte im Hunsrück und entstammt der bekannten Orgelbauwerkstatt Stumm aus Sulzbach. Die Kirche ist heute nach spätgotischen Befunden weiß-gelb ausgemalt mit farbig abgesetzten Architekturteilen. Parallel mit dem Hervortreten Simmerns in der bildenden Kunst vollzog sich der Aufstieg des Hauses Pfalz-Simmern zur überregionalen Bedeutung. St. Stephan war eine der Grablegen der Herzöge von Simmern. Ihre Grabdenkmäler in der Annenkapelle gehören zu den bedeutendsten Werken der Bildhauerkunst des 16. Jahrhunderts zwischen Mainz und Trier. Die Kunstwerke zeigen exemplarisch die ganze Entwicklung der Epitaphien zwischen Spätgotik und Barock. Besonders hervorzuheben ist das Grabmal Herzog Johanns I., das einzig signierte Werk des Trierer bzw. Koblenzer Bildhauers Jakob Kerre (tätig in der ersten Hälfte des 16. Jahrhunderts) sowie das Grabmal seiner Gattin, Johanna von Nassau-Saarbrücken (1464–1521). Letzteres, 1554 errichtet, wurde lange dem sogenannten Meister von Simmern zugeschrieben. Heute geht man von einem Frühwerk des Johann von Trarbach (1530–1586) aus, der als Hofbildhauer in Simmern arbeitete. Äußerst bemerkenswert sind auch die Doppelgrabmäler von Herzog Johann II. und seiner Ehefrau Beatrix von Baden (1492–1535), ebenfalls Johann von Trarbach zugeschrieben, sowie von Herzog Reichard und seiner ersten Gemahlin Juliane Gräfin zu Wied (1545–1575), einem Spätwerk Trarbachs. Aus dem Grab seiner zweiten Ehefrau Herzogin Emilie von Württemberg (1550–1589) hat sich schöner Schmuck erhalten, der heute im Hunsrück-Museum zu bewundern ist. Trarbachs Arbeiten zeichnen sich durch hervorragende Ornamente aus, die fast alle architektonischen Teile überziehen.

 EXTRA Aktiv

Der Schinderhannes-Radweg

Einst trieb der Räuberhauptmann Schinderhannes (Johannes Bückler 1778/79–1803) sein Unwesen zwischen Rhein, Mosel und Nahe, da ihm die herbe, zerklüftete Landschaft eine Vielzahl von sicheren Verstecken in den dichten Wäldern bot. Obwohl als „Robin Hood vom Hunsrück" bekannt, teilte er seine Beute nicht, sondern behielt sie für sich. Carl Zuckmeyer (1896–1977) beschrieb ihn „als Lumpenhund, einen Galgenstrick, der Schrecken jedes Mannes und auch der Weiber Stück …" Auf den Spuren des Räubers lässt sich heute die Landschaft per Fahrrad erkunden. Der nach ihm benannte Radweg bietet 38 km Radspaß auf der ehemaligen Bahntrasse der Hunsrückbahn zwischen Emmelshausen, Kastellaun und Simmern. Die familienfreundliche Strecke ist durchgehend asphaltiert. Sie verläuft durch eine traumhaft schöne Landschaft und eröffnet herrliche Ausblicke auf die Höhen des Hunsrücks. Weitere Infos unter www.hunsruecktouristik.de

Armband der Pfalzgröfin Emilia mit Initialen, Simmern, Hunsrück-Museum. E(MILIA) P(FALZGRÄVIN) G(EBOHRNE) // H(ERZOGIN) Z(V) W(IRTENBERG) H(ERZOG) R(EICHARD) P(FALZGRAV). Das Armband mit Initialen wurden 1864 bei Aufräumarbeiten in der Grabkapelle der Stephanskirche gefunden. Gearbeitet aus massivem Gold, besteht das Schmuckstück aus drei querrechteckigen, mit Initialen versehenen Platten, die jeweils mit drei Gliederketten untereinander verbunden sind. Ein vergleichbares Armband bekam ihre Schwester Dorothea Maria anlässlich ihrer Hochzeit 1582 mit Pfalzgraf Otto Heinrich von Sulzbach. Daher liegt die Vermutung nahe, dass auch Emilia dieses Armband bei ihrer Vermählung überreicht bekam. Immerhin war es ihr offensichtlich so wertvoll, dass man es ihr mit ins Grab gab, wie der Fundort belegt. Nach Ausweis von zeitgenössischen Darstellungen wurden diese Armbänder zumeist paarweise getragen.

Der Aufbau der monumentalen Grabmale besteht meist aus Unterteil, einer Nische, in der Freifiguren stehen, sowie einem feingliedrigen architektonischen Oberteil. Allein das vorzügliche Werk für Reichard ragt 8 m empor. Trabachs Port-räts sind sehr ausdrucksstark, die Kleidung ist äußerst differenziert gestaltet und vermittelt ein lebhaftes Bild höfischer Kleidung seiner Epoche. In extremer handwerklicher Feinheit sind die Details aus dem Tuffstein herausgearbeitet. Weitere bedeutende Aufträge realisierte der Bildhauer in Kirchen in Meisenheim, Hanau, Pforzheim und Öhringen. Hinter der Stephanskirche geht es zur **Bastion Römerberg**, einem Eckturm der ehemaligen Stadtbefestigung, der wahrscheinlich als Gefängnis erbaut wurde. Zurück an der Kirche führt der Weg über die Oberstraße zur Turmgasse, wo der sogenannte **Schinderhannes-Turm** steht. Dieser ehemalige Pulver- und Gefängnisturm überstand die Zerstörungen von 1689 fast unbeschadet. Im 18. Jahrhundert war hier der berüchtigte Räuber Schinderhannes gefangen gesetzt, da der Turm als besonders ausbruchssicher galt. Dennoch gelang ihm nach einem halben Jahr seine spektakuläre Flucht. Seit 1999 befindet sich Untergeschoss eine kleine Schinderhannes-Ausstellung. Nur wenige Schritte vom Turm entfernt hat sich der berühmte Räuber erneut eingestellt. 2011 wurde hier ein Denkmal der Westerwälder Bildhauerin Jutta Reiss (* 1963) enthüllt, das „Hannes" nicht als einfachen Räuber zeigt. Er kommt erhaben daher und weist seine Helfer an, ein Schwein richtig zu fangen.

Adressen und Auskunft
Touristeninformation,
Im Neuen Schloss, 55469 Simmern,
Tel. 06761-837297 oder -296,
www.simmern.de,
offen Mo–Fr 10–13, 14–17, Sa, So,
Feiertage bis auf Ostern, Weihnachten, Neujahr 14–17 Uhr.

Museen und Sehenswertes
Hunsrück-Museum, Schlossplatz,
55469 Simmern, Tel. 06761-7009,
www.hunsrueck-museum.de, offen
Di–Fr 10–13, 14–17, Sa, So 14–17 Uhr,
Mo, Feiertage und im Jan. geschlossen.

Evangelische Stephanskirche,
Römerberg 2, 55469 Simmern, www.
ekir.de, Infos zu Öffnungszeiten und
Kirchenführungen: Gemeindebüro
Tel. 06761-3150

Katholische Kirche St. Josef, Klostergasse 1, 55469 Simmern, www.st-josef-simmern.de, Gemeindebüro
06761-9659390

Seit wenigen Jahren finden im Sommer im Rahmen der „Schinderhannes-Festspiele" Aufführungen in Simmern statt. Infos unter www.schinderhannes-festspiele.de und bei der Touristeninformation.

Anfahrt
mit dem PKW
Ab A61 aus Richtung Koblenz oder
Mainz (Abfahrt Rheinböllen), auf der
B50 Richtung Simmern/Trier fahren
Ab B327 Hunsrückhöhenstraße aus
Richtung Koblenz/Trier bis Flughafen
Frankfurt-Hahn, dann weiter über die
B50

Go Green
Mit Bussen aus Bingen, Rheinböllen
(Nr. 230), Koblenz, Emmelshausen
(Nr. 620) und Kastellaun (Nr. 631,
632). 6 Min. Fußweg durch die Kanowskystraße, links durch die
Brühlstraße und rechts durch die
Schulstraße bis zum Schlossplatz.
Fahrplaninfos unter www.rnn.info,
RNN-Tageskarten gibt es für Familien- und Kleingruppen.

22

Speyer – als die Stadt noch bayerisch war

Speyer hat viel erlebt, hier sind Kaiser begraben und Reichstage haben Geschichte geschrieben. Zwischen 1816 und 1918, als die linksrheinische Pfalz vom Hause Wittelsbach von Bayern aus regiert wurde, entstanden bemerkenswerte Bauten, die bei einem Spaziergang durch die gemütliche Altstadt zur Wiederentdeckung einladen.

Geschichte

Das an einer alten Straße entlang des Rheins liegende Speyer blickt auf eine lange Vergangenheit zurück. Aus der keltischen Siedlung *Noviomagus* entstand die römische Stadt *civitas Nemetum*. Im 6. Jahrhundert erhob sich ein Bischofssitz über den Resten der Römersiedlung, 614 erstmals belegt unter dem Namen *spira*. Nachfolgend gab es hier eine fränkische Königspfalz, für 969 ist die Ummauerung bezeugt. Die salischen und staufischen Kaiser förderten die Entwicklung des Ortes nachhaltig. Um 1030 entstand mit dem Dom die größte Kirche der westlichen Christenheit als Grablege für Kaiser und Könige. Die heutige Maximiliansstraße, benannt nach dem ersten bayerischen König, führt als *Via Triumphalis* direkt auf das Gotteshaus. In der Stadt wurden zahlreiche Reichs- und Fürstentage abgehalten, es gab eine große jüdische Gemeinde und viele Ordensniederlassungen. Die 1111 durch Kaiser Heinrich V. (1081–1125) verliehene Stadtfreiheit unterstützte zudem die Stadtentwicklung. In der Auseinandersetzung mit dem Bischof folgte im 12. und 13. Jahrhundert der langsame Aufbau einer bürgerlichen Selbstverwaltung, die 1294 durch

die Teilung der Stadt in Domimmunität und freie Reichsstadt vollzogen wurde. Seit 1525 war Speyer Sitz des Reichskammergerichts. Berühmt wurde der Ort schließlich im 16. Jahrhundert durch die Reichstage der Reformationszeit, vor allem 1529 durch die Protestation der die Lehre Luthers vertretenden Fürsten und Reichsstädte. Die Kriege des 17. Jahrhunderts führten zur Einäscherung der Stadt und damit verbunden zum Niedergang. Als in München die altbayerische Linie der Wittelsbacher ausstarb und der Mannheim-Heidelberger Kurfürst Carl Theodor (1724–1799) das Erbe antrat, kam es 1777 zur Vereinigung der Kurpfalz mit Bayern. Carl Theodors Nachfolger Maximilian I. Joseph (1756–1825) aus der Linie Pfalz-Zweibrücken wurde 1806 bayerischer König. War der aus Zweibrücken kommende Maximilian I. Joseph seiner Heimat noch ebenso sehr verbunden wie sein Sohn Ludwig I. (1786–1868), so galt dies für die folgenden Wittelsbacher weniger, Ludwig II. (1845–1886) etwa weilte nie hier. Im Zuge des Wiener Kongresses 1815 gelangte die territorial neu umrissene linksrheinische Pfalz dann 1816 als „Rheinkreis", ab 1838 als „Pfalz" an das Königreich Bayern. Nach dem Ersten Weltkrieg blieb diese Pfalz bis 1930 von französischen Truppen besetzt, obwohl die Zugehörigkeit zu Bayern fortbestand. Die Verbindung zu dieser Region, als Regierungsbezirk der Bayern, endete erst 1946 mit der Gründung des neuen Bundeslandes Rheinland-Pfalz.

Blick auf den Speyerer Dom von Osten

Historische Stadtansicht von Speyer, Franz Hogenberg (1582)

Innerhalb des Bildes:

SPIRA Celebris admodum Imperij & episcopalis in Germania ciuitas cuius olim incolae Nemetes et orbis ipsa Noemetum dicebatur. Arnoldo se ʼesoluo Neomagus et Nemetum atque Vangionum terminus fuit.

Dom

Jeder Rundgang durch die Stadt Speyer muss mit dem Dom beginnen, diesem großartigen Monument der Geschichte und Stolz der romanischen Baukunst. Im 19. Jahrhundert wurde er gar als Nationaldenkmal gefeiert, Georg Dehio (1850–1932) bezeichnete ihn als „Trutz-Cluny" und Wilhelm Pinder (1878–1947) als „Siegesdenkmal" Heinrichs IV. im Investiturstreit. Die Geschichte der 1981 von der Unesco in die Liste des Weltkulturerbes aufgenommene Kathedrale lässt sich nur verstehen, wenn ihre einzelnen Bauphasen nacheinander dargestellt werden, denn das heutige Aussehen wird von Planänderungen, Zerstörungen und Restaurierungen geprägt. Kaiser Konrad II. (990–1039) gründete den ersten Dom, aber als er 1039 starb, wurde er noch in einer Baustelle beigesetzt. Neben ihm ruhen seine Ehefrau, die 1043 verstorbene Kaiserin Gisela (989–1043), sowie sein 1056 verstorbener Sohn Heinrich III. (1017–1056), der den Bau vorantreiben ließ. Bis zur Weihe des Gotteshauses vergingen weitere Jahre, sie fand 1061 unter Heinrich IV. (1050–1106), dem Enkel Konrads, statt.

Der dreischiffige Bau, eine Pfeilerbasilika, besitzt ein hoch gelegenes Querhaus und einen ebenso hohen Chor, darunter erstreckt sich die weite Hallenkrypta. Vierungskuppel und Osttürme waren bereits vorhanden, das Westwerk nicht. Zwanzig Jahre später nahm Kaiser Heinrich IV. Umbauarbeiten vor, die als Weiterentwicklung der bestehenden Architektur bewertet werden können. Das Mittelschiff erhielt anstelle der flachen Holzdecke ein Kreuzgratgewölbe. Um es tragen zu können, musste jeder zweite Pfeiler mächtig verstärkt werden. Der eher asketisch-nüchterne Bau wurde reich verziert, die Mauerflächen vielfältig gegliedert. Die südliche und die nördliche Querhausmauer bekamen nun prächtige Fassaden. Neu waren die Apsis und die Zwerggalerie, die den Bau wie eine Krone schmückt. Innen lockerten Wandkapellen den Chor auf. Dazu kam eine Eingangshalle im Westen. Heinrich IV. starb 1106, sein Sohn Heinrich V. (1081–1125) knapp 20 Jahre später. Das salische Kaiserhaus war damit erloschen. Die Staufer, die immer ihre genealogischen Verbindungen mit den Saliern betonten, übernahmen den

Dom als ihr geistliches Zentrum, obwohl schließlich als einziger staufischer Herrscher König Philipp von Schwaben (1177–1208) hier seine Ruhe finden sollte. An den Herrschergräbern und allen weiteren Grabmälern in der Domkrypta versammelten sich fast sieben Jahrhunderte lang siebenmal täglich zwölf, später nur noch sechs Stuhlbrüder und beteten für das Seelenheil der Herrscher. Sie verrichteten ihren frommen Dienst auch dann noch, als der Dom 1689 von den Franzosen abgefackelt worden war. Die Truppen rissen die verbliebenen Seitenschiffwände der Kathedrale ein und brachten Sprengladungen an. Erst im letzten Augenblick konnte der bischöfliche Statthalter die totale Zerstörung verhindern. Mehr als ein halbes Jahrhundert lang klaffte danach im vorderen Langhaus bis zum Querhaus im Westen eine gewaltige Lücke. Sodann mussten auch die baufällig gewordenen Westtürme abgetragen werden und die Glockenkuppel verschwinden. Nur noch ein Torso war von der einst neben Cluny größten Kirche des Abendlandes geblieben. Doch es wandte sich zum Besseren: 1788 schrieb Friedrich

Hölderlin (1770–1843) 18-jährig, in Speyer „war mein erster Gang morgens zur Domkirche" und meinte damit das Bauwerk, dem erst wenige Jahre zuvor Ignaz Neumann (1733–1785), Sohn des Barockbaumeisters Balthasar Neumann (1687–1753), wieder zu altem Glanz verholfen hatte. Fürstbischof August von Limburg (1721–1797) beschloss Mitte des 18. Jahrhunderts den Wiederaufbau. Neumann errichtete für ihn bis 1777 das Langhaus und ersann ein bescheidenes westliches Querhaus. Auf die Stümpfe der abgerissenen Türme setzte er Rundbauten wie Minarette, anstelle der Kuppel eine elliptische Glockenstube. Bald darauf, 1794, schichteten französische Revolutionstruppen das Dommobiliar zum Scheiterhaufen auf und verbrannten es. Unter Napoleon sollte Neumanns Westwerk zu einem Triumphbogen umgestaltet werden und der übrige Dom für einen Viehmarkt verschwinden. Als die Pfalz nach Napoleons (1769–1821) Ende zu Bayern kam, trat König Ludwig I. (1786–1868) auf den Plan: „Ich habe mich entschlossen, den Dom malen zu lassen. Im Jahr 1845 wird angefangen, denn des Kaiserdoms Inneres müsse be-

Der „Brezelbub" am Westbau des Speyerer Doms, 19. Jahrhundert

stimmte, dass der salische Dom im Sinne seiner restaurativen Staats- und Kirchenpolitik vollständig ausgemalt werden solle. Es sollte ein Triumph der neuen christlichen Kunst werden, vertreten durch den Nazarener Johann Baptist Schraudolph (1808–1879). Ein Bildprogramm im „strengen Stil" des von ihm verehrten Raffaels (1483–1520), der Würde des Bauwerks angepasst. Als die Ausmalung 1853 vollendet war, gab es keinen Quadratzentimeter ohne Fresko-Malerei: 123 Historienbilder mit dem Marienleben, einen Bernhard- und einen Stefan-Zyklus. Dadurch war der romanische Raumeindruck erheblich verändert, sogar Öffnungen wurden vermauert, um Platz für die Bilder zu finden. Für die Wiedererrichtung der westlichen Turmgruppe konnte der König den Architekten Heinrich Hübsch (1795–1863) gewinnen (vgl. Weinheim). Hübsch hatte auf ein Honorar verzichtet, stattdessen bestimmte er, dass alljährlich an seinem Todestag eine Messe gelesen werde. Er erstellte in den Jahren 1854 bis 1862 den neoromanischen Westbau und orientierte sich dabei frei an dessen einstiger Erscheinung, wodurch der Dom seine mittelalterliche Länge und seine vieltürmige Gestalt wieder erhielt. Bis

ziert seyn". Damit wollte er seinerseits ein Nationaldenkmal fördern, nachdem die preußische „Konkurrenz" in Köln bereits der Domvollendung entgegen strebte. Der ehrgeizige Mäzen be-

EXTRA Feste und Feiern

Die Speyerer Brezel – ein Wahrzeichen der Stadt

Speyer liebt seine Brezeln, für die heute die mitten in der Altstadt gelegene Bäckerei Berzel zuständig ist. Dass das uralte Zunftzeichen der Bäcker jedoch tatsächlich aus Speyer stammt, darf angezweifelt werden, trotz einer Steinfigur am Dom, die eine Brezel in der Hand hält. Dieser Brezelbub ist ein Neuzugang, der seinen Platz am Westportal erst im 19. Jahrhundert fand. Dem beliebten Salzgebäck widmet die Stadt sogar ein ganzes Fest, dessen Höhepunkt der Brezelfestumzug am Sonntag ist. Daneben erwarten Schausteller mit ihren Fahrgeschäften und Vergnügungsbuden die zahlreichen Besucher. Das Brezelfest mit über 100-jähriger Tradition findet am zweiten Wochenende im Juli statt.

In der Luftaufnahme des Doms ist der neoromanische Westbau deutlich erkennbar

heute besteht dieser aus einer Vorhalle im Erdgeschoss, dem ersten Stock mit dem Kaisersaal sowie der zweiten Etage mit Zwerggalerie und Giebel. Der plastische Schmuck der Vorhalle feiert die Wohltäter des Doms, darunter Konrad und Gisela oder Rudolf von Habsburg. Wie viele Künstler kam damals auch der Tiroler Bildhauer Gottfried Renn (1818–1900) auf Wunsch der Wittelsbacher an den Rhein, ließ sich hier nieder und arbeitete an vielen Kirchen mit, so auch an der Westfassade des Doms. Mit dem Abschluss der Arbeiten 1857 präsentierte sich der während unterschiedlicher Epochen gestaltete Dom als eines der größten Gesamtkunstwerke des 19. Jahrhunderts. Nachfolgende Generationen kritisierten immer wieder die kleinteilige Ausmalung des Innenraums. Im Rahmen der Domrestaurierung ab 1957 wurden die Fresken im Stil der Nazarener schließlich aus dem Dom entfernt, um die romanische Bauweise des Doms wieder stärker zu betonen. Im Dom verblieb lediglich der 24-teilige Marienzyklus, der bis heute in den Bögen des Mittelschiffs zu sehen ist. Seit 2012 sind der neu gestaltete Kaisersaal des Doms mit einer Ausstellung von neun Fresken Schraudolphs und die Aussichtsplattform im Südwestturm der Öffentlichkeit erneut zugänglich gemacht.

Stadtrundgang

Vor dem Dom breitet sich ein ausladender Platz aus, dessen Westseite das Stadthaus und das **Bischofspalais**, ein spätbarocker Prachtbau von 1710, einnehmen. Das große Steinbecken, der sogenannte **Domnapf** (1490), wird bei der Einführung eines neuen Bischofs seit jeher fürs Volk mit Wein (über 1.500 l) gefüllt. Einen schönen Blick auf die Ostseite der Kathedrale bietet sich vom Heidentürmchen aus, einem Überrest der **Stadtmauer** aus dem 13. Jahrhundert. Der als Park gestaltete **Domgarten** wurde 1821 angelegt. Südlich des Doms steht **das Historische Museum der Pfalz**. 1869 gründete der Historische Verein der Pfalz diese Einrichtung und die vereinseigenen Sammlungen wurden mit den Sammlungsbeständen des Bayerischen Rheinkreises und der Stadt Speyer vereint und im damaligen Realgymnasium ausgestellt. Aufgrund akuten Platzmangels entstand wenige Jahre darauf das heutige Museumsgebäude, einer vierflügeligen Burganlage ähnlich, an exponierter Stelle und nach Plänen des bekannten Münchner Architekten Gabriel von Seidl (1848–1915). Nach dreijähriger Bauzeit konnte 1910 im Beisein des späteren bayerischen Kronprinzen Rupprecht von Bayern (1869–1955) die Einweihung gefeiert werden. Im Museum wird die Geschichte der Stadt und der Region dargestellt, eines der wertvollsten Exponate ist der „Goldene Hut von Schifferstadt", vermutlich ein keltisches Kultobjekt aus dem 14. Jahrhundert v. Chr. Zudem sind hier das Diözesanmuseum angegliedert, das Beigaben aus den Saliergräbern des Domes ausstellt, und ein umfangreiches Weinmuseum. Wenige Gehminuten vom Dom entfernt liegen in der Kleinen Pfaffengasse 20 die Reste des **Judenhofes**, das Zentrum der seit 1084 urkundlich bezeugten jüdischen Siedlung in Speyer. Erhalten blieben das Ritualbad (**Mikwe**), Teile der Synagoge (1104) sowie des Frauen-Betraums. Das Mauerwerk erinnert an den Dom. Nicht unwahrscheinlich, dass dieselben Handwerker hier wie dort Steine aus demselben Bruch gesetzt haben. 1349 wurde die jüdische Gemeinde erstmals aufgelöst, durch Vertreibung, Mord und Totschlag. Es war nicht das erste Pogrom

und sollte nicht das letzte bleiben. Ein kleines Stück Wiedergutmachung bedeutet der Neubau einer Synagoge (2011), die auf dem Gelände der nicht mehr genutzten (katholischen) Kirche St. Guido (Am Weidenberg) steht. Nördlich vom Dom führen Treppen in die Altstadt von Speyer. Vorbei am Gasthaus „Zum Halbmond", einem hübschen Fachwerkbau, führt die **Sonnenbrücke**, die einzig erhaltene mittelalterliche Brücke der Stadt, in die ehemalige Vorstadt „überm Hasenpfuhl", das einstige Fischer- und Schifferviertel. Die 1242 erstmals erwähnte Bachüberquerung war ursprünglich dem hl. Nikolaus geweiht, eine moderne Statue (1993) erinnert an ihn. Geradeaus verläuft der Weg in die Hasenpfuhlstraße. Hinter der Nr. 32 verbirgt sich das 1227 gegründete Dominikanerinnen-Kloster **St. Magdalena**. Die barocke Kirche wurde um 1700 erbaut und ist mit Altären des 18. Jahrhunderts ausgestattet. Ab 1923 war die hl. Edith Stein (1891–1942) hier als Lehrerin tätig. Vom Dom aus leitet die **Maximilianstraße**, die alte *Via triumphalis* der Stadt, zum **Altpörtel**, dem schönen Torturm des 13. Jahrhunderts mit Umbauten, die bis ins 16. Jahrhundert reichen. Das westliche Stadttor war einer von 68 Türmen der Stadtbefestigung. Den mühsamen Aufstieg belohnt ein wunderbarer Rundblick. Im ersten Obergeschoss gibt es eine Ausstellung zur Geschichte der Speyerer Stadtbefestigung. Auf dem Weg dorthin sind entlang der hübsch bebauten Maximiliansstraße einige interessante Gebäude hervorzuheben. Das **Rathaus** (Maximilianstraße 12), ein repräsentativer Barockbau, entstand zwischen 1712 und 1726 nach Plänen des kurpfälzischen Hofbaumeisters Johann Adam Breunig (1660–1727) an der Stelle der aus dem 15. Jahrhundert stammenden, 1689 zerstörten städtischen Kanzlei und zweier anderer Hausplätze. Der

Figurenschmuck am Westbau des Doms

große Sitzungssaal in der Mittelachse des Obergeschosses ist mit bedeutender Stuckdekoration im Stil des frühen Rokoko ausgeschmückt. Im westlichen kleinen Sitzungssaal befindet sich eine prachtvoll bemalte Decke mit allegorischen Figuren von 1725. Im gegenüberliegenden spätbarocken **Hohenfeldschen Haus** (Maximilianstraße 99) lebte einige Zeit die in Kaufbeuren geborene Arzttochter Sophie von La Roche (1730–1807), die erste Autorin Deutschlands, die einen erfolgreichen Roman veröffentlichte. Als ihr Ehemann wegen kirchenkritischer Äußerungen aus den Diensten des Mainzer Kurfürsten entlassen wurde, zog die Familie 1780 nach Speyer, wo sie sechs Jahre verbrachte. In dieser Zeit gab sie die erste literarische Frauenzeitschrift in deutscher Sprache heraus. Am „**Geschirrplätzl**" verweist die überlebensgroße Figur eines **Jakobspilger**s auf den hier entlangführenden Pilgerweg nach Santiago de Compostela. Dahinter erhebt sich die 1701 bis 1707 erbaute evangelische **Dreifaltigkeitskirche**, ein spätbarockes Gesamtkunstwerk mit bis heute erhaltener Ausmalung. 1717 wurde der Bau als lutherische Kirche errichtet. Der Altar und die Kanzel sowie das Holzgewölbe sind mit Szenen des Alten und Neuen Testaments reich bemalt. Der Glockenturm des 14. Jahrhunderts stammt von der zerstörten Georgenkirche. Hinter der Hausnummer Maximilianstraße 90 verbirgt sich ein weiteres barockes Stadthaus, die „**Alte Münze**", das 1748 als neues Kaufhaus am Markt entstand und bis heute ein Handels- und Geschäftshaus ist. Durch das Altpörtel hindurch führt die Gilgenstraße vorbei an der katholischen **Josephskirche**, einem späthistoristischen Bau von 1912 bis 1914, hin zur **Gedächtniskirche** der Protestation in Speyer. Das neugotische Gotteshaus wurde 1904 zur Erinnerung an die im Jahre 1529 auf dem Reichstag zu Speyer erfolgte Protestation geweiht. Fürsten, die Luthers Lehre anhingen, protestierten gegen eine Abstimmung über die Religionszugehörigkeit, was letztlich zur Trennung der christlichen Konfessionen in katholisch und protestantisch führte. Der Bau sollte eine der Hauptkirchen der gesamten protestantischen Christenheit werden. Sein stolz 105 m emporragender Turm reflektierte die Konkurrenz von Protestanten und Katholiken. In der Gilgenstraße stellt die Denkmalpflege im **Archäologischen Schaufenster** pfälzische Vor- und Frühgeschichte aus.

Kaiserdenkmal im Domgarten (1987): Die Kaiser ziehen über den Rhein, um in großer Not dem Reich zu helfen (Sage: Des Fährmanns Traum)

„Am Rhein", schrieb 1758 ein Chronist aus Speyer, „haben wir nicht nur Wein zu unserem Tranck genug, sondern auch im Überfluss, dass wir den Ausländern davon mittheilen können". In der alten Kaiserstadt sorgten Reben für „das Vergnügen innerhalb der Stadt-Mauern in den Gärten und den angenehmen Schutz vor den Sonnenstrahlen an den Häusern". In der historischen Altstadt mit ihren Straßen, Gassen und Plätzen gibt es viel zu erkunden und noch mehr zu genießen. Viele Restaurants, Weinstuben und Cafés laden zur Erholung ein. Den Wein im Grünen genießt man wie in früheren Zeiten in der Allerheiligenstraße 9. Hier liegt das um 1800 erbaute **Feuerbachhaus**, das Geburtshaus des Malers Anselm Feuerbach (1829–1880), heute ein Museum und eine Gedenkstätte. Darin befindet sich eine Weinstube mit einem entzückenden, historischen Vorbildern nachempfundenen Rosengarten. Ein weiteres Künstlerhaus steht in der Kleinen Greifengasse 14. Das spätklassizistische Gebäude von 1877 ist das **Geburtshaus des Malers Hans Purrmann** (1880–1966) und dient heute als Gedenkstätte zum Leben und Werk von ihm und seiner Gattin, der Malerin Mathilde Vollmoeller-Purrmann (1876–1948).

Adressen und Auskunft
Tourist-Information
Maximilianstr. 13
67346 Speyer
Tel. 06232-142392
www.speyer.de
Domführungen sind unter Tel. 06232-77170 buchbar. Mit der Speyer-Card erhält man 20% Ermäßigung auf Eintritte und Vergünstigungen in der Gastronomie.

Museen und Sehenswertes
Archäologisches Schaufenster
Gilgenstr. 13
67346 Speyer
Tel. 06232-670657

www.archaeologie-speyer.de
offen Di–So 11–17 Uhr, Gläserne Werkstatt Di u. Do 11–16:30 Uhr, Mo geschlossen, Eintritt frei

Historisches Museum der Pfalz
Domplatz 4
67346 Speyer
Tel. 06232-620222
www.museum.speyer.de
offen tägl. außer Mo, 10–18 Uhr

Jüdisches Bad
Judengasse
67346 Speyer
Tel. 06232-77288
offen April–Okt.,

Mo–Fr 10–12/14–17 Uhr, Sa,
So 10–17 Uhr

Kaiserdom –
UNESCO-Weltkulturerbe
Domplatz
67346 Speyer
Tel. 06232-102118
offen Mo–Sa 8–17, So 13:30–17 Uhr,
1. April – 31 Okt. bis 19 Uhr,
Kaisersaal Dom, offen Mo–Sa, 9–17,
So, Feiertag 12-17 Uhr, letzter Einlass
16 Uhr, im Winterhalbjahr geschlossen. Tel. Kartenvorbestellung 06232-
102525.

Museum Feuerbachhaus
Gedenkstätte für den Malers
Anselm Feuerbach
Allerheiligenstr. 9
67346 Speyer
für Führungen: Tel. 06232-142392,
www.feuerbachhaus.de, offen Di–Fr
16–18, Sa, So 11–13 Uhr, Sommer:
nur am Wochenende

Museum Purrmann-Haus
Gedenkstätte für den Maler
Hans Purrmann
Kleine Greifengasse 14
67346 Speyer
Tel. 06232-77911
offen Di–Fr 15–17, Sa, So,
Feiertage 11–13 Uhr,
Mo geschlossen

Sea Life Speyer
Im Hafenbecken 5
67346 Speyer
Tel. 06232-69780
www.sealife.de
offen tägl. 10–19 Uhr (Juli–Aug.),
10–18 Uhr (April–Juni, Sept., Okt.),
10–17 Uhr (Nov.–März), letzter
Einlass eine Stunde vor Schluss

Sophie von La Roche Gedenkstätte
Maximilianstr. 99
67346 Speyer
Tel. 06232-142392
offen Mo–Fr 10–17, Sa 10–16 Uhr

Technik Museum Speyer
Geibstr. 2
67346 Speyer
Tel. 06232-67080
www.technik-museum.de
offen täglich 9–18,
Wilhelmsbau 11–18 Uhr

Essen und Trinken
Restaurant Backmulde
Karmeliterstr. 11–13
67346 Speyer
Tel. 06232-71577
www.backmulde.de
gehobene, kreative Kochkunst,
So Abend und Mo geschlossen

Weinstube im Feuerbachhaus
Allerheiligenstr. 9
67346 Speyer
Tel. 06232-70448
www.feuerbachhaus.de
offen Di–Fr ab 16, Sa 11–14, ab 17,
So 11–14 Uhr, Mo Ruhetag

Anfahrt
mit dem PKW
Ab A61 (Abfahrt Speyer) oder
über die B9 von Ludwigshafen
oder Karlsruhe.

Go Green
Der Bahnhof ist angebunden an
die S-Bahn von Mannheim/Germers-
heim, ferner Regionalverkehr aus
Karlsruhe, Infos unter www.vrn.de,
vom Hbf fährt ein Shuttle-Bus alle
Sehenswürdigkeiten an.

Wachenheim an der Weinstraße – „ein schön Stättlein, wegen des köstlichen Weins berühmt"

(1645 Topographia Palatius Rheni)

Das traditionsreiche Wein- und Sektstädtchen Wachenheim liegt an der Deutschen Weinstraße, eingebettet in ein grünes Meer von Reben und dem Naturpark Pfälzerwald.

Burg- und Stadtgeschichte
Wachenheims belegte Geschichte beginnt 766 mit der ersten urkundlichen Erwähnung in der als Lorscher Codex bekannten Klosterhandschrift. Es war salischer Königsbesitz, den 1035 Kaiser Konrad II. (990–1039) dem Kloster Limburg übergab. Die Grundsteinlegung der Wachtenburg erfolgte vermutlich im 12. Jahrhundert, 1275 fiel sie zusammen mit dem Dorf als kaiserliches Lehen an die Pfalzgrafen bei Rhein. Eine erste Blüte für den Ort kam unter den Wittelsbachern: Im Jahre 1341 ermächtigte Kaiser Ludwig IV. der Bayer (1281–1347), seinen Neffen, den Pfalzgrafen Rudolf II. (1306–1353), Wachenheim zu befestigen. Im gleichen Jahr wurden dem Ort die Stadtrechte „mit Stock und Galgen" sowie die Gerichtsbarkeit verliehen. Nach dem Tode des pfälzischen Kurfürsten Ruprecht III. und Deutschen Königs (1352–1410) wurde 1410 sein Kurpfälzer Besitz unter den Söhnen aufgeteilt. Wachenheim fiel „uff der Hart Burg und Stat" an Herzog Stefan von Pfalz-Simmern-Zweibrücken (1385–1459), dem Begründer der Simmerischen und Zweibrücker Pfalzgrafenlinie. 1436 richtete er in Wachenheim eine Münzstätte ein, die bis 1471 in Betrieb war. Seine Frau Anna von Veldenz (1390–1439) verstarb 1349 in Wachenheim. Herzog Stefan vererbte die Stadt seinem Sohn Friedrich I. von Pfalz-Simmern (1417–1480), der den Ort 1464 an seinen jüngeren Bruder, Ludwig I. von Pfalz-Zweibrücken (1424–1489) abtrat. 1470 kam es zu Streitigkeiten zwischen Herzog Ludwig I. genannt der Schwarze und seinem Vetter, dem pfälzischen Kurfürsten Friedrich I (1425–1476). Letztgenannter eroberte in der daraufhin entfachten Weißenburger Fehde Stadt und Burg und richtete viele Zerstörungen an. Die Mauern und Türme der eroberten Stadt ließ der Kurfürst teils einreißen und mit den Trümmern die Gräben auffüllen. Die Burg war ausgebrannt. Das Schicksal, das zuvor die Stadt Armsheim (S. 123) ereilte, hatte sich nun in Wachenheim wiederholt. Die Stadt Wachenheim und die Überreste der Burg gehörten fortan bis zur Französischen Revolution zur Kurpfalz. Die Stadtmauer wurde wieder aufgebaut, die Burg blieb Ruine. Durch hohe Verluste im Bauernkrieg von 1525 und im 30-jährigen Krieg (1618–1648) sank die Bevölkerungszahl extrem herab. Von 1576 bis 1592 gehörte die Stadt zum Fürstentum Pfalz-Lautern (bestehend aus den Oberämtern Kaiserslautern und Neustadt sowie dem Amt Sobernheim), das Herzog Johann Casimir (1543–1592), dem Sohn des Kurfürsten Friedrich III. (1515–1576) unterstand und nur

Die alte katholische Georgskirche, im Vordergrund die profanierte Ludwigskapelle

zu dessen Lebzeiten existierte. 1674 brannte der Heerführer Turenne (1611–1675), Feldmarschall des französischen Königs Ludwig XIV. (1638–1715), Pfarrkirche, Rathaus, Ritterhaus und einige Adelshöfe nieder. Im Pfälzischen Erbfolgekrieg 1689 ging der Ort erneut in Flammen auf. Das wirtschaftliche Erstarken und der damit verbundene Wiederaufbau begann Anfang des 18. Jahrhunderts und lässt sich noch an einigen Gebäuden ablesen. Von 1807 bis 1814 war Wachenheim französisch, ab 1816 gehörte es zum Königreich Bayern. Im Zweiten Weltkrieg wurden 20% des Ortes zerstört. Ab den 50er-Jahren setzte ein Wandel der dörflichen Sozial- und Infrastruktur ein und Wachenheim, Sitz der gleichnamigen Verbandsgemeinde, wandelte sich zu einer begehrten Wohngemeinde für den Ballungsraum Rhein-Necker.

Die Wachtenburg

An der Stirnseite des Schlossbergs westlich der Stadt beherrschen die Ruinen der Wachtenburg den aus einer Burgmannsiedlung hervorgegangenen Ort. Die Bergfeste wurde im Laufe der Jahrhunderte zu einer umfangreichen Anlage ausgebaut, deren ursprüngliche Struktur heute noch gut erkennbar ist. Gegen Westen schützte der auf dem Fels erbaute, fünfstöckige Bergfried mit der sich auf beiden Seiten anschließenden hohen Schildmauer die Angriffsseite. Diese als ältester Teil der Burg erkennbare Anlage wird noch ins 12. Jahrhundert datiert. Zum 30 m hohen Bergfried, der zunächst Wohn- und Verteidigungsbau war, kamen später östlich anschließend der Pallas mit der Burgkapelle sowie Dienst- und Wirtschaftsgebäude hinzu. Die „obere Burg" umgab eine mit fünf Türmen bewehrte Ringmauer des 13. Jahrhunderts. Der Zugang von der Bergseite ging über eine Zugbrücke durch den Torturm, der durch ein Fallgitter geschützt war. Im Burghof befand sich der in den Fels gehauene Brunnen. Von der Schildmauer und von der Südostecke der oberen Ringmauer zogen sich mit Türmen versehene Mauern den Berghang hinunter ins Tal und waren dort durch eine von Osten nach Westen führende Mauer verbunden. In diesem Bereich lag die „untere Burg", das heißt das Haus des Burggrafen. An der Bergseite ist noch der Graben mit der Schildmauer erkennbar. Der als Aussichtsturm ausgebaute Bergfried („Balkon der Pfalz") blieb nach den Zerstörungen an der zur Stadt gewandten Seite offen. Teile der Ringmauer mit ihren fünf Türmen sowie Reste des Palas und Teile der Mauerverbindung von der Westecke der Burg bis zu einem Turm in der Schlossgasse sind noch erhalten oder wurden teilweise rekonstruiert.

Die erste urkundliche Erwähnung der Burg datiert ins Jahr 1257, doch eine erste Anlage entstand bereits früher, wahrscheinlich auf Anordnung Konrad des Staufers (1134–1195). Als Reichsgut übergab Pfalzgraf Konrad Burg und Ort dem Reichministerialengeschlecht von Bolanden als Lehen. Diese blieben bis ins späte 13. Jahrhundert im Lehnsbesitz der Wachtenburg. Im Jahr 1274 änderten sich die Eigentumsverhältnisse. Von den Erben der Bolander, den Herren von Weinsberg, kaufte König Rudolf von Habsburg (1218–1291) die Wachtenburg zurück und übertrug 1275 Burg und Ort seinem Schwiegersohn, Pfalzgraf Ludwig II. (1229–1294), als erbliches Lehen. Dies gilt als der bedeutendste Besitzerwechsel in der Burggeschichte, denn die Wachtenburg verblieb, von kurzen Unterbrechungen abgesehen, seitdem bei der Pfalzgrafschaft. Ludwigs Sohn Rudolf I. (1274–1319) gab sie 1277 als Lehen an seinen zuverlässigen Gefolgsmann Graf Emich IV. von Leiningen (1215–1281). In den folgenden Jahrzehnten wechselten sich Verpfändungen und Wiedereinlösungen ab, denn Burg und Ort dienten den Pfalzgrafen als willkommenes Spekulationsobjekt. 1410 gelangte die inzwischen mehrfach zerstörte und wiederaufgebaute Anlage in den Besitz von Herzog Stefan von Pfalz-Simmern-Zweibrücken. Mit der Stadterhebung Wachenheims 1341 hatte die Burg ihre frühere Bedeutung bereits verloren, so dass nach der Er-

Burgruine Wachtenburg: Reste des Bergfrieds und der oberen Turmmauer

oberung der Stadt und ihrer Burg im Jahre 1470 durch Kurfürst Friedrich I. der größte Teil als Ruine ungenutzt liegen blieb. Zwischen 1593 und 1717 war das Lehen erst im Besitz der Familie von Geyersberg und später der Grafen von Sickingen. Nach weiteren Zerstörungen – 1525 im Bauernkrieg, im 30-jährigen Krieg (1618–1848) und im Pfälzischen Erbfolgekrieg 1689 – bei letzterem sprengten die französischen Truppen den Bergfried –, wurde für die Burg nichts mehr aufgewendet. 1717 fiel das Burglehen an die Freiherren von Sickingen. Nach weiteren Besitzerwechseln

gelangte die Ruine durch Versteigerung in Privatbesitz eines Wormser Bürgers, der sie 1884 geteilt weiterveräußerte: Das Burggrafenhaus im Tal mit Garten und Baumfeld erwarb ein Leutnant in Heidelberg, die Ruine mit Acker und Ödung der Weingutsbesitzer Dr. Albert Bürklin. Dessen Erben schenkten die Burg 100 Jahre später der Stadt Wachenheim. Ein Förderverein pachtet bis heute die Ruine und führt seit 1984 umfangreiche Erhaltungs- und Sanierungsarbeiten durch (Infos unter: www.wachtenburg.de). Die sorgsam gepflegte Ruine verleiht der Stadt Wachenheim ihr charakteristisches Gepräge, die Burgschenke ist vor allem bei Wanderern zur Einkehr beliebt. Ein gut ausgeschilderter Fußweg leitet von der Burg hinab über die Burgstraße direkt in die Altstadt.

Stadtrundgang

Viele historische Sehenswürdigkeiten konzentrieren sich auf den alten Ortskern von Wachenheim. Der Kulturverein Wachenheim hat einen kleinen Führer erstellt, der einen Überblick über die Geschichte des Ortes bietet und zum „Rundgang durch das alte Wachenheim" einlädt. Die Broschüre ist in der Tourist-Information im Rathaus erhältlich.

Prägend für das Ortsbild von Wachenheim ist die malerisch gestaffelte Baugruppe der **St. Georgskirche** im Zentrum der Altstadt. Die im Kern spätgotische Anlage entstand als Chorturmkirche ab dem 12. Jahrhundert. Seit 1436 ist der Bau St. Georg, dem Schutzpatron der Ritter, geweiht. Zu Beginn des 15. Jahrhunderts wurde östlich des Turms ein gotischer Chor angebaut, der Turm – einst Altarraum – vermittelte nun zwischen Langhaus und Chor. Es folgten die querhausartig angebaute Nord- und Südkapelle sowie die Sakristei mit einem reich verzierten gotischen Portal. Die Kriege des 17. Jahrhunderts hinterließen den Bau als Ruine. Erst ab 1711 setzte ein Wiederaufbau im Barockstil auf den gotischen Grundmauern ein. Mit der Einführung der Religionsdeklaration in der Kurpfalz 1705 kam es zur Kirchenteilung und Errichtung einer Mauer zwischen den Gotteshäusern. Der Chor fiel den Katholiken, das Schiff den calvinistisch geprägten Gläubigen zu. Die katholische Gemeinde fügte an den Chor ein Chorhaupt an, um Platz für die neue Altarausstattung zu erhalten. Innerhalb der eher kargen Pfälzer Kirchenlandschaft

stellt die vorwiegend aus dem 18. Jahrhundert stammende Ausstattung heute eine kleine Kostbarkeit dar. Das steinerne, farbig gefasste Altarensemble schuf Bildhauer Baltasar Barbon aus Wattenheim, möglicherweise nach einem Entwurf des fürstbischöflichen Bauamts in Bruchsal. Der aufwendig gearbeitete Hochaltar in typisch barocker Ädikulaform ist eine Stiftung eines Maurermeisters, dessen Werkzeug in einer Kartusche zu erkennen ist. Die Seitenaltäre schmücken die hll. Nepomuk sowie Joseph mit dem Jesuskind, rechts Johannes den Täufer und der Evangelist Johannes, dazwischen eine Muttergottesfigur von 1708. Während die Figuren des Marienaltars barocke Strenge in sich tragen, zeigen die des linken Seitenaltars bereits Merkmale des Rokoko. Einige Altarbilder sind original, die übrigen stammen aus dem 19. Jahrhundert, als die Kirche im Sinne der Neugotik neu ausgestaltet wurde. 1857/59 wurde das evangelische Langhaus abgerissen und durch einen neugotischen Bau ersetzt. 1906/07 kam das westliche Joch sowie der Altarraum dazu. Auf der Südseite ist ein aufwendiges Glasfenster mit Darstellungen von Petrus und von Reformatoren, in der Apsis befindet sich ein Rundfenster mit dem segnenden Christus. Aus der Umbauzeit stammen auch der mit der Kanzel verbundene Altar aus Sandstein, das Kirchengestühl einschließlich des überhöhten Chorgestühls sowie der Orgelprospekt. Die 1883 aufgestellte Voit-Orgel, eine Stiftung der Weingutsfamilie Bürklin, gehört zu den „Denkmalorgeln in der Pfalz". Nachdem der katholische Teil der Kirche für die Bedürfnisse der größer gewordenen katholischen Pfarrei zu klein geworden war, entstand 1989 die neue katholische Pfarrkirche Edith Stein (Friedelsheimer Straße). Die Alte St. Georgskirche wird seither von einem Förderverein betreut und umfangreich saniert. In direkter Nachbarschaft zur Georgskirche ragt der spätgotische Bau der **Ludwigskapelle** empor. Das kleine Gebäude mit dreiseitig geschlossenem, kreuzgewölbtem Chor entstand vermutlich 1443 unter Kurfürst Ludwig IV. (1424–1449) und war zunächst Ludwig von Arnstein (1109–1185) geweiht, den die Prämonstratenser, die das Patronatsrechte an der Wachenheimer Pfarrkirche seit 1362 ausübten, wegen seiner Verdienste um den Orden sehr verehrten. Erst später wechselte das Patrozinium zum hl. Ludwig (1214–1270), König von Frankreich. Nach der Reformation kam sie in den Besitz der Gemeinde und war ein Lagerhaus. Bis zur Wiedererrichtung der Georgskirche diente sie den Katholiken als provisorische Pfarrkirche und war danach wieder Lagerhaus. Nach umfangreichen Renovierungen finden heute in dem profanierten Bau kulturelle Veranstaltungen statt. Eine kleine Treppe führt vom Marktplatz vor der Georgskirche zum Steinhausser'schen Hof/Sußmannhof der heutigen **Sektkellerei**. 1341 errichteten die Ritter von Steinhausser, Burgmänner in Wachenheim, hier ihren Adelssitz. 1725 erwarb Freiherr Johann Georg von Sussmann, Hofgerichtsrat des Kurfürsten in Mannheim, das Grundstück samt der umliegenden Weinberge und Äcker. Auf den Grundmauern des 1689 zerstörten Adelssitzes ließ er ein Schloss im ländlichen Barockstil und einen Wirtschaftstrakt errichten. 1888 gründete ein Weinhändler hier die „Deutsche Schaumweinfabrik in Wachenheim". Kommerzienrat Wagner etablierte als Betriebsleiter und Mehrheitseigner 1899 die Methode der Flaschengärung in Wachenheim. Er ließ ab 1924 die Sektkellerei zu ihrem derzeit noch erhaltenen Erscheinungsbild umgestalten. Im Jahr 1892 als „Deutsche Schaum-

Denkmal des Dom Perignon im Hof der Sektkellerei

weinfabrik AG, Wachenheim" eingetragen, firmierte das Unternehmen zunächst als „Sektkellerei Wachenheim AG" (1913) und schließlich als „Sektkellerei Schloss Wachenheim AG". Damit ist die Sektkellerei eine der ältesten Aktienge-

Die nächtlich beleuchtete Stadtmauer in Wachenheim

sellschaften in Deutschland. Das Unternehmen wurde 1996 mit dem Weltmarktführer Faber/Reh im Rahmen einer Sacheinlage verschmolzen und „Schloss Wachenheim" zur Dachmarke der gesamten Gruppe. Von der Sektkellerei aus geht es zur Weinstraße. Schräg gegenüber liegt auf der anderen Straßenseite der **Wachenheimer Hof** (Weinstraße). Der spätbarocke Bau von 1711 steht auf den Fundamenten des freiadligen Gutes der Ritter von Wachenheim, die als „Burgmannen" einst hier ihren Sitz hatten. Im 16. Jahrhundert ging der Wachenheimer Hof in den Besitz des Hauses Leiningen über, das einen Neubau errichtete, der 1674 einem Brand zum Opfer fiel. 1710 erwarb ein Landschreiber die Ruine und errichtete das heutige Haus. An der Weinstraße in Richtung Forst entstand 1820 der Hauptsitz des **Weinguts Bürklin-Wolf**, ein klassizistischer Rechteckbau mit Gurtgesimsen und Walmdach, umgeben von einem schönen Landschafts-

garten. Hof und Park sind bei Veranstaltungen zugänglich. (Infos unter www. buerklin-wolf.de) Die **Villa Wolf** am Ortsausgang nach Forst gelegen ist eine in ihrer Gestaltung einzigartige Landvilla aus der Mitte des 19. Jahrhunderts. Sie wurde 1843 vollendet. Vom ehemaligen Wachenheimer Hof zweigt die Bahnhofstraße ab.

Das **Haus Rettinger** (Bahnhofstraße 3/Ecke Langgasse), ein spätbarockes Wohnhaus von 1736 entstand nach Plänen des fürstbischöflichen Baumeisters Johann Georg Stahl aus Bruchsal für den Oberschultheißen und Burgvogt Eckard. In der Langgasse betrieb das Haus Pfalz-Zweibrücken von 1436 bis 1471 eine **Münzstätte**, die Gold- und Silbermünzen prägte. Nach Eingliederung Wachenheims in die Kurpfalz ging der Hof in Besitz des Klosters Limburg über, 1574 fiel er an die Geistliche Güteradministration und später an die Kurfürstliche Hofkammer. Sie verlegte die Burgvogtei aus Friedelsheim hierher, die bis

1794 hier verblieb. 1803 versteigerten die französischen Behörden den Hof und dazugehöriges Ackerland.

Nach Einrichtung einer lutherischen Pfarrei 1745 ließ diese durch den kurpfälzischen Hofbaumeister Sigismund Keller 1748 eine **lutherische Kirche** (Langgasse), in Form eines barocken Saalbaus errichten. 1794 wurde die Kirche durch die Revolutionstruppen verwüstet und die Abhaltung von Gottesdiensten untersagt. Nach Renovierungen diente der Bau erneut als lutherisches Gotteshaus, doch seit 1818 fanden – mit Zusammenlegung der protestantischen Konfessionen – hier keine Gottesdienste mehr statt. Den schweren Bombenschäden des Zweiten Weltkriegs folgten ab 1950 notdürf-

tige Erhaltungsarbeiten an der Ruine. 1975 gründete sich ein Förderverein für den Wiederaufbau der Kirche als Veranstaltungshaus. Vom Marktplatz aus führt die Weinstraße in Richtung Bad Dürkheim an weiteren historischen Adelshöfen vorbei. Älter und besser erhalten als andere Adelshöfe in Wachenheim ist der **Zehnthof** (Mittelgasse 1), einst Sitz des Burggrafen. Erbaut wurde er durch die Ritter von Dürkheim, die bis 1596 den Weinzehnt innehatten. Danach erwarb Kurfürst Friedrich IV. (1574–1610) den Hof und übergab ihn zusammen mit der Burgruine Oberschultheiß Geyersberg als Lehen. Im 17. Jahrhundert wurde der Hof teilzerstört, dann 1718 wieder auf- und ausgebaut. Das Haupthaus mit Neben- und Wirtschaftsgebäu-

 ## EXTRA Wissen

Die Maulbeerbäume des Kurfürsten

„Hier gedeiht hochragender Birnbaum, Pfirsich und Feige, Mispel und Maulbeerbaum, und die Kastanie trägt" lobte 1564 der Speyerer Kanonikus Eysengrein (1547–1611) die Obstkultur an den Hängen der Haardt. Das milde Klima nutzte auch Kurfürst Carl Theodor: 1770 gründete er die kurpfälzische Seidenbaugesellschaft. Überall in der warmen Rheinebene wurden daraufhin Maulbeerbäume, deren Blätter den Seidenraupen als Nahrung dienen, gepflanzt und die Bevölkerung in der Seidenraupenzucht unterrichtet. Damit sollten die verarmten Bewohner der Pfalz eine Einnahmequelle erhalten und überdies wollte der Kurfürst auch seine Finanzen aufbessern. Bereits 1780 standen in der rechtsrheinischen Pfalz 110.000 Bäume und eine Raupenzucht lieferte 450 Zentner Kokons. Aufgrund mangelnder Erfüllung vertraglicher Verpflichtungen übertrug Carl Theodor die Rechte der Gesellschaft dem Seidenstrumpffabrikanten Jean Pierre Rigal, Generalinspektor der Maulbeerbaumplantagen in Heidelberg, Neuenheim, Ladenburg, Weinheim und Frankenthal, der seine Erzeugnisse bis nach England exportierte. 1792 hob die kurfürstliche Regierung schließlich die Privilegien der Gesellschaft auf und im Zuge der hereinbrechenden französischen Revolution brach die Seidenproduktion zunächst ab. Erst im Zweiten Weltkrieg kam es in der Pfalz vereinzelt wieder zur Seidenproduktion. Wer noch keinen Maulbeerbaum gesehen hat, findet in Wachenheim (am Judenfriedhof/Römerweg) einige Exemplare aus dem 18. Jahrhundert.

den ging nach 1798 in Privatbesitz über. Das **Wohnhaus des Stadtschreibers** Bernhard Bürklin (Ecke Weinstraße/Dalberggasse) wurde 1607 errichtet. Der aufwendig mit Beschlagwerk dekorierte Renaissance-Erker (umgebaut, an der Straßenfront) zeigt die Familienwappen von Bürklin und seiner Ehefrau Ottilie Ingermann.

Der unmittelbar an der Stadtmauer liegende, dreiseitig umbaute **Dalberger Hof** (Dalberggasse 4) war das Adelsgut der Reichsritter von Dalberg, die seit dem 16. bis ins frühe 19. Jahrhundert in Wachenheim begütert waren. Besonders bemerkenswert ist die Türbekrönung des spätbarocken Herrenhauses. Das heutige Weingut Bürklin-Wolf, vormals **Kolbscher Hof** (Weinstraße 65), war ein weiterer bedeutender Adelshof am Ort. Die mit dem Burglehen ausgestattete Adelsfamilie Kolb von Wartenberg lebte hier seit dem 14. Jahrhundert. Um 1820 wurde das Anwesen vom Weingutsbesitzer Wolf erworben. Die heutigen Gebäude mit Motiven der Antike und im Stil der italienischen Hochrenaissance entstanden im 19. Jahrhundert. Im Zuge der Verleihung der Stadtrechte wurde Wachenheim 1341 mit einer **Stadtmauer** befestigt. Die Stadttore lagen im Norden und Süden. Die Mauer hatte eine Höhe von fast 9 m und war am Fuß rund 1,5 m breit. Im Innern verlief ein auf Blendarkaden errichteter hölzerner Wehrgang. Außen umgaben sie ein 5 m breiter Landbereich, ferner der Zwinger sowie ein 9 m breiter und 3 m tiefer Graben. Dieser konnte durch die Stauung des Burgtalbachs geflutet werden. Bollwerke im Osten bildeten ein rechteckiger Mauerturm und ein freistehender Rundturm, an der Südwestseite standen der „Rote Turm" (Roter-Turm-Weg) und im Nordwesten der bis heute erhaltene „**Diebsturm**", der als Arrestlokal verwendet wurde. Ende des 15. Jahrhunderts veränderten Abriss- und Instandsetzungsarbeite die Anlage. 1898 begann die Stadt, Teile abschnittsweise an innere und äußere Anlieger zu verkaufen und es kam häufiger zu Durchbrüchen. Noch heute sind auf einer Länge von 1260 m Reste der Stadtmauer zu sehen. Am besten erhalten ist ein 320 m zusammenhängender Verlauf an der Westseite. Seit 2003 bemüht sich die Initiative Wachenheimer Stadtmauer um den Erhalt des Mauerbestandes (Infos unter www.stadtmauer-wachenheim.de).

Im Osten der Stadt liegt am Römerweg der **Judenfriedhof**, einer der ältesten und bedeutendsten der Region, 1579 erstmals erwähnt, Ende des 18. Jahrhundert erweitert (ältester Grabstein von 1725). Die Ummauerung stammt aus dieser Zeit. Eine Besichtigung ist nach Rücksprache mit der Gemeindeverwaltung möglich.

Villa Rustica – ein römisches Landgut

Die 1980 zwischen Wachenheim und Friedelsheim entdeckten Reste eines stattlichen römischen Landgutes (*villa rustica*) zeigen im Zentrum der Anlage ein 60 m langes Herrenhaus, das mit einer Säulenfront geschmückt war. Um das Haus gruppierten sich vier Wirtschaftsbauten, von denen drei sichtbar sind. Die Wachenheimer *villa rustica* ist das erste große römische Landgut in aufwendiger Steinbauweise in der Pfalz und wurde zwischen dem 3. und 5. Jahrhundert bewohnt. Bei Grabungen fand sich 1997 das dazugehörige Gräberfeld mit Steinsarkophagen und wertvollen Grabbeigaben.

Adressen und Auskunft
Tourist-Information
Weinstr. 15, 67157 Wachenheim
Tel. 06322-958032
www.wachenheim.de

Museen und Sehenswertes
Kellereimuseum in der Sektkellerei
Schloss Wachenheim
Kommerzienrat-Wagner-Straße
67157 Wachenheim
Tel. 06322-94270
Führungen Nov.–Feb. Sa 14,
März–Okt. Do, Sa, 14, So, Feiertage
11 Uhr, Gruppenführungen nach
Voranmeldung Tel. 06322-9427380.
Infos zu den Veranstaltungen im
Jahresverlauf unter
www.schloss-wachenheim.de.
Sektverkauf ab Kellerei inkl. Verkos-
tung offen Mo–Sa 11–18, So,
Feiertage, 11–16 Uhr,
Tel. 06322-9427378.

Die Besichtigung der Römervilla ist jederzeit möglich. Die direkte Zufahrt erfolgt über die B271. Parkmöglichkeit
sind vorhanden. Informationen über
die Ausgrabungsstätte enthält eine
Broschüre, die bei der Tourist-Information Wachenheim erhältlich ist. Führungen nach Absprache, buchbar
(Infos: www.villa-rustica-wachenheim.
de, Buchungen www.wachenheim.de,
Tel. 06322-958032) An der villa rustica
führt der 20 km lange Römer-Rund-
wanderweg Wachenheim-Bad Dürk-
heim-Ungstein vorbei. Die Wegbe-
schreibung „2000 Jahre Kultur – Der
Römerrundwanderweg» ist in den
Tourist-Informationen Wachenheim
und Bad Dürkheim kostenlos erhältlich.

Waagen-Museum, Waldstr. 34, 67157
Wachenheim, Tel. 06322-63675. Das

private Museum zeigt über 500
Wagen und 1.000 Gewichte von der
Antike bis in die Gegenwart, offen So
10–18 Uhr u. nach telef. Absprache.

Im Juni findet an den beiden ersten
Wochenenden das Burg- und Wein-
fest statt. Durch Wachenheim verläuft die Deutsche Weinstraße.

Essen und Trinken
Burgschänke Wachtenburg
Ruine Wachtenburg
Waldstr. 95, 67157 Wachenheim
Tel. 06322-64656
offen Mai–Okt. Mi-Fr. ab 12, Sa ab 11,
So ab 10 Uhr, Nov.–April Mi 12–18,
Fr ab 12, Sa ab 11, So ab 10 Uhr,
Mo, Di Ruhetag, Sonnenterrasse
mit herrlichem Blick über die Rhein-
ebene.

Weinstube Alte Münze,
die Weinstube in der historischen
Münzstätte,
Langgasse 2a
67157 Wachenheim
Tel. 06322-65219
www.altemuenzewachenheim.de
offen Mo, Di, Fr, Sa 16–21:30,
Mi 12–13:30, So ab 12 Uhr.

Anfahrt
mit dem PKW
Ab A61 (Abfahrt A650 in Richtung
Bad Dürkheim), weiter über die B271
(Umgehungstraße zur Deutschen
Weinstraße) Ausfahrt Wachenheim

Go Green
Die Stadt besitzt auch einen Halte-
punkt der einspurigen Pfälzischen
Nordbahn (Neustadt–Monsheim),
auf der Regionalzüge im Rheinland-
Pfalz-Takt verkehren.

Zweibrücken – ein altes Herzogtum und „Wiege der Könige"

Das Fürstentum Pfalz-Zweibrücken, regiert von den kulturbegeisterten Wittelsbachern, lebt trotz seines Untergangs in der Französischen Revolution weiter: In den sagenhaften Kunstschätzen von Schloss Karlsberg, als Wiege des bayerischen Königshauses und in Zweibrücken, der einstigen Hauptstadt des Herzogtums. Die Wittelsbacher prägten das Zweibrücker Stadtbild mit barocken Gebäuden, Brunnen und vielen Parkanlagen. Auch nach 650 Jahren Stadtgeschichte hat die „Rosen- und Rossestadt" viel zu bieten.

Geschichte

Zweibrücken (*Bipontum*) entstand am Knotenpunkt mehrerer Straßen: Der Königsstraße nach Lothringen sowie den Straßen nach Pirmasens und Kaiserslautern. Um 1150 ließ Graf Simon I. († nach 1183) von Saarbrücken am Übergang über zwei Arme des Schwarzbachs eine Wasserburg errichten. 1170 wurde Zweibrücken erstmals benannt, um 1190 erbte Simons Sohn die Ländereien und bezeichnete sich nach dem neuen Burgsitz als Graf von Zweibrücken. Die Siedlung vor der Burg erhielt 1352 durch König Karl IV. (1316–1378) die Stadtrechte und entlang der flussabgewandten Seite entstand eine Stadtbefestigung. Der letzte Graf aus Zweibrücken, Eberhard II. (1325–1394), der ohne erbberechtigte Nachkommen war, verkaufte seine Grafschaft 1385 aus Geldnot an die Pfalzgrafen bei Rhein aus der pfälzischen Linie der Wittelsbacher und erhielt die Hälfte als Lehen zurück. Nach seinem Tod 1394 zog die Kurpfalz das Lehen ein. Durch Erbteilung entstand

1410 das selbständige wittelsbachische Herzogtum Pfalz-Zweibrücken unter Herzog Stefan von Pfalz-Simmern-Zweibrücken (1385–1459) mit der Residenz Meisenheim. Sein Sohn, Herzog Ludwig I., der Schwarze (1424–1489) verlagerte die Hauptstadt in Etappen nach Zweibrücken. Mit dem Bau der Alexanderskirche ab 1493 wurde Zweibrücken alleinige Residenzstadt und Heimat des „Königszweiges" der Wittelsbacher. Pfalz-Zweibrücken öffnete sich sehr früh der Reformation. 1533 wurde mit Schwebels „12 Artikeln" der lutherische Glauben eingeführt. 1588 zwang Herzog Johann I. (1550–1604) sein Land zu einem Wechsel zum reformierten Katechismus. Im 16. Jahrhundert folgte ein rasanter kultureller und politischer Aufschwung des Fürstentums. Herzog Wolfgang von Pfalz-Zweibrücken (1526–1569) ließ die Wasserburg zum Schloss ausbauen und die Festung verstärken. Er gründete in dem säkularisierten Kloster Hornbach eine Lateinschule, das spätere *Gymnasium bipontinum illustre*, dessen Bibliothek noch heute den Kern der *Bibliotheca Bipontina* bildet. Die Pfalzgrafen errichteten – basierend auf der Handschriftensammlung aus der Klosterbibliothek Hornbach und durch rege Sammlertätigkeit – eine prächtige Fürstenbibliothek, die zeitweise als eine der größten der Welt galt. Das Aufblühen der Stadt wurde durch den 30-jährigen Krieg (1618–1648) jäh unterbrochen, der Ort zerstört und die

Sommer in Europas Rosengarten
Zweibrücken

Bevölkerung drastisch dezimiert. Der danach einsetzende Wiederaufbau war nicht von langer Dauer, denn 1677 bis 1697 folgte die Besetzung durch französische Truppen im Zuge der Reunionskriege. Unter dem Zweibrücker Herzog und König Karl XII. von Schweden (1682–1718), der aus der Linie Pfalz-Zweibrücken-Kleeburg stammte, die seit 1654 in Schweden regierte, erlebte das Herzogtum erneut einen Aufschwung. Zwischen 1681 und 1719 war Pfalz-Zweibrücken in Personalunion mit Schweden verbunden und wurde durch Statthalter des schwedischen Königs regiert. Ihrer klugen Einwanderungspolitik ist es zu verdanken, dass das Land nach einem Jahrhundert der Kriege schnell wieder aufgebaut werden konnte. König Karl XII. gewährte dem gewählten, aber vertriebenen Polenkönig Stanislaus Leszczyński (1677–1766) in seinem Herzogtum Asyl. Die Bevölkerung liebte „ihren König", der unter anderem das „Lustschloss Tschifflik" am Stadtrand anlegen ließ. Karls Nachfolger, Herzog Gustav Samuel Leopold (1670–1731), veranlasste 1720 die Erbauung des Residenzschlosses im Zentrum der Stadt, das bis heute den Schlossplatz prägt.

Eine besondere Blütezeit brachte die Regentschaft von Herzog Christian IV. (1722–1775) aus der Linie Pfalz-Zweibrücken-Birkenfeld-Bischweiler. Das Herzogtum umfasste damals Streubesitz im heutigen Rheinland-Pfalz, im Saarland und im Elsass. Als Herr über französische und deutsche Territorien sah sich Christian IV. als europäischer Herrscher und unterhielt enge Beziehungen zum französischen Hof und zu führenden Wissenschaftlern und Künstlern seiner Zeit. Durch Lotterieeinnahmen finanzierte er die Neubauten der „Herzog Vorstadt", er gründete Manufakturen zur Steigerung des Wohlstandes der Bevölkerung und lud bedeutende Musiker und bildende Künstler zu sich an den Hof. 1755 entstand das Zweibrücker Gestüt, wo seit dieser Zeit der „Zweibrücker", einst ein bei Bauern und Kavalleristen sehr beliebtes Pferd, heute ein international beliebtes Sportpferd, gezüchtet wird. Zweibrücken spielte zu dieser Zeit eine bedeutende Rolle im kulturellen und politischen Leben Europas. Christians Nachfolger, Herzog Carl II. August (1746–1795), ließ in Erwartung des kurpfälzisch-bayerischen Erbes ein riesiges Landschloss, den Karlsberg, gelegen zwischen Homburg

Das Zweibrücker Schloss

EXTRA Wissen

Das Glanrind – ein „Alleskönner" aus der Ära der Wittelsbacher

Das Glanrind ist eine hellbraune Rinderrasse im Glan-Donnersberg-Raum, genügsam in der Futteraufnahme, gesundheitlich robust, ruhig und für die ganzjährige Weidehaltung geeignet. Die Zucht reicht zurück ins 18. Jahrhundert: Die heutige Rasse begründete der wittelsbachische Herzog Christian IV. von Pfalz-Zweibrücken durch Körverordnung (Zuchtverordnung) vom 12. September 1733. Das Vieh lieferte nicht nur Milch und Fleisch, sondern wurde auch als Arbeitstier eingesetzt. Um 1950 kam die Zucht des „Alleskönners" aufgrund der Bevorzugung von „Hochleistungsrindern" fast zum Erliegen. Seit 1985 engagiert sich der „Verein zur Erhaltung und Förderung des Glanrindes" für die erneute Verbreitung dieser vom Aussterben bedrohten Haustierrasse in ihrer Heimat. Das internationale Slow Food Projekt „Arche des Geschmacks" zur Erhaltung der Biodiversität, das weltweit 1.000 regional wertvolle Lebensmittel, Nutztierarten und Kulturpflanzen vor dem Vergessen schützt, hat das Glanrind aufgenommen. Überwiegend von Biobauern gehalten, liefert das Tier neben Milch wohlschmeckendes Fleisch und wird zudem in der Landschaftspflege eingesetzt. Ausgesuchte Gastronomiebetriebe bieten Gerichte vom Glanrind als besondere Spezialität an.

und Zweibrücken, errichten. Sein „Direktor der Schönen Künste", Johann Christian von Mannlich (1741–1822), baute für dieses Schloss eine berühmte Gemäldesammlung auf, die er vor den französischen Revolutionstruppen retten konnte und die später den Grundstock der von Mannlich aufgebauten Pinakothek in München bildete. 1781 nahm das im französischen Dienst stehende Regiment-Royal-Deux-Ponts am Unabhängigkeitskrieg von Nordamerika teil und trug wesentlich dazu bei, dass die USA in der Schlacht von Yorktown ihre Freiheit erringen konnte.

1793 ging das Herzogtum Pfalz-Zweibrücken mit dem Einmarsch der französischen Revolutionstruppen unter. Der legendäre Karlsberg wurde ebenso wie der herzogliche Besitz in Zweibrücken vollkommen zerstört. Nachdem Herzog Carl II. August 1795 im Exil gestorben war, wurde sein Bruder Maximilian IV. Joseph (1756–1825) Herzog von Pfalz-

Zweibrücken, mit dem Tode Carl Theodors 1799 dann Kurfürst von Pfalzbayern. Napoleon (1769–1821) ernannte ihn schließlich 1806 zum König. 1797 wurde Zweibrücken (Deux-Ponts) als Teil des neu gegründeten französischen Département du Mont-Tonnerre (Donnersberg) gesetzlich mit dem französischen Staatsgebiet verbunden; dabei war die Stadt Sitz einer Unterpräfektur. Mit dem Friedensvertrag von Lunéville 1801 wurde der Übergang zu Frankreich international anerkannt. 1815 schlug der Wiener Kongress die linksrheinischen Teile der ehemaligen Pfalz dem Königreich Bayern zu. König Maximilian I. Joseph (1756–1825) sorgte für den Wiederaufbau des Zweibrücker Schlosses und bestimmte 1816 die Stadt zum Sitz des königlich bayerischen Appelationsgerichtshofes für den bayerischen Rheinkreis (ab 1838: Pfalz). Im Vormärz 1832 nahm Zweibrücken eine entscheidende Rolle in der deutschen Demokratiebewegung ein. Unter anderem wurde hier durch den von Philipp Jakob Siebenpfeiffer (1789–1845) und Johann Georg August Wirth (1798–1848) gegründeten Deutschen Press- und Vaterlandsverein das Hambacher Fest organisiert. Der Zweite Weltkrieg hinterließ Zweibrücken als eine der am stärksten zerstörten Städte Deutschlands, alle historischen Bauten waren davon in Mitleidenschaft gezogen.

Stadtrundgang

Zweibrücken ist nach dem Zweiten Weltkrieg wiedererstanden. Dazu trug der Wiederaufbau der Hauptsehenswürdigkeiten – Alexanderskirche, Karlskirche und Schloss – entscheidend bei. Die wichtigsten Sehenswürdigkeiten der Stadt sind mit 23 Informationstafeln ausgeschildert. Passend dazu hält das Kultur- und Verkehrsamt Zweibrücken die Broschüre „Stadtrundgang Zweibrücken" kostenlos bereit (Beginn Parkplatz Uhlandstraße). Der hier vorgeschlagene Rundgang stellt die wichtigsten Sehenswürdigkeiten vor und beginnt am Schloss, wo auch ausreichend Parkplätze zur Verfügung stehen.

Das ehemalige **herzogliche Schloss** wurde nördlich der früheren Burg- und Schlossanlage (1677 zerstört) 1720 bis 1725 für Herzog Gustav Leopold Samuel von Pfalz-Zweibrücken (1670–1731) von seinem Baudirektor, dem Schweden Jonas Erikson Sundahl (1678–1762), erbaut. 1793 zerstörten napoleonische Truppen die Anlage. König Maximilian I. Joseph ordnete im Jahre 1817 den Wiederaufbau des Gebäudes an, das neben der katholischen Maximilianskirche auch königliche Gemächer umfasste. 1945 kam es infolge des Kriegsbombardements zur abermaligen Zerstörung des Schlosses. Die Restaurierung von 1962 bis 1964 fand nach den in Nancy gefundenen Originalplänen von Sun-

dahl statt. Nur die Innenaufteilung folgte den Bedürfnissen des Hauses als Sitz des Pfälzischen Oberlandesgerichts und der Generalstaatsanwaltschaft Zweibrücken. Die Residenz, der größte barocke Profanbau der Pfalz, ist dreigeschossig und umfasst 21 Fensterachsen. Der mit Sandstein verblendete Bau wird von Pilastern gegliedert. Der Mittelrisalit ist durch den Segmentgiebel hervorgehoben, die Eckrisalite zieren flache Dreiecksgiebel. Steinerne Vasen und Trophäen schmücken die Balustrade, die Giebel bevölkern Göttergestalten nach Art des Barocks. Die Fassung des **Schlossplatzes** durch doppelte Baumreihen aus schattenspendenden Linden orientiert sich an der historischen Gestaltung. Die ungewöhnliche Anlage in Dreiecksform geht zurück auf die Form der Insel, auf der seit dem 12. Jahrhundert die erste Burg errichtet wurde. Die Metallplastik von Gernot Waldner (2003) an der Spitze des Platzes symbolisiert Zerstörung und Wiederaufbau der Stadt. Von hier führt der Weg direkt zum **Alexanderplatz**, dem betriebsamen Marktplatz von Zweibrücken. Der Markt dehnte sich einst bis auf den Schlossplatz und in die obere Hauptstraße hinein aus. In diesem Bereich befand sich bis zur Zerstörung der Innenstadt im Zweiten Weltkrieg das bürgerliche Zentrum mit Rathaus, Stadttheater, Heimatmuseum, Fruchthalle und Geschäften. Heute bildet der Platz das südliche Ende der Fußgängerzone. Auf der Rückseite der hier befindlichen Alexanderskirche kennzeichnet die Vertiefung das ursprüngliche Straßenniveau, das beim Wiederaufbau in den 50er-Jahren angehoben wurde. Die Grundsteinlegung der **Alexanderskirche** erfolgte 1493 durch Pfalzgraf Alexander von Pfalz-Zweibrücken (1462–1514) vor seiner Pilgerfahrt ins Heilige Land. Ausgeführt wurde die Hallenkirche von einem

Salz- und Pfeffergefäß mit sitzendem Knaben, vermutlich nach einem Modell von Laurentius Russinger. Pfalz-Zweibrückische Porzellanmanufaktur, um 1767–1768, dieses und weitere Beispiele der Manufaktur sind im Stadtmuseum Zweibrücken ausgestellt.

der bedeutendsten Baumeister der Spätgotik am Mittelrhein, Philipp von Gemünd (1482–1523) (vgl. Meisenheim, Rhodt u. d. R.). Sie wurde Maria geweiht, erst im 18. Jahrhundert bürgerte sich der heute übliche Namen ein. Der Steinmetz und Baumeister Philipp lernte in der Bauhütte des Frankfurter Doms und kam mit der Arbeit des Dom- und Stadtbaumeisters Madern Gerthener (1360–1430) in Kontakt bzw. wurde von diesem stilistisch geprägt. Der Bau hängt eng mit den Bauschulen am Mittelrhein zusammen: Vor der Zerstörung der Kirche im Zweiten Weltkrieg traten die Beziehung zu Gertheners Kunst deutlich zu Tage. Die um 1667 angelegte Fürstengruft unter dem Chor diente als Grablege vieler Angehöriger des Hauses Wittelsbach, darunter Pfalz-

graf Ruprecht von Veldenz († 1544). Die Kriege des 17. Jahrhunderts verursachten erste große Schäden am Gotteshaus. 1677 sprengten französische Truppen den Turm. Der folgende Notbau wurde 1756 durch einen dritten Turmbau ersetzt. In diesem Zusammenhang fand die Instandsetzung des Gebäudes durch Christian Ludwig Hautt (1726–1806) statt. Der erneuten Zerstörung im Zweiten Weltkrieg folgte ein Wiederaufbau in reduzierten Formen. Das ursprüngliche Raumbild der Halle mit drei Schiffen zu sechs Jochen, schmalen Seitenschiffen und Rundpfeilern sowie aufwendigem Deckengewölbe konnte rekonstruiert werden. Die Fenster stammen von Erhardt Klonk (1898–1984) aus Marburg. Von der ursprünglichen Ausstattung des Gottes-

EXTRA Wissen

Zweibrücken erblühte –
des Herzogs Liebe zur Kunst, Musik und Wissenschaft

Als 20-Jähriger bereiste Goethe im Sommer 1770 das Land zwischen Saar und Pfalz und erinnerte sich noch Jahrzehnte später in seinen Memoiren „Dichtung und Wahrheit" daran: „So eilten wir durch Zweibrücken, das, als eine schöne und merkwürdige Residenz, wohl auch unsere Aufmerksamkeit verdient hätte. Wir warfen einen Blick auf das große einfache Schloss, auf die weitläufigen regelmäßig mit Lindenstämmen bepflanzten, zum Dressieren der Parforcepferde wohleingerichteten Esplanaden, [...] auf die Bürgerhäuser, welche der Fürst baute [...] all dieses [...] deutete auf ein Verhältnis in die Ferne, und machte den Bezug auf Paris anschaulich, dem alles Überrheinische seit geraumer Zeit sich nicht entziehen konnte." Mit diesen Zeilen und der weiteren Beschreibung der Bewohner schuf Goethe der Stadt ein oft und gerne zitiertes literarisches Denkmal.

Herzog Christian IV. widmete sich in Zweibrücken der Pflege der Malerei, der bildenden Künste, des Theaters, der Musik und der Wissenschaften. Er unterhielt eine besondere Verbindung zur Mannheimer Schule und förderte den Komponisten Christoph Willibald Gluck, den er von Paris nach Zweibrücken holte. Die Maler Daniel Hien (1724–1773) sowie Georg Friedrich Meyer (1733–1779) beschritten in der Landschafts- und Tierdarstellung neue zukunftsweisende Wege, während sich Johann Christian Mannlich (1741–1822) mit seiner Malerei dem Lebensgefühl der großen Welt aufgeschlossen erwies. Von bleibendem Wert waren seine Maßnahmen zur Verbesserung der Landwirtschaft, die Einführung von Klee- und Kartoffelanbau, die Bemühungen um die Urbarmachung brachliegenden Landes durch die Gründung von Hofsiedlungen und der Pferdezucht. Ferner betrieb der Herzog gezielte Wirtschaftspolitik und veranlasste die Gründung einer Porzellanmanufaktur, die 1767 durch den Alchimisten Joseph Michael Stahl im Lustschlösschen Louisenthal in Gutenbrunn bei Wörschweiler ihren Betrieb begann. Bereits 1768 ging die Produktion in fürstlichen Besitz über und wurde 1769 an den Zweibrücker Schlossplatz verlegt. Die Manufaktur teilte das Schicksal jener Zeit: Aufgrund von Absatzproblemen war das Unternehmen von Anfang an auf Subventionen angewiesen und musste nach dem Tod des Herzogs 1775 den Betrieb einstellen. Da nur acht Jahre lang produziert wurde, war die Produktion, die Tafelgeschirr, aber auch Figuren umfasste, dementsprechend gering. Heute sind ungefähr 250 Stücke belegbar, 80 davon im Stadtmuseum Zweibrücken.

Lassen Sie sich vom Zauber dieser Epoche musikalisch einfangen. Das Kurpfälzische Kammerorchester erinnert mit seiner CD „Gluck und die Hofmusik in Zweibrücken" an den Aufenthalt des Komponisten in der Herzogsstadt. Infos und Bestellungen unter: www.kko.de, Kurpfälzisches Kammerorchester, C4,9b, 68159 Mannheim, Tel. 0621-14554, e-mail: orchester@kko.de. Die barocken Tafelfreuden jener Ära stellt das Buch „Elisabethas Kochgeheimnisse – Originalrezepte des 18. Jahrhundert aus dem Herzogtum Pfalz-Zweibrücken" vor (ISBN 3765082740, hrsg. v. Steuer, Gerd u. a., Braun, Karlsruhe 2002).

hauses haben sich Epitaphe des 16. Jahrhunderts sowie ein Christusbild des Zweibrücker Hofmalers Johann Christian von Mannlich erhalten. Die durch eine Luftmine gesprengte Fürstengruft wurde nicht wieder hergestellt. Verbliebene Überreste ruhen seit 1955 in der von Kronprinz Rupprecht von Bayern (1869–1955) gestifteten Wittelsbacher Gedenkstätte im nördlichen Seitenschiff. Die letzte Beisetzung in der Kirche fand im Jahre 2001 statt: Prinz Alexander von Bayern (1923–2001), ein Nachkomme und Namensvetter des Erbauers.

Von der Alexanderskirche aus die Fußgängerzone (Hauptstraße) entlanggehen und an der Ritterstraße links abbiegen. An der Ecke Ritterstraße/Karlsstraße steht die **Karlskirche**. Sie erinnert an die kurze Regierungszeit des schwedischen Königs Karl XII. im Herzogtum Pfalz-Zweibrücken. Der rechteckige, durch Lisenen gegliederte Saalbau mit abgeschrägten Ecken und hohem Dach, aus dem der schlanke Turm herausragt, entstand für die lutherische Gemeinde. 1708 legte der Pfalzgraf Gustav Samuel Leopold den Grundstein, 1711 fand die Weihe der Kirche nach Plänen des schwedischen Architekten Haquinus Schlang († 1715) statt. Der im Zweiten Weltkrieg vollkommen vernichtete Bau konnte 1970 wieder eingeweiht werden. Das Säulenportal an der östlichen Langseite wird von einem erneuerten Stifterwappen bekrönt. Der Bildhauer Gernot Rumpf (* 1941) schuf für die Eingangshalle eine Skulptur des sich aus der Asche erhebenden Phönix, Symbol für das neue Erstehen der Kirche nach ihrer Zerstörung. Er sitzt auf einem Säulenstumpf, der von der ebenfalls im Krieg zerstörten Alexanderskirche stammt. Zurück zur Hauptstraße und diese bis zum **Hallplatz** weitergehen. Auf dem Platz wurde bis 1912 der Vieh-markt abgehalten. Daran erinnert die Bronzeplastik eines Schweinehirten mit seiner Ferkelherde. Ein weiterer Anziehungspunkt ist der König-Ludwig-Brunnen, der hier seit 1914 seinen angestammten Platz hat. Der Weg führt weiter bis zum Herzogsplatz. Hier beginnt die Neue Vorstadt, die so genannte **Herzogvorstadt,** eine der schönsten barocken Stadt- und Platzanlagen des 18. Jahrhunderts in Deutschland. Im Jahre 1756 beschloss Herzog Christian IV. den Bau dieser „Beamtensiedlung" als wesentlichen Schritt zur Verschönerung seiner Residenzstadt. Er ließ noch im gleichen Jahr das damals unbebaute Gartenland vor dem Unteren Tor, außerhalb der alten Stadtmauer, erwerben und in Bauplätze und Straßenzüge einteilen. Dieses Ensemble entstand als Gesamtheit zwischen 1760 und 1775 unter Planung des Architekten Hautt. Die heute frisch renovierten Gebäude, die einst Wohnsitz von Staatsmännern, Künstlern und Gelehrten waren, kommen durch die zurückhaltende Gestaltung des Herzogplatzes besonders gut zur Geltung. Das Haus Herzogstr. 8 hatte der Herzog in seiner eigenen Lotterie selbst gewonnen. Er machte es im Jahr 1772 seinem Hofmaler Johann Christian von Mannlich zum Geschenk. Dieser bewohnte es mit seiner Familie bis zur Flucht vor den französischen Revolutionstruppen 1793. Der Hofgärtner Ernst August Bernhard Petri (1744–1809) folgte dem Aufruf Herzogs Christian IV. und ließ sich 1768 ein repräsentatives Wohnhaus (**Petrihaus**) nach den Plänen des Hofbaumeisters Hautt im Stil des Frühklassizismus erbauen (Herzogstr. 9). 1961 ist hier das Stadtmuseum eingezogen, das 2006 vollständig renoviert und modernisiert wurde. Schwerpunkte bilden Barockzeit und Demokratiegeschichte (Hambacher Fest). Zur heutigen Herzogvorstadt gehört auch das

Die vierreihige Platanenalle entlang des Schwarzbachs war Teil der prachtvollen Hofgärten, die unter Herzog Christian IV. von Pfalz-Zweibrücken 1759 angelegt wurden

siebenachsige, weiß getünchte Rathaus. Am Goetheplatz erinnert eine Gedenktafel an den Besuch des Dichterfürsten Johann Wolfgang von Goethe (1749–1832) auf seiner Reise von Straßburg durch Elsass und Lothringen.

Zweibrücken, Stadt der Rosen und Rosse – so lockte einst ein Werbespruch. Neben dem Rosengarten, einer grünen Oase inmitten der Stadt, sind es seit über 250 Jahren die Pferde, die Zweibrücken bekannt machen. Nur wenige Schritte sind es von der Herzogvorstadt zum **Landgestüt**, an dessen Eingang steinerne Pferdeköpfe auf Säulen zu sehen sind. Das von Herzog Christian IV. gegründete Gestüt hat allen historischen Belastungsproben zum Trotz bis heute überdauert. Die „Zweibrücker"-Pferde sind aus dem Reit- und Fahrsport nicht mehr wegzudenken. Entlang des Schwarzbachs erstreckt sich Linkerhand die sogenannte **Zweibrücker Rennwiese**, auf der erstmals 1821 ein offizielles Pferderennen stattfand. Heute werden hier Vielseitigkeitsprüfungen ebenso durchgeführt wie Grasbahnrennen und Crossläufe für Leichtathleten. Auf der gegenüberliegenden Seite des Schwarzbachs beginnt der 50.000 qm große **Rosengarten** mit mehr als 2.000 Rosensorten. Zur skulpturengeschmückten Anlage gehoren ein See, formale Rosenbeete und Kinderspielmöglichkeiten. 1914 fand die Einweihung des Areals, einer der größten Gärten Europas und das drittgrößte Rosarium der Welt, durch Prinzessin Hildegard von Bayern (1881–1948) statt. Über 60.000 Rosen blühen hier jährlich. Im Sommer finden im Rosengarten zahlreiche Veranstaltungen statt, daneben werden regelmäßig Führungen angeboten. Auf dem so genannten Rosenweg, einem Themenweg, der aus der Stadt herausführt, informieren zahlreiche Texttafeln über die Rose.

Außerhalb der Stadt: Lustschloss Tschifflik (auch Tschifflick)

Der Freund und Mentor Karl XII. gewährte dem Polenkönig Stanislaus Leszczyński (1677–1766) in seinem Wittelsbacher Herzogtum Pfalz-Zweibrücken Asyl. Da die Stadt, die sich von den Zerstörungen des 17. Jahrhunderts erst langsam wieder erholte, keinen repräsentativen Wohnsitz für die polnische Königsfamilie im Exil aufweisen konnte, ließ sich Stanislaus Leszczyński ab 1715 vor den Toren der Stadt, im Ehrwoog, einen Landsitz errichten. 1718 starb König Karl XII. von Schweden den Soldatentod in Norwegen. Daraufhin musste Stanislaus Zweibrücken verlassen. Zuflucht fand er während dieser Zeit in Weißenburg im Elsass. Sein Schwiegersohn, der spätere König Louis XV. (1710–1774) von Frankreich, gewährte ihm Asyl und übertrug ihm im Jahre 1735 das Herzogtum Lothringen, so dass Stanislaus mit seiner Familie nach Nancy übersiedelte. Nach den Ideen des Polenkönigs plante der schwedische Baumeister Sundahl die Sommerresidenz Tschifflik, deren Namen sich vom türkischen Çiftlik (Bauernhof/Landgut) ableitet, in Erinnerung an den vorhergehenden Aufenthaltsort des Polenkönigs, dem damals türkisch besetzten Fürstentum Moldau/Moldawien. Die terrassenförmig angelegten Bauten, hervorragende Beispiele barocker Gartenarchitektur, waren überwiegend aus Holz gefertigt und verfielen rasch nach dem Weggang der ersten Bewohner. Das von Herzog Gustav Samuel Leopold eingerichtete Kurbad hatte nur kurzen Bestand. Die heute gebräuchliche Bezeichnung Fasanerie stammte von Herzog Christian IV., der nach 1740 Tschifflik von seinem Hofgärtner Johann Ludwig Petri (1714–1794) in eine Fasanerie umgestalten ließ. 1897 konnte die Stadt die Fasanerie vom Landgestüt, das die Anlage 1801 von Napoleon als Geschenk erhielt, erwerben, um hier ein Naherholungsgebiet für die Bevölkerung einzurichten. Heute beherbergt die 40 ha große, von einer Mauer umschlossene Anlage das Romantik Hotel Landschloss Fasanerie, einen Wildrosengarten, die historische, barocke Gartenanlage mit den Weihern, die mittelalterliche Ruine der Ehrwoogburg aus dem frühen 12. Jahrhundert (Teil des Themenwegs „Gärten und Landschaften") und den Landschaftsgarten mit gut ausgebauten Spazierwegen.

Adressen und Auskunft
Kultur- und Verkehrsamt
Herzogstr. 1
66482 Zweibrücken
Tel. 06332-871451 und -471
www.zweibruecken.de

Museen und Sehenswertes
Stadtmuseum
Herzogstr. 9/11
66482 Zweibrücken
Tel. 06332-871380
www.zweibruecken.de
offen Di 10-18, Mi-So,
Feiertage 14-18 Uhr,
Mo geschlossen,
weitere Öffnungszeiten und
Führungen nach Voranmeldung.

Bibliotheca Bipontina
Öffentlich wissenschaftliche Biblio-
thek: Bücher der alten
Bibliothek des Gymnasium
Bipontinum, ehemals Kloster
Hornbach, aus den fürstlichen
Bibliotheken der Zweibrücker
Herzöge und andere Bestände.
Bleicherstr. 3
66482 Zweibrücken
Tel. 06332-16403
www.bipontina.de
offen Mo-Fr 8-13, Mo, Mi,
Fr 14-17 Uhr

Europas Rosengarten Zweibrücken
66482 Zweibrücken
Tel. 06332-479330
www.rosengarten-zweibruecken.de
offen April, Okt. 9-18, Mai, Sept. 9-19,
Juni-Aug. 9-20 Uhr, Mo immer ab
11 Uhr, im Juni finden zur Rosenblüte
die Zweibrücker Rosentage statt.

Zweibrücken liegt an der Route der
Barockstraße SaarPfalz, Info unter
www.barockstrasse-saarpfalz.de

Zweibrücker Pferderennen
Rennwiese, Landgestüt Zweibrücken
Gutenbergstr. 8
66482 Zweibrücken
Tel. 06332-17556
Termine unter
www.landgestuet-zweibruecken.de

Essen und Trinken
Lichtergarten im Hotel
Rosengarten am Park
Rosengartenstr. 60
66482 Rosengarten
Tel. 06332-9770
www.rosengarten-am-park.de

Landhaus Landschloss Fasanerie
Fasanerie 1
66482 Zweibrücken
Tel. 06332-973207
www.landschloss-fasanerie.de

Anfahrt
mit dem PKW
Ab A8 aus Richtung Neunkircher
Kreuz (Abfahrt Zweibrücken Mitte):
der Beschilderung Stadtmitte folgen
Ab A8 aus Richtung Pirmasens
(Abfahrt Zweibrücken Mitte): der
Beschilderung Stadtmitte folgen

Go Green
Es bestehen direkte Regionalbahn-
verbindungen aus Saarbrücken u.
Pirmasens. Der nächste IC-Haltepunkt ist Homburg, von hier besteht
eine Busverbindung nach Zweibrücken.

Winterzauber – Reisetipps zur vierten Jahreszeit

Zu den Ausflugsangeboten, bei denen garantiert auch bei kaltem Winterwetter keine Langeweile aufkommt, gehören auch einige der schönsten kleineren Weihnachtsmärkte Deutschlands.

Der „Karolinenmarkt" in Bad Bergzabern erinnert an eine Wittelsbacherin
Die Kurstadt Bad Bergzabern gehörte von 1410 bis zur Französischen Revolution zum Herzogtum Pfalz-Zweibrücken und war Sitz eines Oberamtes. Das herzogliche Schloss, das ab 1526 an Stelle einer im Bauernkrieg zerstörten Wasserburg entstand und das zwischen 1591 und 1579 zu einer großzügigen Vierflügelanlage erweitert wurde, diente der Herzogenwitwe Karoline (1704–1774) als Witwensitz. Das Wirken der Mutter des Herzogs Christian IV. von Pfalz-Zweibrücken (1722–1775), die hier von 1744 bis 1784 lebte, ist bis heute unvergessen. Sie förderte etwa den Bau der Bergkirche. Diese, als lutherisches Gotteshaus erbaut, war zeitweise auch Schlosskirche. In der dortigen Fürstengruft sind Karolines Mutter und ihre Schwester beigesetzt. Im Renaissancehaus „Engel", dem Wohn- und Verwaltungssitz des herzoglichen Amtsmanns (1556–1579 erbaut, heute Museum der Stadt) verweist das sogenannte Fürstenzimmer auf die Geschichte der Zweibrücker Wittelsbacher in Bergzabern. Zudem erinnert der an den ersten Wochenenden im Dezember gefeierte „Karolinenmarkt" an die berühmte Bewohnerin. Vor der festlich beleuchteten Kulisse des Schlossinnenhofes gibt es auf dem Markt viel zu entdecken und manchmal schaut die Her-

zogin höchstpersönlich vorbei. Infos: Tourismusverein, Kurtalstr. 27, 76887 Bad Bergzabern, Tel. 06343-989669, www.bad-bergzabern.de.

„Erbacher Schlossweihnacht" vor der prachtvoll beleuchteten Fassade des Residenzschlosses
Rund um das Residenzschloss der Grafen zu Erbach-Erbach sowie in der historischen Altstadt Erbach mit ihren malerischen Fachwerkhäusern findet die jährlich die Schlossweihnacht statt. Über 70 weihnachtlich verzierte Holzhäuschen verleihen der ehemaligen gräflichen Residenzstadt eine besondere Atmosphäre. Zahlreiche Theater-, Konzert- und Musikveranstaltungen runden das Programm ab. Geöffnet ist der Markt an allen Adventswochenenden Fr 15–20, Sa, So 11–20 Uhr. Infos: Touristik-Information Erbach, Marktplatz 1, 64711 Erbach im Odenwald, Tel. 06062-6480, www.erbach.de.

„Rotweinwanderung in Freinsheim" – rund um eine wittelsbachische Kleinstadt
Freinsheim ist vor allem durch seine gut erhaltene, 1,3 km lange historische Stadtmauer aus dem 13. Jahrhundert bekannt, die zu den schönsten und vollständigsten Befestigungsanlagen der Pfalz zählt. Ab 1471 gehörte der Ort zur Kurpfalz, nachdem die Kurfürsten von der Pfalz den Besitz von verschiedenen Adligen erworben hatten. Am 1514 neu errichteten Stadttor (Eisentor) künden bis heute zwei Wappen der Wittelsbacher von dieser Ära, am Vortor ein prächtiges Vollwappen,

Neustadt zur Weihnachtszeit

Nikolausfahrt mit der historischen Dampfeisenbahn „Kuckucksbähnel" in Neustadt

Die Fahrt führt von Neustadt über Lambrecht ins idyllische Elmsteiner Tal und zurück. Während der Reise werden die Kinder im weihnachtlich dekorierten Zug vom Nikolaus beschert. In der Abenddämmerung gibt es Glühwein und einen Imbiss im Weihnachtsdorf am historischen Bahnhof Elmstein. Plätze müssen vorab unter Tel. 06321-30390 (Di–Fr 9–13 Uhr) gebucht werden. Infos: Eisenbahnmuseum Neustadt/W., Postfach 100318, 67403 Neustadt, www.eisenbahnmuseum-neustadt.de. Der „Weihnachtsmarkt in Neustadt" auf dem historischen Marktplatz hat im Advent täglich zwischen 11 und 21 Uhr geöffnet. Infos: Tourist-Information, Hetzelplatz 1, 6733 Neustadt, Tel. 06321-92680.

am inneren Torturm ein Wappenschild über dem Gusserker. Nicht nur die liebevoll restaurierten Häuser innerhalb der Stadtmauer, darunter das prächtige Rathaus von 1730, laden zur Entdeckungstour durch die historische Altstadt ein. Durch die schönen Weinberge rund um den Ort führt jährlich am vierten Januarwochenende eine beliebte Wanderung: Frische Luft, Köstlichkeiten und feine Rotweine erwarten die Gäste der geführten Fackelwanderung. Bis zu 20 Rotweinsorten können auf rund 7 km verkostet werden und auch das leibliche Wohl wird nicht außer Acht gelassen. Infos: Verkehrsverein Freinsheim, Hauptstr. 2, 67251 Freinsheim, Tel. 06353-989294, www.stadt-freinsheim.de.

„Schwetzinger Eiszauber" vor der historischen Kulisse des kurfürstlichen Schlosses

Von November bis Mitte Januar findet in Schwetzingen vor historischer Kulisse ein Eisvergnügen für Jung und Alt statt. 450 qm Eisfläche stehen auf dem Schlossplatz zum Schlittschuhlaufen zur Verfügung. Daneben werden Eislaufdarbietungen gezeigt und ab Januar startet das beliebte Eisstockschießen. Im Dezember wird der Open-Air „Eiszauber" durch den „Kurfürstlichen Weihnachtsmarkt" rund um den Schlossplatz stimmungsvoll erweitert. Infos: Stadtinformation Schwetzingen, Dreikönigstr. 3, 68723 Schwetzingen, Tel. 06202-945875, www.schwetzingen.de, Eiszauber, Schlossplatz, Tel. 06202-93270.

Glossar

Goldene Bulle

„Grundgesetz" des Heiligen römischen Reiches (1356), regelt die Wahl und Krönung der römisch-deutschen Könige durch die Kurfürsten. Der Name ist eine Übertragung der Bezeichnung des goldenen Siegels der Urkunde.

Kurfürst

Begrenzte Anzahl von Reichsfürsten des Heiligen Römischen Reiches, die das Kurfürstenkollegium bildeten. Ihnen stand seit dem 13. Jahrhundert das alleinige Recht zur Wahl des Römisch-deutschen Königs zu. Mit diesem Königstitel war traditionell die Anwartschaft auf das römisch-deutsche Kaisertum verbunden. Die Bezeichnung geht auf das mittelhochdeutsche Wort *kur* oder *kure* für *Wahl* oder Kür zurück.

Kurpräzipuum

Um eine Zersplitterung oder Vermehrung der Kurstimmen zu verhindern, wurden die Kurfürstentümer zu unteilbaren Territorien (*Kurpräzipuum*) erklärt.

Pfalz

Lat. *palatium*, königlicher Palast/Pfalz. Hier nahmen herausgehobene Grafen in Vertretung des Königs besondere Aufgaben wahr. Aus der Gruppe der Pfalzgrafen in Sachsen, Schwaben, Bayern und Lothringen blieben nur die rheinischen Pfalzgrafen übrig. Sie allein stiegen im 13./14. Jahrhundert in den exklusiven Kreis jener sieben Kur- oder Wahlfürsten auf, die den römisch-deutschen König wählten. So verband sich das herausragende Prestige, an der Kur mitwirken zu dürfen, mit der vom Königspalast abgeleiteten Amtsbezeichnung zum Begriff der Kurpfalz.

Pfalzgraf/*comes palatinus*

Zunächst ein Vertreter des Königs beim Richteramt (Karolingerzeit), dann Kontrollinstanz des Herzogs (10. Jh.). Als 1180 der Reichsfürstenstand Gestalt angenommen hatte, waren in ihm auch die beiden Pfalzgrafen (bei Rhein und von Sachsen) vertreten. Mit der Goldenen Bulle wurde 1356 der Pfalzgraf bei Rhein zum Stellvertreter des Königs für die Länder des fränkischen Rechts und der Pfalzgraf v. Sachsen für die Länder des sächsischen Rechts bestellt (Reichsverweser).

Reichsvikar

Reichsverweser, die für die Zeit zwischen dem Tod des Kaisers bzw. Königs und der Wahl bzw. Krönung eines Nachfolgers (Interregnum) die laufenden Geschäfte fortführten.

Schenk

Eines der vier mittelalterlichen Hofämter: Mundschenk (Kellermeister), Truchsess (Hofverwalter), Marschall (Stallmeister) und Kämmerer (Schatzmeister). Der Mundschenk versorgte die fürstliche Tafel mit Getränken und verwaltete die Weinberge. Das Hofamt entwickelte sich zu einem vererbbaren Titel, der nur noch wenig mit der ursprünglichen Funktion zu tun hatte.

Simulataneum/Simultankirche

Ein von mehreren christlichen Konfessionen gemeinsam genutzter Sakralbau mit getrennten Messzeiten. Mit der Pfälzischen Kirchenteilung wurden die Kirchen in der Kurpfalz zwischen Reformierten und Katholiken aufgeteilt. Der Teilungsschlüssel wurde in der Kurpfälzischen Religionsdeklaration 1705 festgelegt (Chor = katholisch, Schiff = protestantisch genutzt)

Truchsess

Eines der vier mittelalterlichen Hofämter. Das Amt des Hofverwalters wurde erblich und mit einem Kurfürstentum verbunden, das Erztruchsessamt mit der Rheinpfalz. Als Friedrich V. von der Pfalz 1623 die Kur verlor, fiel das Erztruchsessamt an Bayern und 1706 infolge der Ächtung des Kurfürsten von Bayern wieder an die Pfalz, 1744 erneut an Bayern, das das Amt bis zur Auflösung des Reiches 1806 ausübte.

Wappen der Wittelsbacher

Die weiß-blauen „Rauten" und der goldene Löwe gelten heute vornehmlich als bayerische Wahrzeichen. Der goldene Löwe im schwarzen Feld war ursprünglich das Wappen der Pfalzgrafen bei Rhein und ist heute auch im großen Landeswappen Baden-Württembergs sowie im Landeswappen von Rheinland-Pfalz vertreten. Die Rauten stammen aus der Heraldik der Grafen von Bogen und sind seit 1204 bekannt. Im Jahr 1242 gingen sie an die Wittelsbacher über.

Bildnachweis

Generaldirektion Kulturelles Erbe Rheinland Pfalz
S. 115, 131, 132, 169, 171, 172, 173, 174, 191, 192, 193, 195

Heidelberg, Universitätsbibliothek
S. 93, 143, 186

Koblenz, Landeshauptarchiv
S. 8

Lindenfels, Stadt Lindenfels Klaus Johe
S. 107, 108, 109

Mannheim Reiss-Engelhorn-Museen, Carolin Breckle
S. 15 - 20, 31, 35, 36, 37, 41, 104

Mannheim Reiss-Engelhorn-Museen, Jean Christen
S. 19, 20, 21, 39, 45, 105, 166

Mannheim Reiss-Engelhorn-Museen, Eva-Maria Günther
S. 23, 25, 26, 27, 52, 55, 56, 58, 63, 64, 73, 76, 79, 83, 84, 86, 89, 94, 101, 102, 110, 111, 113, 114, 117, 118, 121, 124, 125, 126, 129, 135, 138, 139, 140, 144, 147, 153, 154, 156, 163, 165, 177, 179, 180, 181, 185, 194, 197, 198, 201, 203, 205, 211, 218, 222

Mannheim Reiss-Engelhorn-Museen, Alexander Schubert
S. 158

Meisenheim, Boos von Waldeck'sche Hofkellerei
S. 148

Neckarsteinach, Karl Körner
S. 67, 68

Simmern, Hunsrück Museum
S. 185, 188

Staatliche Schlösser und Gärten Baden-Württemberg/Landesmedienzentrum Ba.-Wü.
S. 32, 46, 48, 75

Staatliche Schlösser und Gärten Hessen
S. 91 (Michael C. Bender), S. 97 (Dunja Richter, VSG)

Wachenheim, Förderverein Alte Stadtmauer
S. 206

Wikipedia
S. 60 GNU gemeinfrei AlterVista, S. 96 GNU gemeinfrei Frank Vincenz, S. 154, S. 147 GNU gemeinfrei Lokilech, S. 160 GNU gemeinfrei Fusslkopp, S. 212 Spec210

Zweibrücken, Stadtmuseum
S. 215